Robert Schweichel

Von Ozean zu Ozean

Quer über das Festland der Vereinigten Staaten von Nordamerika und die

Landenge von Panama

Robert Schweichel

Von Ozean zu Ozean
Quer über das Festland der Vereinigten Staaten von Nordamerika und die Landenge von Panama

ISBN/EAN: 9783744633772

Hergestellt in Europa, USA, Kanada, Australien, Japan

Cover: Foto ©Andreas Hilbeck / pixelio.de

Weitere Bücher finden Sie auf **www.hansebooks.com**

Von Ocean zu Ocean.

Von Ocean zu Ocean.

Quer

über das Festland der Vereinigten Staaten

von

Nord-Amerika und die Landenge von Panama.

Nach den Reisebriefen

von

Samuel Bowls

frei bearbeitet

von

Robert Schweichel.

Leipzig,
Verlag von Bernhard Schlicke.
1869.

Inhaltsverzeichniß.

Erstes Kapitel.

Von Springfield in Illinois nach Denver in Colorado. Der Handelsverkehr mit dem Westen. Die Indianer. Das Leben auf der Prairie. Die Wüste und ihr Charakter.

Es war um die Mitte des Monats Mai 1865, als Samuel Bowles, der Herausgeber des Journals „The Springfield Republican" mit einer Gesellschaft von fünf Personen, unter denen sich Mr. Colfax, der Sprecher, d. h. der Vorsitzende des Repräsentantenhauses befand, von Springfield im Staat Illinois aufbrach, um quer über das Festland der Vereinigten Staaten von Nordamerika die Küste des Stillen Oceans zu erreichen. Diese Reise, bei deren Schilderung wir den von Samuel Bowles veröffentlichten Briefen folgen, hatte keinen andern Zweck, als Land und Leute aus eigener Anschauung kennen zu lernen. Den Bewohnern des fernen Westens erschien es einigermaßen wunderbar, daß Jemand eine Reise von mehreren tausend Meilen nur zu diesem Zwecke unternommen haben sollte, und die Reisenden mußten es sich gefallen lassen, hin und wieder in die Klasse müßiger und abwechselungssüchtiger Vergnüglinge gezählt zu werden.

Die Fahrt ging zunächst mit der Eisenbahn 1425 Mei-

1

len*) weit über Buffalo, Cleveland, Chicago und durch das nördliche Missouri nach Atchison in Kansas, wo die Reise mit der Postkutsche begann, um den 2000 Meilen entfernten Arm der Californischen Eisenbahn bei Placerville zu erreichen.

Der Streit, ob in Kansas die Sklaverei eingeführt werden dürfe oder nicht, war bekanntlich der Funke, welcher den lang angesammelten Zündstoff zwischen dem Norden und Süden der Vereinigten Staaten in Flammen setzte und den Bürgerkrieg zum Ausbruch brachte. Atchison, die Grenz= stadt von Kansas, weiß von diesem Streite manches zu er= zählen. Besiedelt und in Besitz genommen ward Atchison zuerst von einer Bande Grenzstrolche der schlimmsten Gat= tung. Die berüchtigte Budford=Compagnie von Süd=Carolina, deren Zweck die Einführung der Sklaverei in den neuen Gebieten war, machte die Stadt zu ihrem Hauptquartier, und Stringfellow war ihr Pater Familias. Aber Pome= roy, der Agent der Neuenglischen Emigranten=Unterstützungs= gesellschaft, gelangte durch ein strategisches Mittel schließlich in deren Besitz: er kaufte die Zeitung der Sklavereipar= tei an sich, warf in einer Nacht einen Trupp Abolitionisten in die Stadt und behauptete sich fortan gegen die alten Ansiedler. Seitdem haben sich Stringfellow und Pomeroy die Hand gereicht, die Stadt auf Spekulation an sich ge= kauft und sind nun Beide durch deren Aufblühen auf dem besten Wege, reich zu werden. Die Stadt liegt zerstreut unter den zerklüfteten Abhängen auf dem westlichen Ufer des Missouri, 500 Meilen von St. Louis entfernt, und etwa 20 oberhalb St. Joseph, dem Hauptorte des nördlichen Missouri. Atchison ist gegenwärtig der Ausgangspunkt der Ueberlandpost für die Minenregionen und Californien.

---

*) Unter Meilen sind hier wie ferner stets englische verstanden.

Ebenso ist es einer der Hauptpunkte der Grenze für die Ausschiffung und Umladung aller Güter, die für die Minen von Colorado, Idaho, Montana u. s. w. und die Heiligen des jüngsten Tages von Utah bestimmt sind. Nebraska City, Omaha, St. Joseph, Leavenworth und Lawrenze sind die Nebenbuhler Atchisons in diesem großen Transport-Geschäfte nach dem fernen Westen, dessen Umfang sich niemand vorzustellen vermag, der nicht die unendlichen Güterzüge mit eigenen Augen gesehen hat. Atchison hat jedoch in Bezug auf den Westen die beste Lage von den genannten Städten. Die meisten Güter passiren nur die Stadt; dennoch giebt es daselbst eine Firma in einem bescheidenen Hause, die jährlich für eine Million Dollars an Detailhändler oder an kleine Orte verkauft. Zum Frühjahr sieht man täglich lange Züge schwer beladener Wagen, welche von Mauleseln oder Ochsen gezogen werden, durch die Stadt gehen, während ungeheure Magazine und Lagerplätze voll Maschinen für den Bergbau, von Lebensmitteln und Kleidungsstoffen für die Minengräber und von Ackergeräthschaften für die Prärien angefüllt sind, die auf Versendung warten. Als die Reisenden gegen Ende des Mai in Atchison eintrafen, waren die mit Mauleseln bespannten Frachtfuhren bereits seit einem Monate in Bewegung; allein die Ochsenfuhren hatten bis dahin warten müssen, damit die Thiere unterwegs das nöthige Gras fänden. Die Indianer hatten im Jahr zuvor eine solche Verwüstung angerichtet, daß Nahrung für Menschen und Thiere auf dem Wege über die Prairien während des Winters und Frühlings sehr knapp war.

In Atchison versorgten sich die Reisenden mit Flinten und Revolvern gegen die Indianer und das Wild, mit Sardinen,

1*

schwarzem Thee, Cigarren, Cracters (einem leichten Gebäck
aus Weizenmehl) und endlich mit Seife für diejenigen, welche
aristokratisch darauf bestanden, sich unterwegs zu waschen.

Ein wenig stutzig wurden sie, als die verspätet eintref=
fende Postkutsche aus dem Westen die Nachricht brachte,
daß sie auf dem halben Wege zum Fort Kearney von In=
dianern angegriffen worden sei. Es war dies der erste
Raubzug der Rothhäute im Jahre, und General Conner,
unter dessen Befehl die Truppen längs der Straße stan=
den, hatte so sorgfältige Vorsichtsmaßregeln getroffen, daß
man von den Indianern nichts glaubte befürchten zu dür=
fen. Die Post kam und ging mit ihrer gewöhnlichen Re=
gelmäßigkeit und traf auf den Stationen längs dem gan=
zen Wege von Atchison bis zur Salzseecity so pünktlich ein,
daß überall das Essen fertig und bereit stand. Nun zeigte
sich jedoch, daß die Indianer den Militärkordon entweder
durchbrochen oder umgangen hatten. Sie begannen ihre
Feindseligkeiten, indem sie eine kleine Abtheilung unbewaff=
neter Soldaten von zwölf bis zwanzig Mann auf ihrem Wege
Leavenworth nach Fort Kearney überfielen. Zwei von
ihnen tödteten sie auf der Stelle, und von den Uebrigen
verwundeten sie die meisten so schwer, daß ihr Tod be=
befürchtet wurde. Tags darauf griffen sie die nach Atchi=
son kommende Post an, in der sich sechs bis acht Reisende
befanden, Männer, Weiber und Kinder. Wohlberitten um=
kreisten sie fortwährend den Wagen und schossen Wolken
von Pfeilen auf die Postpferde und die Passagiere. Nur
einer von den Indianern hatte eine Muskete und ein zwei=
ter eine Pistole. Dagegen besaßen die Männer auf der
Postkutsche zwei Flinten, mit denen sie die Indianer in
Schach hielten, während der Postillon in gestrecktem Galopp

bis zur nächsten Station fuhr, wo man Bedeckung für die
Weiterreise fand. Als die Indianer sahen, daß ihnen ihre
Beute entging, zogen sie sich zurück. Sie waren etwa 25
Mann stark, und ihr Erscheinen gerade auf demjenigen
Theil des Weges, der für den sichersten galt und daher von
den Soldaten am wenigsten bewacht wurde, erregte begreif=
licherweise einige Aufregung in der Stadt. Indessen lag
für die Reisenden kein Grund zu ernstlichen Befürchtungen
vor, da ihnen unter Bedeckung einer über 100 Mann star=
ken Kavallerieabtheilung zwei Mitglieder des Kongreß-Comi=
té's vorausgingen, um sämmtliche Gebiete der Indianer zu
besichtigen und deren Lage, so wie ihre Verhältnisse zu den
Weißen zu untersuchen. Ihre Berichte sollten einer ver=
ständigeren und wirksameren Politik gegen die Indianer zur
Grundlage dienen. Bowles bemerkt, daß derjenige, wel=
cher eine Politik in Bezug auf die Indianerstämme entdeckt
und in die Praxis einführt, die ihnen wie den Weißen
Schutz zu gewähren und den Schlächtereien auf beiden
Seiten ein Ende zu machen im Stande ist, sich als der
größte Wohlthäter der Vereinigten Staaten erweisen würde.
„Allein," fährt er fort, „die Grenzbewohner sind alle der Mei=
nung, daß mit den Indianern kein Abkommen möglich ist.
Die einzig weise Politik ist, nach ihrem Geständniß, die
Ausrottung. Es wäre schrecklich, wenn sie Recht hätten. Ich
kann es nicht glauben. Die Indianer haben für ihre Treu=
losigkeit und ihre Metzeleien einen großen Anreiz in unse=
rer eigenen Treulosigkeit gegen sie, in der systematischen
Art, in der sie von den Regierungsbeamten und den rüden
Grenzern ausgeplündert, betrogen und in jeder Weise ge=
mißbraucht worden sind. Wenn aber die Ausrottungspoli=

tif die einzig mögliche ist, so ist es um so besser, je bälder
sie angenommen und ausgeführt wird."

Eine Fahrt von zwei Tagen und zwei Nächten brachte die
Reisenden 150 Meilen weiter nach Fort Kearney in
Nebraska. Fort Kearney ist der Knotenpunkt für die
Ueberlandstraße nach Colorado, Utah und den Gebieten des
Stillen Oceans. Der Weg führte durch die nördlichen
Theile von Kansas und die südlichen von Nebraska. Die
Reisenden kamen durch die Gegend, wo die Ueberfälle der
Indianer stattgefunden hatten; aber sie selbst erfuhren von
den Rothhäuten keine Feindseligkeit. Doch stießen sie auf
häufige Spuren ihres vorjährigen Raubzuges: Brandrui-
nen von Wohnhäusern und Scheunen, und Erzählungen in
dem Munde der Leute von ihren scheußlichen Metzeleien.
Uebrigens begleitete die Postkutsche auf den gefährlichsten
Strecken eine Wache von zwei bis vier Kavalleristen. Einige
Soldaten und ein halbes Dutzend kaltblütiger, gutbewaff-
neter Passagiere genügen stets, die Indianerbanden, wenn sie
nicht allzu zahlreich sind, einzuschüchtern und in die Flucht
zu treiben. Die Rothhaut ist scheu und greift nur da an,
wo sie sicher ist, auf geringen oder gar keinen Widerstand
zu stoßen. Als Feind wird der Indianer von allen Mili-
tärs und den alten Postillonen in den Prairien verachtet.
Aber die Nothwendigkeit, den Postgang in seiner Pünktlich-
keit und die Reiseverbindungen durch diese Regien aufrecht
zu erhalten und den ungeheuren Handel mit Lebensmitteln,
Waaren und Maschinen zwischen dem Osten und dem fernen Westen zu schützen, legt der Regierung die Pflicht
auf, die verschiedenen Verkehrsadern entlang starke mili-
tärische Posten zu unterhalten und Truppen auszusenden,
die zahlreich genug sind, die Indianer nach dem fernen

Norden und Süden zu treiben und dort festzuhalten, oder sonst sie gänzlich zu vernichten.

Das Wetter war klar und warm, die Gesellschaft geistreich und gut gelaunt, und das Essen auf den Stationen vortrefflicher als in den Hotels und Restaurants an den Eisenbahnen westlich von Chicago. Die Postkutschen waren leicht und bequem, die Pferde lebhaft und in so gutem Stande, wie nur je welche in den guten, alten Tagen durch Connecticut trabten. Sie legten, alle Halte eingeschlossen, 6 englische Meilen und zuweilen auch 10 in der Stunde zurück. Alle 10 oder 12 Meilen gab es eine Station, die zuweilen in einem Dorfe von Holz- und Erdhütten lag, häufiger aber noch allein in der Einsamkeit. Hier wurden frische Pferde vorgelegt, während die Kutscher nur alle zwei oder drei Stationen wechselten. Mit Ausnahme der Mahlzeiten, für welche eine halbe Stunde Zeit gegeben wurde, dauerte der Aufenthalt auf keiner Station länger als fünf Minuten.

Bis etwa 50 Meilen von Kearney trägt das Land den Charakter der schönsten Prairie des Westens. Grenzenlos streckt sich das herrliche Grün nach allen Seiten hin, gleich den langen Rollwogen der See, und nur in meilenweiten Zwischenräumen von schmalen Flüssen unterbrochen, deren Ufer Ulmen und Baumwollbäume zieren. Hier und dort zeigt sich ein „Ranch" oder Landhaus mit angebauten Feldern; aber sie werden allmählich seltener und seltener. Der eintönige Anblick ist der einer wellenden, frisch grünenden Wiese, die sich so weit ausbreitet als das Auge reicht, mit den Franzen von dünnen Forsten, in der Ferne an den Flußufern. Ein grünes Meer sendet Morgens die Sonne empor und nimmt sie Abends wieder auf.

Je näher man dem Fort Kearney kommt, je karger wird der Boden; das Gras verliert seine Ueppigkeit, die Sandhügel des Platteflusses erheben sich, und der Charakter der Prairie geht in den der Ebene über. Der Flüsse sind nur wenige, und ihr spärliches Wasser ist schmutzig; doch fehlt es längs dem Wege nicht an gutem Quellwasser, das freilich aus einer Tiefe von 50 bis 75 Fuß heraufgeholt werden muß. Für manche Prairieblume ist es noch zu früh; dafür wird das Auge durch das üppige, frische Grün des Grases entschädigt, in dem das Prairiehuhn sich für die Jagdernte des November mästet und vermehrt, während unter dem dürren Gestängel des vorigen Jahres die fließende Musik der Lerchen hervortönt. Die Regenpfeifer, welche sich wie im Paradiese paaren und selbst in diesen westlichen Landstrichen, wo die Tugend es sich leicht macht und Gesetze billig sind, die einmal geschlossene Ehe nicht brechen, neigen ihre langen Hälse auf und nieder oder flattern mit ihren großen Schwingen nach jedem Halm oder Reis. Kleine Amseln begleiten in großen Schaaren die Postkutsche. In der Ferne schleicht ein magerer, hungriger Wolf, mit einem Auge nach den Reisenden, mit dem andern nach dem Gerippe eines gefallenen Pferdes oder Ochsen schielend. Am Rande des Horizonts galoppirt höchst zierlich und verführerisch ein halbes Dutzend Antilopen, zu nah, um nicht den Appetit zu reizen und zu weit für die bereit gehaltenen Flinten. Und über alle diesem und Alles in seine Farben tauchend fluthet eine so wunderbar reine, so ätherische Luft, daß sie jeden Gegenstand mit einer vorraphaelischen Deutlichkeit zeichnet, das Ferne nah erscheinen läßt und den Horizont weit, weit zurückdrängt über die leichtwellende, grüne Erde. Dabei mildert eine beständige

Brife die Sonnenhitze und erquickt und belebt Lungen und
Herz. Die Aufgänge und Untergänge der Sonne, denen
eine lange Dämmerung wie in England vorausgeht, erin=
nern lebhaft an Italien.

Eine eigenthümliche Staffage der Landschaft bilden die
langen Züge von Wagen und Karren mit ihren Gespan=
nen von Mauleseln und Ochsen, die sich auf der Straße
kreuzen. Sie kommen leer aus Westen und gehen fort be=
laden mit Korn für Mensch und Vieh, mit Geräthschaften
für die Minen, mit Kleidung, Nahrung und Luxusartikel
für die anwachsende Bevölkerung von Colorado, Utah und
Montana. Denn alle diese Gebiete und die Bewohner der
zwischen liegenden Landstriche beziehen ihren Bedarf von
dieser Seite der Felsengebirge und nicht von der californi=
schen Küste. Die Wagen sind mit einem weißen Plane
bedeckt und mit vier bis sechs Paar Mauleseln oder Ochsen
bespannt. Die Züge sind oft über eine Viertelmeile lang,
und wie sie sich in der Ferne langsam fortbewegen, erin=
nern sie an die Karawanen, wie sie die Bibel oder Schil=
derungen des Orients beschreiben. Zur Mittagsrast und
Nachtruhe lenken sie vom Wege ab auf die grüne Prairie,
wo die Wagen im Kreise aufgestellt werden als Barrikaden
gegen die Indianer oder zum Schutz gegen Wind und Wet=
ter. Die Thiere werden ausgespannt und zerstreuen sich,
ihr Futter suchend, weit umher, „eine Heerde, weidend auf
tausend Hügeln." Zur Nacht werden in den Lagern Feuer
angezündet. Der Anblick, den dann diese Wagenburgen,
Menschen und Thiere auf der weiten Haide gewähren, ist
ebenso einzig wie malerisch. Eine solche Karawane von
Maulthieren legt täglich nicht mehr als 15 bis höchstens 20
Meilen zurück; sind die Karren mit Ochsen bespannt, so

bilden jedoch 15 Meilen die weiteste Strecke. Das Futter
für die Thiere liefert allein die Prairie; daher werden sie
stärker und wohlgenährter, je mehr es zum Sommer geht
und im Herbst kehren sie eben so rund und fett zu den
Ställen zurück, als sie schwach und mager nach des Winters
Rast ihre Arbeit begannen.

Kurz vor Fort Kearney wurden die Reisenden von einem
Gewitter überfallen, wie sie in solcher Furchtbarkeit nur
dieser Himmelsstrich kennt. Zuerst stiegen ungeheure, sich
fortwälzende Wolkenmassen im Westen auf, die sich in gewaltige Abtheilungen spalteten, dann folgte ein Wirbelwind,
der die Reisenden allen losen Gepäcks beraubte, so daß es
später mühselig aufgespürt werden mußte. Hierauf begann
der Hagel, dessen Körner so fein wie Regentropfen und
wieder so groß und schwer wie Flintenkugeln waren. Die
Postpferde ächzten unter der furchtbaren Pein, welche ihnen
die Schloffen verursachten, und stürmten wie rasend über
die Prairie fort. Für ihr Leben fürchtend, sprangen die
Reisenden aus dem Wagen. Aber sie entgingen nur der
einen Gefahr, um in die andere zu gerathen. Denn jetzt
traf sie der Hagel wie Messerstiche und Faustschläge. Indessen gelang es, Pferde und Wagen zu retten, und nach
einem langen Kampfe, in welchem der Wagen von den
wildgewordenen Pferden mehr als einmal umgestürzt zu
werden drohte, konnten die Reisenden ihre Plätze wieder
einnehmen. Freilich waren sie, ihr Gepäck und die Kutsche
inzwischen durch den Regen, in den sich der Hagel aufgelöst hatte, völlig durchnäßt worden, und die Prairie hatte
sich in einen See verwandelt.

Hinter Fort Kearney, wo die Reisenden den Plattefluß
erreichten, wurde die Vegetation dürftiger und dürftiger.

Sandhügel erhoben sich in regelmäßigen Reihen von Norden nach Süden. Die große Central-Wüste des Festlandes, welche sich von dem fernsten Norden bis zu dem Meerbusen von Mexico erstreckt und die bekannten üppigen Prairien des Mississippithals von den metallreichen Hügeln und Thälern der Felsengebirge durch einen unbewohnten Strich von fast 400 Meilen trennt, nahm ihren Anfang. Jedoch ist es keine Wüste in dem gewöhnlichen Sinn des Wortes, noch ist sie werthlos. Der Boden ist im Vergleich mit den Föhrenhaiden Europas fett. Er erzeugt ein grobes, dürres Gras, das im grünen wie im trocknen Zustande ein vortreffliches Viehfutter giebt. Die Wüste ist in der That die große Weide der Nation. Darin besteht ihr gegenwärtiger Nutzen und der Vortheil, den sie für die Zukunft bietet. Zur Zeit verbindet sie den Handel der beiden großen Flügel der Vereinigten Staaten. Wenn die Eisenbahn Pferde, Ochsen und Maulthiere ersetzt haben wird, dann wird sie Rinder und Schafe nähren, und Wolle und Leder in unermeßlicher Menge liefern.

Der Plattefluß ist ein breites, seichtes aber rasches Wasser. Es ist vortrefflich zum Trinken und genügt für eine mäßige Ueberrieselung, aber es gestattet durchaus keine Schifffahrt, nicht einmal Fähren erlaubt sein starkes Gefälle. Der Boden des Thals und der Ebene, die der Plattefluß durchschneidet, ist keineswegs reiner Sand, sondern eine Mischung von kaltem, sandigem Lehm und Kalk. Zum Getreidebau ist er zu kalt und trocken. Die Gegend ist überwiegend unbewohnbar und unbewohnt. Nur alle 10 bis 15 Meilen giebt es einen Poststall und alle andern 10 oder 15 Meilen eine Wirthshausstation. Kaum häufiger sind die ärmlichen Ranchs oder Farmhäuser, deren

Eigenthümer von dem Verkauf des Heu's an die Auswan=
derer und Frachtfuhrleute leben. Alle 50 bis 100 Meilen
trifft man einen Kramladen und eine Schmiede, und in ähn=
lichen Abständen liegen die Militärstationen, mit ein bis
zwei Kompagnien Soldaten zum Schutz gegen die Indianer.
Die Scheuern und Häuser bestehen aus Holzblöcken oder
Prairierasen, die über einander geschichtet und mit kalkhal=
tigem Schlamm übertüncht und verschmiert sind. Dieser
Rasen und Schlamm giebt die besten Häuser, und dasselbe
Material wird auch zu den Militärstationen verwendet, wie
zur Umzäunung der Rinderweiden und Roßgärten. Die
Dächer bestehen, wo sie bedeckt sind, aus einer fußdicken
Lage von Rasen, Sand, Lehm und Baumstämmen oder Zwei=
gen, welche inwendig zuweilen mit Fellen oder dickem Zeug
verkleidet sind. Die Fußböden sind gewöhnlich wie die Natur
sie geschaffen hat, und nicht immer machen die Löffel, wie
in einigen Gasthäusern zu Washington, die Runde an der
Tafel. Mexikanische Bezeichnungen überwiegen. Eine Um=
zäunung für Thiere heißt ein „Corral“, ein Haus von
Erde und Rasen ein „Abode“ und ein Landhaus ein
„Ranch“.

Das Essen auf den Stationen ist gut und besteht mei=
stens aus Schinken, Eiern, warmem Zwieback, grünem Thee
und Kaffee. Getrocknete Pfirsiche, Aepfel und Pasteten
waren eben so stehend. Gelegentlich gab es auch Rindfleisch,
und eingemachte Früchte und Gemüse wurden häufig aufge=
tragen. Eine Mahlzeit war wie die andere und Frühstück,
Mittag= und Abendbrot unterschieden sich nur durch die
Zeit, in der sie eingenommen wurden. Der Preis für jede
Mahlzeit betrug 1 bis 1½ Dollar. Die Verwüstungen,
welche die Indianer den Sommer zuvor angerichtet hatten,

und die Furcht vor deren Wiederholung mußten zur Ent=
schuldigung für die ungeheuren Preise dienen, die alles auf
den Ebenen und in den Gebieten diesseits der Felsenge=
birge kostete.

Mit der Vegetation verminderte sich auch das anima=
lische Leben. Alles Wild, welches die Reisenden erlegten,
bestand in einem Prairiehuhn. Die Antilope blieb stets
außer Schußweite und für den Büffel war es noch zu früh
im Jahr; nicht ein einziger zeigte sich. Je leerer die
Ebene wurde, je häufiger wurden Opuntia und Salbei, und
mit diesen unfruchtbaren Gewächsen mehrten sich die Ge=
rippe von Ochsen und Pferden. Das Auge wurde kaum den An=
blick ihrer bleichenden Gebeine los. Dann und wann erinnerte
auch ein menschliches Grab an den Tod auf diesen wei=
ten Ebenen, und die ernst gestimmten Gedanken erhielten
eine noch dunklere Färbung durch die Ueberzeugung, daß der
Wolf über lang oder kurz die heilige Ruhestätte entweihen
und die Gebeine von Vater, Mutter oder Kind über die
weite Prairie zerstreuen werde. Klüger zeigte sich der In=
stinkt der Indianer, die ihre Todten über der Erde bestat=
ten. Sie wickeln die Leiche ihrer Angehörigen in eine Decke
und legen sie auf kreuzweise in die Erde gesteckte Stangen
von 6 bis 8 Fuß Höhe, die sie vor dem Geier ebenso wie
vor dem Wolfe schützen. Doch der Anblick der kleinen mun=
teren Prairiehunde, die durch das Gras hüpften, oder mit
einem leisen, lustigen Bellen in ihren Höhlen verschwanden,
milderten wieder jene trüben Eindrücke. Die durch Sand=
haufen bezeichneten Höhlen dieser überraschend kleinen Hunde
bilden gleichsam Dörfer am Wege, zuweilen von der Länge
einer halben Meile. In jedem Loche wohnt nur ein Paar,
und eine Schlange und eine Eule sind ihre Hausgenossen.

Die Schlangen zeigten sich nicht; aber die Eule, eine Gattung von der Kleinheit des Rothkehlchens hielt feierlich steif und gerad vor mancher Höhle Wache.

Eine Strecke weit war der Boden 3 bis 4 Fuß tief mit Soda gesättigt, so daß das Regenwasser dadurch für Menschen und Thiere vergiftet wird. Ueberhaupt hat alles Wasser in dieser Gegend wie in der ganzen Wüste einen Alkali= oder Schwefelgeschmack, doch ist es nicht ungesund

Bei Julesburg theilt sich der Plattefluß, durch dessen Thal die große Straße nach dem Westen führt, in zwei Arme. Der eine Arm wendet sich nördlich nach Fort Laramie und dem Südpaß der Felsengebirge; der andere südliche nach Denver in Colorado, dem nächsten Ziel der Reisenden. Julesburg ist nur ein Dorf von Zelten, Erdforts und Scheunen. Seine Lage an dem Knotenpunkt der beiden Arme des Platte aber ist vortrefflich zum Schutz des Ueberlandverkehrs gegen die Indianer geeignet, weshalb es auch General Connor zu seinem Hauptquartier für den Sommer gewählt hatte. Von irgend welcher Bequemlichkeit oder gar Annehmlichkeit des Lebens ist für den Soldaten in dem einsamen Julesburg natürlich nicht die Rede.

Wie öde nun auch die Gegend, welche die Reisenden in rascher Fahrt durchzogen, so entbehrten sie selbst hier nicht der täglichen Zeitungen. Die entgegenkommenden Posten brachten ihnen die neuesten Journale von Californien, während sie auf den Telegraphenstationen die neuesten Nachrichten aus dem heimathlichen Osten fanden. Die nackten Stangen, an denen der wunderwirkende Draht des Telegraphen hinläuft, blieben den Reisenden auf dem ganzen Wege in Sicht.

Zweites Kapitel.

Das Gebiet von Colorado. Die Felsengebirge, ihre landschaftliche Schönheit und ihr Reichthum an edlen Metallen. Die gesellschaftlichen Zustände. Die Postlinie.

Denver, welches die Reisenden am Nachmittag des dritten Tages erreichten, ist die Hauptstadt des Gebiets von Colorado. Der Ort liegt in dem Schatten der Felsengebirge, 5000 Fuß über dem Meeresspiegel. Die Erhebung des Bodens vom Missouri bis zu den Felsengebirgen ist indessen eine ganz unmerkliche. Trotz der hohen Lage der Stadt sind die Tage warm. Die Sonne strahlt mit brennender Gewalt auf ihre schattenlose Fläche; doch mildert ein kühler Wind die Gluth, und die Nächte sind unbedingt kalt. Das ist die allgemeine Regel für den Westen jenseits des Mississippi und unterscheidet seine Sommer von denen des Ostens.

Die Reisenden brachten eine Woche in Denver und den Felsengebirgen zu. Zu Pferde und Wagen durchstreiften sie deren steile Höhen und enge Thäler und durchwateten die wirbelnden Ströme. Mit immer neuem Entzücken weideten sie sich an den wechselnd schönen Formen der Felsen unter Wolken, Sturm und Sonnenschein, an den schneegekrönten Gipfeln, den tiefen Abgründen und schmalen Schluchten, an den farbigen Schatten der Thäler und Höhen und den felsigen Zinnen. Dann wieder stiegen sie in die Goldminen hinab, die gewundenen Adern kostbaren Gesteins unter der Erdoberfläche verfolgend und die Spuren des Goldes unter dem dagegen als Schlacken erscheinenden Eisen, Kupfer und Blei aufsuchend, unterhielten sich mit den Mi-

nenarbeitern in ihren traurigen Werkstätten, die schwach von
Kerzenlicht erhellt waren, und wieder zu Tag steigend sahen
sie zu, wie durch Stampfen, Waschen u. s. w. das Gold
den Metallen abgewonnen wurde. Die seltensten Wunder
und Schönheiten der Natur, die ganze göttliche Geduld der
Arbeit, alle Geheimnisse der Wissenschaft und die Schwie=
rigkeiten der Kunst thaten sich vor ihnen während dieser
Woche in den Minen und Gebirgen von Colorado auf.

Die Felsengebirge dürfen sich in ihrer Naturschönheit
den Alpen kühn an die Seite stellen. Wenn die Pacific=
Eisenbahn fertig ist, wird Amerika seine Schweiz vor der
Thüre haben. Bowles, welcher die europäische Schweiz
durchwandert hatte, versichert, daß keins ihrer Panoramen
dem Anblicke gleich kam, oder ihn übertraf, als, noch 50
Meilen von Denver entfernt, bei Sonnenaufgang die Fel=
sengebirge zuerst vor ihm aufstiegen. Unabsehbar von Sü=
den nach Norden streichen in einem Halbkreise die Hügel
und Höhen hinter und über einander in allen möglichen
Formen und Gestalten und Farbenschattirungen, bis hinauf
zu dem ewigen Schnee, wo der Atlantische Ocean und das
Stille Weltmeer sich scheiden. Im Norden erhebt sich der
König der ganzen Bergreihe, Longs Peak, 14,600 Fuß hoch;
im Süden steigt, 13,400 Fuß hoch, sein Bruder Pits Peak,
der Erzeuger des Arkansas und Colorado, auf. Die da=
zwischen und weiter zurückliegenden Berggipfel sind kaum
geringere Riesen. Keine Stadt der Welt kann sich eines
schöneren Panoramas rühmen als Denver, unmittelbar am
Fuß der Felsengebirge, die sich rechts und links unabsehbar
hinstrecken. So weit das Auge schaut: Felder und Wäl=
der, Felsen und Schnee, aufbäumend und in den blauen
Himmel hinüberschmelzend und von den Sonnenstrahlen in

Farben getaucht, die kein Pinsel wiedergeben, keine Poesie beschreiben kann.

Aber die Felsengebirge besitzen noch eine solidere Anziehungskraft als ihre großartige Naturschönheit. Es ist der Reichthum an edlen Metallen. Die Adern derselben durchziehen sämmtliche Hügel, und alle 100, alle 50 ja 20 Fuß stößt man auf sie. Ihre Zahl ist unendlich und ihre Tiefe scheint keine Grenze zu haben. Die Schachte haben eine Tiefe von 100 bis 400 Fuß; allein der Reichthum erzführender Adern vermindert sich nicht; er wächst sogar oft.

Ein Hauptpunkt der Minen liegt etwa 40 Meilen westlich von Denver, um die Quellen des Clear Creek herum. Hier, den Creek entlang und in den engen Schluchten, welche zu ihm führen, hat sich auf einem Raum von etwa 5 Meilen eine Bevölkerung von 6 bis 7000 Menschen angesiedelt. Die Hauptdörfer sind Central City, Black Hawk und Nevada. Sie sind höchst unbequem in kleine, enge Schluchten zusammengedrängt und in die Felsen hineingebaut. Die Straßen sind die schmalsten und gewundensten, die man sich nur denken kann. Einige Häuser werden von Stützen in schwindelnder Höhe getragen, andere sind wie Gräber in den Stein hineingehauen, mit einer Goldlode (Goldspur) im Hintergrunde, während die Quelle nebenbei oft aus einem, edle Metalle enthaltenden, Felsen sprudelt. Aber selbst diese entlegenen und einsamen Ortschaften haben ihre Zeitungen, Kirchen, Schulen. Das schmale Thal hinunter und die steilen Flanken bis zum Gipfel hinauf liegen die Pochwerke zum Zerstampfen der Mineralien. Weiter in das Gebirge hinein sieht man, den Höhlen der Prairiehunde ähnlich, zu Hunderten und Tausenden die „Lodes"

oder Mineralleiter, die bei ihrer Entdeckung angegraben oder
oberflächlich geleert, aber nicht weiter ausgebaut worden
sind. Sie warten auf den Weiterbau, bis der Entdecker
Zeit oder Geld findet, oder irgend eine Aktiengesellschaft
der großen Handelsstädte des Ostens sie in ihren Besitz
bringt. Wenn diese aufgewühlten Hügel reden könnten,
welche Geschichten von wild phantastischen Hoffnungen,
plötzlichem Reichthum und bitterster Enttäuschung wären sie
zu erzählen im Stande!

40 oder 50 Meilen unterhalb Denver, in der Nähe
von Süd=Park, einem schönen Tafellande von Wiesen und
Wald, zwischen Pike's Peak und der Hauptgebirgskette liegt,
das zweite Centrum der Minen von Colorado. Doch ver=
mag es sich mit dem von Clear Creek nicht zu messen.
Andere Theile des Gebiets sind vielleicht eben so reich an
goldhaltigem Metall. Manche hält man noch für reicher
als die von Clear Creek, und keine Partie des Gebirges
gilt für gänzlich baar des Erzes. Nur Zufall ist es, daß
die ersten Goldgräber jene Oertlichkeiten zuerst in Angriff
nahmen. Das Waschen des Sandes und der pulverisirten Felsen,
um das Gold zu gewinnen, welches der Regen von Jahr=
hunderten aus den soliden Felsen ausgespült hat, ist fast vor=
über in Colorado. Nur hier und da wird es noch betrie=
ben. Die Hauptaufmerksamkeit ist gegenwärtig auf den
soliden Bergbau gerichtet. Jedoch aus verschiedenen Grün=
den, besonders wegen der hohen Preise der Arbeitslöhne und
Lebensmittel, hat das Minenwesen fast während eines
Jahres sehr darniedergelegen. Arbeitslöhne und Lebens=
mittel sind fast viermal so theuer als im Osten. Augen=
blicklich sind von den 100 Stampfmühlen des Territoriums
kaum mehr als 20 bis 25 im Gange.

Der gewöhnliche Prozeß, durch den das Gold gewonnen wird, besteht darin, daß man das Erz zerstampft und dann auf kupfernen Platten, die mit Quecksilber überzogen sind, wäscht. Das Quecksilber sammelt das ausgelöste Gold, so behauptet man wenigstens. Aber es ist sicher, daß auf diese Weise von dem kostbaren Metall nur 25 Procent gewonnen werden; drei Viertel gehen in den „Tailings" oder Abfällen verloren. Bei solcher Verschwendung kann, besonders in gedrückten Zeiten wie die gegenwärtigen, natürlich nur das allerreichhaltigste Erz die Kosten aufbringen. Die Schwierigkeit besteht nicht darin, das Gold von dem reinen Eisen, Kupfer, Blei oder Quarz zu scheiden; sondern der Schwefelgehalt dieser Metalle, welcher das Ganze durchsetzt, bildet die Plage und das zu lösende Geheimniß. Der Schwefel hält gewissermaßen das Gold unter strengem chemischen Verschluß. Wie derselbe auf einfache, wirksame Weise zu brechen ist, das ist das große Studium der Chemiker und Kapitalisten. Gegenwärtig versucht man zwei Methoden und hofft der Lösung der wichtigen Aufgabe nahe zu sein, wodurch das Cord goldhaltigen Erzes (ein Cord ungefähr 8 Tonnen), welches jetzt nur 50 bis 250 Dollars werth ist, auf 5—800 Dollars im Preise steigen würde.

Den Gesammtertrag der Goldminen von Colorado kennt man nicht genau. Während die Münze der vereinigten Staaten den Jahresertrag auf 10 Millionen veranschlagt, behaupten andere Autoritäten, daß der Ertrag doppelt so groß sei. Beide Zahlen dürften sich indessen in entgegengesetzter Richtung von der Wahrheit entfernen. General Pierce, der Generalaufseher des Gebiets, schätzt den Ertrag folgendermaßen: 1862: 10 Millionen; 1863: 8 Millionen; 1864: 5 Millionen. Diese Abnahme beweist

2*

inbeß nichts gegen den realen Werth der Minen, sondern sie zeigt nur die Veränderung in der Produktionsthätigkeit und das natürliche Resultat der hohen Preise an. So zie=hen gerade jetzt die neuen Gebiete von Idaho und Montana, im fernen Norden, die wandernde Bevölkerung, die Gold=wäscher und alle diejenigen an, die im Handumdrehen ihr Glück machen wollen. Für alle diese sind die Tage in Colorado vorüber. „Langsam und sicher" ist nun der Wahlspruch für Colorado wie für Californien. Das Gold wird nicht mehr körbevoll aufgelesen, und es ist hier nicht mehr möglich, in einem Tage oder Monat ein Vermögen von 100,000 Dollars zu machen — vielleicht aber, wenn überhaupt, ferner im Norden.

Die Berichte von Idaho und besonders von Montana lauten in der That überraschend. Die Goldgräberei in dem letzten Gebiete soll einen viel reicheren Ertrag liefern als je in Californien oder Colorado. Der Mann soll täg=lich eine Unze Gold (16 bis 18 Dollars) und in manchen Wäschereien sogar 2 bis 3 Unzen gewinnen. Doch diese Goldplätze werden bald ausgenutzt sein. Wie ihre Vorgän=ger, so werden auch diese Gebiete bald genöthigt sein, zu Stampfmühlen und Schmelztiegeln ihre Zuflucht zu nehmen, um den massiven Felsen ihre Schätze abzugewinnen. Auch Idaho und Montana müssen zuerst größere Reizmittel dar=bieten, um ihre Bevölkerung und Entwickelung zu sichern; denn das erstere hängt mit seinem Unterhalt von dem 800 Meilen entfernten Oregon ab, und Montana, welches gleich=falls alle seine Bedürfnisse von dort holen muß, liegt wenigstens 1600 Meilen entfernt von der Eisenbahn und Wasserverbindung.

Alle Berichte, alle Thatsachen, ob von Munde zu

Munre gehend, oder auf harte Erfahrung gegründet und
schwarz auf weiß niedergelegt, unterstützen durchaus die
Meinung des verstorbenen Präsidenten Lincoln, daß die
Vereinigten Staaten die Schatzkammer der Welt besitzen.
Sie erheben es über jeden Zweifel, daß die Gebiete, welche
die Felsengebirge umschließen, außerordentlich reich an den
kostbarsten Erzen sind, zunächst an Gold, dann an Silber,
welches in großer Menge in Nevada und Utah gefunden
wird und auch in Colorado nicht mangelt; endlich an Kupfer,
mit dem die Mineraladern Colorado's reich geschwängert sind,
Zinn, Eisen und Kohlen. Auf den Steppen am Fuß der
Felsengebirge werden bereits Kohlen und Eisen in großer
Menge gefunden und gebaut. Zudem werden sie gerade
da gefunden, wo sie am nöthigsten sind, um das Holz zu
ersetzen, das rasch von den Gebirgen verschwindet, weil es das
Material für die Maschinen zur Bearbeitung der Erze und
feineren Metallen zu liefern hat. Auch die Ueberrieselung
wird bereits im großen Maßstabe getrieben, um dem Ackerbau das fehlende Wasser zuzuführen. Durch alle diese
Mittel, mit der Energie und dem Unternehmungsgeiste der
Amerikaner in Bewegung gesetzt und angefeuert durch die
großen Vortheile, welche bei einer klugen und ausdauernden Benutzung der Verhältnisse nicht ausbleiben können,
wird die westliche Hälfte der amerikanischen Nation in
Civilisation und Bevölkerung rasch fortschreiten; diese Wild-
nisse werden erblühen wie die Rosen, und der Osten und
Westen werden einander ebenbürtig zur Seite stehen, frei
von jeder anderen Eifersucht, als dem Wetteifer in Wissenschaft, Freiheit und Civilisation.

Als Begleiter eines so ausgezeichneten und volksthüm-
lichen Mannes wie Colfax, des Vorsitzenden des Repräsentan-

tenhauses, theilten die Reisenden nicht nur die ihm erwiesene
Gastfreundschaft, sondern hatten auch Gelegenheit, sich auf's
beste zu unterrichten, so daß ihnen in kurzer Zeit zu lernen mög=
lich war, was andere Reisende nur durch lange und sorgfältige
Beobachtung und Prüfung sich anzueignen vermögen. Ueberall,
in allen Städten, die sie besuchten, überhäufte man sie mit Auf=
merksamkeiten und Zuvorkommenheiten, und sie machten die
Erfahrung, daß weder Anmuth noch feine Sitte auf den Osten
beschränkt seien. Sie gedeihen in den Felsengebirgen eben so
schön, wie in den Gesellschaftszimmern von Boston oder
den reizenden Hainen des Thals von Connecticut.   Die jun=
gen Männer und Frauen zeichnen sich durch ihre Intelli=
genz, Thätigkeit, ihren Ernst und ihre Geradheit aus. Ob=
gleich die meisten schon seit Jahren hier ansäßig sind, so
haben sie doch nicht nur nichts von jenem gesellschaftlichen
Schliff verloren, in dem ihnen die Flecken und Städte des
Ostens überlegen zu sein glauben, sondern vielmehr in
Folge der Verhältnisse und der Nothwendigkeit, auf sich selbst
angewiesen zu sein, eine höhere Entwickelung aller ihrer Fähig=
keiten und eine größere Männlichkeit und reifere Weiblichkeit
gewonnen. Trunkenheit ist seltener, und in den Städten an der
Grenze und in den Felsengebirgen herrschen weniger Laster
als im Osten.   Der Geradsinnige findet im Westen ein
freieres Feld als in dem zugeknöpfteren Osten.

Colorado zählt gegenwärtig etwa 30,000 Seelen, was
gegen 1860 eine Verminderung von 5—10,000 aus=
macht.   Die Abenteurer haben das Gebiet verlassen. Die
Zurückgebliebenen sind Solche, die ihr Geschick dauernd an
das Territorium gefesselt haben und zufrieden sind mit den
Aussichten, die es ihnen gewährt. Sie arbeiten nun ver=
ständig an der Konstruktion des Staates und ihrem eigenen

Wohlstande. Ein großer Theil der Bevölkerung besteht aus Männern, die vor vier, fünf und sechs Jahren hierherkamen und Ursache haben, in die Zukunft von Colorado Vertrauen zu setzen. Das größte Bedürfniß sind männliche und weibliche Arbeitskräfte. Die Haushaltung großer Familien (und die Kinder mehren sich hier in überraschender Weise) und der Mangel an Dienstleuten ist für die Frauen und Mütter eine sehr schwere Last. Ihre Schwestern im Osten, die so bitteres Weh mit ihren armen Dienstboten haben, können sich nicht vorstellen, welche Bürde hier der Haushalt ist, wo Köchinnen und Stubenmädchen um keinen Preis zu haben sind. Daher kommt es denn, daß man bei den Gastmählern und Theegesellschaften selbst der angesehensten und wohlhabendsten Bürger weder die Hausfrau noch sonst eine Dame sieht. Die Wirthin und ihre Freundinnen sind in der Küche beschäftigt, sie zeigen sich nur, um die Gäste zu bedienen, die Teller zu wechseln und die verschiedenen Speisen herumzureichen. Dieser Umstand verleiht den Gesellschaften für denjenigen, der nicht daran gewöhnt ist, einen unbehaglichen Charakter; aber es geht nicht anders, und man schickt sich, so gut man kann. Der Preis für den gewöhnlichen Dienstboten beträgt auf den Tag 2 Dollars nebst Kost und Wohnung. Indessen fehlt es den Damen von Colorado nicht an einem Ersatz dafür. Ihre Männer beklagen sich, daß es immer ein Jahr dauert, bevor sie die bestellten Waaren und Maschinen aus den Vereinigten Staaten erhalten und jedes Geschäft diesen langen Verzug erfährt, dennoch glänzen die Damen in ihrer Toilette stets nach der allerneuesten Mode. Moden, die nur eben aufkamen, als die Reisenden Springfield verließen, fanden dieselben hier in voller Blüthe. Es ist schwer zu begreifen, wie das möglich ist; es muß irgendwo einen Telegraphen von Crinolindrähten geben.

Colorado hat vier tägliche und vier wöchentliche Zeit= schriften, zwei von beiden Arten erscheinen in Denver und je eine in Black Hawk und Central City, in den Minen= gegenden, und obgleich ihre Abonnentenzahl sehr beschränkt ist (keine hat mehr als höchstens fünf bis siebenhundert), so werden die Kosten doch vollkommen gedeckt durch den hohen Subscriptionspreis und die Insertionsgebühren.

Am weitesten ist Colorado im Ackerbau zurück, und von Gartenkultur ist bis jetzt in dem ganzen Gebiete keine Spur zu finden. Die Winde, die Sonne, der poröse und doch steinharte Boden, die lange Zeit, in der kein oder nur wenig Regen fällt, machen die ganze Vegetation grau und kärglich, mit Ausnahme da, wo sie in unmittelbarer Ver= bindung mit den Wasserläufen steht. Die Bäume wollen in den Gärten nicht fortkommen, die Hauseigenthümer können weder zu einem Rasenteppich, noch zu Blumen oder Früch= ten gelangen. Die Plätze rings um die Wohnungen in den Städten sind nackter Sand, nur von Moosen und Unkraut unterbrochen. Das Gras der Ebenen ist grau; Baumwoll= bäume und Föhren sind beinahe die einzigen Bäume im Gebirge; hartes Holz giebt es nirgends, und wären nicht die von den Flüssen hier und dort gebildeten Oasen und der Blumenflor auf den moorigen Berghöhen, so würde das Land fast von allem Pflanzenleben entblößt erscheinen. Was aber vorhanden ist, ist von vortrefflicher Eigenschaft. So liefert das derbe, graue Gras der Steppe und Prairie, der Abhänge und Felsen das beste Futter für Pferd, Rind und Schaf. Sie werden davon fett im Sommer und leben davon im Winter. Selbst hier, wo im Juni noch Schnee

an den Abhängen liegt, und der Fremde in der Nacht un=
ter doppelten Decken fröstelt, bringen die Heerden den gan=
zen Winter im Freien zu.

Künstliche Bewässerung ist daher für eine ausgedehnte
Kultivirung des Bodens unerläßlich. Der Umfang, in
welchem sie bereits angewendet, und die Summe, welche sie
kostet, sind erstaunlich. Aber bei der großen Entfernung,
aus der alle Produkte herbeigeschafft werden müssen, und
bei der großen Fruchtbarkeit des Bodens, wenn er gehörig
bewässert wird, wird es sich überreichlich verlohnen, das
Wasser der Bergströme meilen= und meilenweit abzuleiten
und durch kleine, künstliche Kanäle über die Getreide=, Kar=
toffel= und Gemüseäcker auszubreiten. Einstweilen sind die
Bewohner auf eingemachte Früchte und Gemüse aus dem
Osten angewiesen und müssen im Uebrigen ihre ästhetischen
Herzen mit dem herrlichen Anblicke ihres ewig schönen Ge=
birges trösten. Der allgemeine und ausgedehnte Gebrauch,
welcher von den Baum= und Gartenfrüchten des Ostens in
allen Ländern westlich von dem Missouri gemacht wird, ist
wahrhaft überraschend. Man findet sie auf allen Tafeln.
Wenige neuenglische Hausfrauen setzen ihren Gästen so aus=
gezeichnete Gemüse und Früchte in solcher Manichfaltigkeit
vor, als die Reisenden überall im Westen, in allen Wirths=
häusern und Stationen und bei jedem Mittagsmahl oder
Abendbrot in den Privathäusern fanden. Liebesäpfel, Erb=
sen, Ananas, Erdbeeren, Kirschen, Pfirsiche, nebst Austern
und Hummern sind das Gewöhnlichste, und alles das wird
zuweilen in der einen oder andern Gestalt bei einer ein=
zigen Mahlzeit vorgesetzt. Dabei werden die eingemachten
Gemüse, Früchte und Fische zu einem Preise verkauft, der
im Verhältniß zu anderen Dingen billig genannt werden

muß. Eine etwa zwei Quart enthaltende Büchse davon kostet nur 50 Cents bis einen Dollar. Familien kaufen sie in Kisten zu zwei Dutzend und kostet die Kiste 12 bis 15 Dollars, während sie z. B. in Montana mit 27 Dollars bezahlt wird.

Am Morgen des 3. Juni verließen die Reisenden das gastfreundliche Denver, um sich längs dem Felsengebirge und durch Bridger's Paß, der es durchschneidet, nach dem Mormonenstaat zu begeben.

Die große Ueberland-Postlinie, auf der sie reisten, ist vielleicht das größte Privat-Unternehmen der Welt, das sich in dem Besitze eines einzigen Mannes befindet und von diesem geleitet wird. Der Eigenthümer ist Ben Holladay aus Missouri. Seine Postlinie beginnt bei Atchison am Missouri. Die erste Sektion erstreckt sich über die großen Prairien und Ebenen bei Denver, 650 Meilen; von hier läuft die Linie 600 Meilen lang am Fuß der Felsengebirge hin und über Bridger's Paß nach der Salzsee-Stadt. Von hier nach Nevada und Californien, eine Strecke von ungefähr 750 Meilen, gehört die Linie einer östlichen Gesellschaft. Auf dieser ganzen Strecke geht die Post täglich. Die Wagen, welche im Gebrauche sind, sind die in Neuengland wohlbekannten „Concordkutschen“, Postwägen, die nach den besten Mustern gebaut sind. Vom Salzsee geht die dem Herrn Holladay gehörende Post dreimal wöchentlich nach Norden und Westen, in einer Tour von 950 Meilen durch Idaho nach den Dalles am Columbiafluß, in dem nördlichen Oregongebiet, und bei Fort Hall zweigt sich die 400 Meilen lange Linie nach Virginia City in Montana ab. Eine zweite, 40 Meilen lange Nebenlinie geht von Denver nach den Gebirgsdistrikten von Central City und Nevada. Für

den Postdienst auf allen diesen Straßen empfängt Herr
Holladay von der Regierung jährlich 650,000 Dollars.
Den Dienst auf der ihm zugehörigen Strecke von 2760
Meilen zu versehen, unterhält er über 6000 Pferde und
Maulesel und etwa 260 Postkutscher. Die Stationen längs
dem ganzen Wege sind von ihm gebaut. Alles Korn, dessen
er bedarf, muß er vom Missouri beziehen, und auch das
Heu wird zum großen Theil Hunderte von Meilen weit
herbeigeholt. Die Feuerung für die Stationen wird meistens aus einer Entfernung von 50 bis 100 Meilen herbeigeschafft. Das gesammte Dienstpersonal, von dem Ober-
aufseher, der jährlich 10,000 Dollars erhält, bis zu den
Kutschern, hat der Eigenthümer zu unterhalten; desgleichen
liegt ihm die Ausbesserung und, wenn nöthig, die Anlage
neuer Straßen ob. Das Passagiergeld beträgt von Atchison
nach Denver 175 Dollars, nach dem Salzsee 350, nach
Nevada 500, nach Californien, Idaho und Montana ebenso
viel Dollars.

Das Vermögen Holladay's, welcher in New-York City
wohnt, wird auf 5 Millionen veranschlagt. Uebrigens gehören ihm auch verschiedene Dampfbootlinien auf dem Stillen
Ocean, wie die von San Francisco nördlich nach Oregon
und Britisch Columbia, und südlich nach Mazatlan in Mexico. Auf diesen beiden Linien besorgt er die Post. Er
selbst hat einmal die ungeheure Strecke von San Francisco
nach Atchison in zwölf Tagen und zwei Stunden zurückgelegt, eine Schnelligkeit, die ihm wegen der dabei ruinirten
Wagen und Pferde u. s. w. auf etwa 20,000 Dollars zu
stehen kam.

Drittes Kapitel.

Die Reise durch die Felsengebirge. Virginiathal und die Frauen.
Indianer und Strolche. Thiere und Pflanzen. Naturgebilde. Fort
Bridger. Echo Canyon. Blick auf das Salzseethal.

Westlich vom Missouri giebt es keine aristokratische
Unterscheidung der Wochentage. Der Sonntag ist eben so
gut und nicht besser als jeder andere Tag. Die Posten
gehen, die Kaufläden sind offen, in den Minen wird gegraben, und die Pochhämmer stampfen. Die Reisenden hatten
indessen ihre östlichen Vorurtheile noch nicht gänzlich dem
„Zeitgeist" zum Opfer gebracht und als sie am Sonnabend
gegen Abend das reizende Virginiathal erreichten, beschlossen
sie, der Sitte ihrer Vorfahren getreu, hier den Sonntag
über zu rasten. Vermuthlich aber war auf diese Behauptung
ihrer Grundsätze nicht ohne Einfluß, daß sie von der nach
Denver gehenden Post erfuhren, daß „Mr. Lo, der arme
Indianer," weiter oberwärts in die Linie eingebrochen war,
die Pferde gestohlen und die Verbindung unterbrochen hatte.
War es nun Besorgniß für ihre Skalpe oder für das Heil
ihrer Seele, genug, sie widmeten den Sonntag dem Schlafe
und kletterten gegen Abend auf einen hohen Felsen, der
einen schönen Blick über das Virginiathal, den Strom, die
Schneegebirge und die ferne Ebene gewährte.

Das Thal verdient seinen hübschen Namen. Ein lieb-
licher, perlender Strom gleitet durch ein mächtiges, grünes
Becken, das sich in sanften, aufsteigenden Wiesen zu den
Kanten und Klüften des bewaldeten Gebirges emporwölbt.
Mächtige Felsmassen und Klippen mit silbernen Schneekro-
nen ragen seitwärts herüber. Dazu schien die Junisonne

warm und freundlich, und die Luft war von einer köstlichen,
unentweihten Reinheit. Es ist schwer, einen lieblicheren
Flecken als dieses Thal in dem Königreich der Natur zu
finden. Virginiathal liegt etwa 100 Meilen nördlich von
Denver. Die erste Hälfte des Weges führte am Fuße der
Berge hin, über Ströme, die von dem geschmolzenen Schnee
geschwollen waren und die einzig, wirklich grünen Felder
bewässerten, welche den Reisenden seit Kansas zu Gesicht
gekommen waren. Dann schlängelte sich der Weg um und
über die Hügel und zwischen den Höhen hindurch, welche
die Vorstufen der Felsengebirge bilden. Die einzige Wohn=
stätte im Thal ist die Poststation, die aus einem Hause,
einer Scheuer und einer Schmiede besteht. Außer dem
Postmeister und seiner Frau, dem Stallwärter und seinem
Gehilfen giebt es keine weiteren Bewohner des Thales.
Die nächste Nachbarschaft ist 50 Meilen entfernt. Die
Frau des Posthalters war so freundlich und liebenswürdig
und so ganz Dame, als wäre sie nur eben aus der Gesell=
schaft des Ostens hierher versetzt worden, und dabei bereitet
sie eigenhändig jeden Tag zweimal die reichlichen Mahlzei=
ten für die Postladungen hungriger und schmutziger Passa=
giere. Wie Frauen besonders in diesen abgelegenen Orten
zufrieden und bei harter Arbeit beständig unter rohen, selbst=
süchtigen Männern leben können, ohne ihre weibliche Zart=
heit einzubüßen — wie sie dabei sich nett in ihrem Aeußern
zu erhalten und selbst reizend zu kleiden vermögen, und bei
den freien Complimenten der Passagiere ihr Erröthen nicht
verlernen — das würde befremdend sein, wenn derartige
Erscheinungen dem Reisenden im Westen nicht oft genug be=
gegneten und, wie die ganze Geschichte des weiblichen Ge=
schlechts, deren Möglichkeit bewiesen. „Ich habe hier, meilen=

weit von jeder Nachbarschaft entfernt, junge Frauen gesehen,"
sagt Bowles, „die keine andere Gesellschaft kannten, als die
ihres Mannes, ihrer Kinder und der eiligen Reisenden;
deren ganzes Wissen von dem Leben und Treiben der Welt
hauptsächlich durch die Postkutsche vermittelt wurde, und
die dennoch, ohne einer Entschuldigung zu bedürfen und ohne
jedes linkische Wesen in Boston den Vorsitz bei Mittags=
gesellschaften hätten führen, oder in Washington Staatsvisi=
ten empfangen können." Natürlich sind nicht alle Frauen
so; aber sie sind häufig genug, um über sie zu erstaunen
und sich ihrer mit Vergnügen zu erinnern.

Die Wohnungen in diesen Gegenden sind nicht sehr
geräumig, und die Reisenden mußten sich für die Nacht daher
behelfen, so gut es ging. Sprecher Colfax miethete sich ein
Bett, zwei schliefen im Postwagen, und zwei betteten sich in
ihren Decken auf den Fußboden. Von Schlaf war indessen
nicht viel die Rede. Abgesehen von hungrigen und lär=
menden Postkutschern, die zwischen zwei und vier Uhr her=
einbrachen, hatten sie mit den zwar stillen, aber nicht min=
der hungrigen Eindringlingen zu kämpfen, die in der Gestalt
von Ungeziefer ihre nächtliche Ruhe störten. Da sie inzwi=
schen erfahren hatten, daß die Indianer wenigstens noch 150
Meilen entfernt waren, so brachen sie am frühen Morgen
auf, eine Gesellschaft von Goldsuchern und Kaufleuten vom
Salzsee zurücklassend, da die Post besetzt war. Diese trösteten
sich indessen damit, daß Bowles und seine Begleiter den
Weg vor ihnen von den Indianern säubern, daß sie doch
irgendwo Halt machen müßten, und es im Virginiathal das
beste Essen und die reizendste Köchin gab.

Die Indianer ließen auch die Reisenden unbelästigt;
nur ward ihre Ankunft in der Salzsee=Stadt durch deren

Einbruch in die Linie, wobei sie auf 50 Meilen hin alle Pferde wegtrieben, fast um drei Tage verzögert. Dagegen drohte ihnen eine ernstlichere Gefahr von einer Bande Strolche, der „peksi sarpints," wie sie im Westen genannt werden, welche sie in der Fronte und im Rücken dicht umlauerten. Ihre Bedeckung zerstreute eine Bande von ihnen, die einen Zug reuvoll heimkehrender Mormonen angegriffen hatten, und in der nächsten Nacht eine Poststation überfielen, sämmtliche Pferde stahlen, zwei Stallwärter und drei von den fünf Soldaten tödteten, die hier als Wache im Quartier lagen, und die beiden anderen tödtlich verwundeten.

Hinter Virginiathal hörten die eingemachten Früchte und Gemüse sammt den reinen Tischtüchern für einige Zeit auf. Dafür wurden die Reisenden durch eine Antilope entschädigt, die Einer von ihrer militärischen Bedeckung schoß, als sie in einer Entfernung von etwa 500 Ellen stehen blieb und mit ihren feuchtglänzenden Augen verwundert die Postkutsche betrachtete. Das Fleisch war zart und zerging fast auf der Zunge.

Die Antilopen wiegen 60 bis 80 Pfund; sie haben eine Rehfarbe und ein kurzes Geweih. Auf den hohen Ebenen und in den Gebirgen trifft man sie zu allen Jahreszeiten in großer Menge an. Das Elenthier, von der Größe einer kleinen Kuh mit einem 4 bis 6 Fuß langen Geweih, und der schwarzgeschwänzte Hirsch sind ein selteneres Wild. Zur Jagd auf sie ist noch nicht die richtige Jahreszeit, und halten sie sich den Gebirgen so nah wie möglich. Fische gab es nur wenige; aber Forellen sollten eben so häufig sein, wie in Indiana das Fieber, nur waren sie nie gerade auf der Station zu haben, wo die Reisenden sie verlangten, und man vertröstete sie auf die folgende. Zu Fort Halleck hatten die Soldaten gerade einen zimmetfarbigen Bären gefangen, der von den nächsten Bergen in das Lager gestrolcht war; und die Post, mit der die Reisenden fuhren, scheuchte einen grauen Bären auf, welcher mitten auf der Straße ein mitternächtliches Schläfchen hielt. Der graue Bär war das einzige Thier, dem der Muth der Reisenden eben so wenig gewachsen war, wie ihre Doppelflinten. Nächst den Indianern ist er in der That der Schrecken aller Jäger. Ein Lieblingswild dieser Gegenden ist das Salbeihuhn; Kaninchen hüpften stets, durch ihren Geruch gewarnt, aus Schußweite, während der hungrige, diebsäugige Wolf von den Kugeln der Reisenden in die Flucht gejagt wurde. Nur die lächerlich kleinen Prairiehunde und die lustigeren und noch kleineren Eichhörnchen — schön schwarz gestreift und kaum größer als eine Maus — ließen sich in ihren Spielen durch die kriegerische Gegenwart der Reisenden nicht stören.

Je weiter diese nach Norden und Westen kamen, je reicher erschien ihnen in der Erinnerung die dürftige Vegetation der Steppen und der Umgegend von Denver. Die Wüste der Gebirge ist weit dürrer und nackter als die der Ebenen. Diese kann der Mensch durch Fleiß, Geduld und Energie in fruchttragende Landstriche verwandeln; an der Wüste des Felsengebirgs ist nichts zu ändern. Sie ist völlig werthlos. Der Boden ist Sand und so mit Alkali gesättigt, daß alles Wasser dadurch vergiftet wird und die Erde stellenweise wie bereift oder beschneit erscheint. Gras zeigt sich nur hier und dort in schwächlichen Büscheln; Salbei bildet die Hauptvegetation und fast die einzige. Es ist dies eine grobe, wilde Art des Gartensalbei, die ein bis drei Fuß hoch wird. Dennoch fressen Maulesel und Ochsen diesen Salbei mitunter, weil sie müssen, wenn sie nicht Hungers sterben wollen. Die Emigranten und Fuhrleute benutzen ihn zum Kochen u. s. w., denn er giebt ein leb= haftes, heißes Feuer. Der Geruch trägt aber eben nicht zur Würze der Mahlzeiten bei; man glaubt sich in einer Sei= fenfabrik oder einem Apothekerladen. In dieser ganzen unwirthbaren und nackten Gegend, auf einer etwa 200 Meilen langen Strecke über die Ebene von Laramie, durch Bridger's Paß hinaus nach Bitter Creek u. s. w., giebt es außer den Stationen keine menschlichen Wohnungen und keine Bewohner außer den Stallofficianten und den Stationshaltern. Gelegentlich zeigen sich auch an einem Strom die Wigwam= zelte von Halbblutindianern oder deren Vätern, und voll Mit= leid eilt man an den langsam sich fortbewegenden Wagen der Auswanderer und den Maulthierzügen vorüber. Am Tage wer= den die armen Leute vom Staub erstickt, von der Sonne geröstet, und in der Nacht leiden sie nicht minder von der Kälte, so daß es ein Wunder ist, wie sie, nur 12 bis 15 Meilen täg= lich zurücklegend, noch lebend aus der Wüste herauskommen und Speise und Trank auf ihrem Wege finden. Aber sie fin= den es, und Tausende und aber Tausende, Jahr aus Jahr ein.

Auch der Weg wurde immer rauher, die Felsen wur= den häufiger, und die Post stolperte in einer für alle Kör= pertheile höchst bedenklichen Weise fort. Doch war die höchste Gebirgsreihe noch keineswegs erreicht. Die Straße führte vielmehr durch kaum merklich ansteigende Thäler, und obgleich die Gebirge zu beiden Seiten näher heran= rückten und kleiner wurden, so schien es den Reisenden doch, als ob sie eher über, denn unter ihnen blieben. Nach= dem sie den nördlichen Arm des Platteflusses, von dem sie

bei Julesburg geschieden waren, bei seinem Austritt aus
dem Gebirge erreicht hatten, überschritten sie, seinem wilden
Laufe entgegen, bei Nacht Bridger's Paß, welcher von den
atlantischen Abhängen der Felsengebirge zu denen des Stillen Oceans führt. Keine Schneehügel waren zu erklimmen;
die Pferde trotteten munter auf der Straße fort, und hin-
terher galoppirten die Soldaten der Bedeckung. Nicht
durch Thäler ging der Weg fortwährend, aber offenbar
längs den Ufern und in dem Bette einstiger Flüsse, mit
Felsenwällen zu beiden Seiten, die bald 10, ja 20 Meilen
weit von einander standen, bald wieder den Weg verengg-
ten. Auf der einen Seite bildeten die Felsen nackte, senkrechte Mauern, deren ursprüngliche Gestalten von Wind,
Sand und Regen in alle möglichen Formen, die je die
Architektur erschaffen oder die Einbildungskraft ersonnen hat,
umgewandelt worden waren. Die andere Seite bestand
aus abgerundeten Abhängen, die mit dürftigem Grün und
hin und wieder mit einem verkrüppelten Baum, oft aber
mit glitzerndem Schnee geziert waren. Nicht ein ununter-
brochenes Bett oder Thal bildete die aufwärts führende
Straße, sondern eine zusammenhängende Reihenfolge. Und
so ging die Fahrt im klaren Zwielicht, das in diesen Regionen bis zehn Uhr dauert, im köstlichen Mondschein, welcher
den Felsen neue Formen und neue Schönheit verlieh, die
Nacht durch bis zur Morgendämmerung, welche zwischen
zwei und drei Uhr beginnt. Aber die Nacht war sehr kalt,
und so fand der Augenblick, als die Wasserscheide der beiden Oceane wirklich überschritten wurde, bei den Reisenden keine sonderlich poetische Stimmung vor.

Die Wirkung der Winde, des fortgestürmten Sandes
und der Regengüsse in diesen Regionen auf den weichen

Fels und Kalk mancher Berge ist sehr eigenthümlich. Die hohen, vereinsamten Felsen, die zuweilen rund, aber immer so glatt, als wären sie mit dem feinsten Meißel gearbeitet, hier und dort einen Hügel überragen; die ungeheuren Säulen und phantastischen Figuren auf den Felswänden, die zuweilen meilenlang die Thäler begrenzen; die isolirten Bergmassen in der Ebene, die bald Festungen, bald gothischen Domen gleichen und mit dem französischen Namen „Buttes" (einzeln stehender Hügel oder Berg) bezeichnet werden; die langen Reihen über einander gehäufter Felsendämme, die bald den Vierecken riesiger Forts gleichen, bald wieder meilenweit wie Eisenbahnwälle 100 Fuß über der Thalsohle hinlaufen, diese und ähnliche Schöpfungen der Natur mit einer unbeschreiblichen und malerischen Detailarbeit, bilden den einzigen, unterhaltenden Landschaftscharakter der Felsengebirge.

Eins der eigenthümlichsten Erzeugnisse der Natur-Baukunst welches einzig in seiner Art ist auf den Abhängen der Felsengebirge gegen das Stille Weltmeer die „Churche Butte" (der Kirchenfels). Aus der Entfernung erscheint der Fels wie ein in der Ebene aufgethürmter, plumper Steinhaufen. In der Nähe gleicht er einer halbzertrümmerten, riesigen, mittelalterlichen, gothischen Kathedrale. Der mailänder oder cölner Dom können, wenn sie einst zerfallen und Jahrhunderte über ihre Ruinen hingegangen sein werden, nicht anders ausschauen, als dieses Felsengebilde bei untergehender Sonne, oder als der im Osten heraufkommende Vollmond sein sanftes, Hell und Dunkel scharf begränzendes Licht über die mannigfaltigen Formen und Linien warf, die Granit und Kalk angenommen hatten. Portal, Schiff, Transept, Thurm, Karyatiden, Ungeheuer, Heilige

3*

und Apostel, denen hier die Nase, dort ein Fuß fehlte, zerbrochene Säulen, eingestürzte Dächer, — Alles war vorhanden, bald an der richtigen Stelle, bald von dieser herabgesunken und durcheinander geworfen; aber Alles erkennbar und wie von dem Zahn der Zeit angenagt. Dieser Wunderbau der Natur mißt etwa eine halbe Meile im Umfange. In welchem Lichte und von welcher Seite gesehen, immer bleibt es die riesigste und herrlichste Ruine eines gothischen Domes, von Sand= und Kalkstein aufgeführt.

Von allen Seiten der „Butte" floß ein dicker, massiger Strom kleiner Steine und Kalk herab. Er erzählt, wie das Werk entstanden ist und wie die ununterbrochen fortdauernde Arbeit des Glättens, Zuspitzens, Einschneidens und Meißelns allmählich den Bau, wie alle Gebirge, nivellirt. Man muß es selbst beobachtet haben, mit welcher Gewalt die Hochwinde den Sand in geraden und krummen Linien und Wirbeln fortblasen, um den Antheil zu begreifen, den beide an der phantastischen Bildung und allmählichen Umgestaltung und Zerstörung dieses ganzes Werkes, wie aller jener wunderlichen Architekturen zwischen dem nördlichen Arm des Platteflusses und Fort Bridger, haben. Sandschauer und Sandwirbelwinde sind hier eine fast tägliche Erscheinung. Sie erfüllen die ganze Atmosphäre mit Sand, tragen ihn überall hin, zwischen die Felsen, in die Häuser, durch die Wände und in die Körper aller belebten und unbelebten Dinge und lassen ihn hier ihr Werk der Zerstörung und des Neubaues verrichten. In den Gebirgen von Colorado findet man ein Fenster, welches durch einen einzigen Sturm dieser Art aus gewöhnlichem Glase in das vollkommenste Spiegelglas verwandelt worden ist.

Gegen Fort Bridger zu wurde das Land angenehmer.

Die Salbeibüsche traten vor dem Grase zurück; die Flüsse wurden lauterer, und Bäume begannen den Lauf der Ströme zu begleiten. Fort Bridger ist ein alter, hübsch gelegener Posten; ein munterer Fluß strömt durch das Lager, das Thal schaut im Juni grün und lieblich aus, und rückwärts erheben sich die ewig schönen, ewig mit Schnee bedeckten Gebirge. Hier wurde den Reisenden seit acht Tagen wieder zum erstenmal die Wohlthat einer Nachtruhe in Betten, und nach einem reichlichen Frühstück mit dem Richter Carter, dem Kaufmann und höchsten Beamten des Bezirks, brachen sie neu gestärkt nach dem Becken des großen Salzsees auf, das einen Kontinent in dem Kontinent bildet, sein eigenes kleines, salziges Meer, seine eigene Gebirgskette und eigenen Flüsse besitzt.

Der Weg führte über eine abermalige Reihe von Bergen, die zu den Wasatch-Gebirgen, den westlichen Vorstufen der Felsengebirge, gehören und die östliche Wacht des Salzseethales bilden. Die Fahrt ging den Kamm der Höhen entlang, 8000 Fuß hoch, und durch frühlingsgrüne Thäler und Schlünde, die von senkrechten Felsenwänden eingefaßt waren; dann wieder über lange Strecken Schnee, in denen üppige Blumenoasen lagen. Blumen und Gras sprießen schnell auf, sobald der Schnee schmilzt, denn die Sonne strahlt in diesen hohen westlichen Regionen doppelt so heiß wie im Osten. Viele Blumen waren den Reisenden völlig unbekannt, andere erschienen nur durch Boden und Klima modifizirt. Die gelbe Farbe war vorherrschend, als ob Gelb die Lieblingsfarbe der Natur wäre. So wechselten Winter und Sommer in rascher Folge; der Himmel war blau, die Luft rein, und der aufgehende Mond warf über die Firnen den reichsten Silberglanz und sanfte Milde. Auf und ab

ging's, jetzt die Kante von mehreren hundert Fuß tiefen
Abgründen entlang, wo das Straucheln eines Pferdes, das
Ausgleiten eines Rades den unfehlbaren Sturz hinab ver=
ursacht haben würde; jetzt durch angeschwollene Ströme,
deren Wasser bis an den Kutschenschlag reichte; jetzt stol=
pernd durch Morast und Schmutz, so daß es statt des
Schlafs zerstoßene Köpfe, Arme und Beine gab; dann wie=
der aus den Wolken und dem Schnee, in sausendem Galopp
mit schwindelnden Sinnen und hundertmal in Gefahr, kopf=
über oder seitwärts in den Fluß zu stürzen, hinunter einen
schmalen Engpaß. Das schönste auf dieser Tag= und Nacht=
fahrt war das Echo=Canyon, ein wahres Miniaturbild des
Rheinthals, mit Ausnahme des Weins und seiner unzäh=
ligen Ruinen. Doch fehlt es nicht ganz an Ruinen. Sie
rührten von den schwachen Befestigungen her, welche die
Mormonen errichtet hatten, als Präsident Buchanan seine
Armee gegen sie schickte. Die Armee aber machte Halt
und kehrte ohne einen Angriff wieder um, wobei sie große
Vorräthe von Lebensmitteln, Wagen und Munition und,
was schlimmer als dies, eine Verachtung gegen die Regie=
rung bei den Mormonen zurückließ, die nicht nur noch nicht
erloschen, sondern vielmehr durch die jüngsten Kriegsdro=
hungen der Vereinigten Staaten gestiegen ist, da mit ihnen
abermals nicht Ernst gemacht wurde.

Bei Sonnenaufgang erreichten die Reisenden die letzte
Station, die einen vierfach beweibten Bischof der Mormo=
nen zum Residenten hatte. Er nahm nach dem Frühstücke
von seiner Frau Nummer Eins Abschied und begleitete die
Reisenden nach der Hauptstadt, um seinen drei anderen
Frauen, die in passenden Entfernungen auf dem Gebiet von

Utah zerstreut wohnen, einen seelsorgenden Besuch ab-
zustatten.

Endlich erreichten die Reisenden das Plateau, oder die
Bank, wie es die Mormonen nennen, von wo man das
Thal des Jordan, so wie die Thäler von Utahsee, dem großen Salzsee und der zwischeninne liegenden großen Salzsee=
City überblickt. Die Scene ist von seltener Naturschön=
heit. Zur Rechten auf dem Plateau liegt Camp Douglas,
die Wohnstätte der Soldaten, die ein Dorf für sich bildet
und in Kanonenschußweite von dem Tabernakel und Ge-
meindehause Wache hält über die Stadt. Rechts davon
in einem Winkel der Ebene, welche, durchströmt von dem
Jordan, südlich nach Utahsee und westlich nach dem Salzsee
hinstreift, liegt die Stadt. Sie ist regelmäßig und schön
angelegt und zählt viele hübsche Gebäude zwischen großen
Baum= und Blumengärten, die ihr etwas Feenhaftes verleihen. Darüber hinaus und seitwärts erstreckt sich die
Ebene wohl 10 Meilen breit mit zerstreuten Landhäusern
und weidenden Heerden. Im Hintergrunde, etwa 15 Meilen entfernt, deutet ein lichter Streif in der verschwimmen-
den Gegend auf den Anfang des Salzsees. Das ganze
Land ist eben wie eine Tenne, durchblitzt von Flüssen und
Bewässerungskanälen und beherrscht auf beiden Seiten von
schneebedeckten Höhen, welche das nährende Wasser herab-
senden, mit dessen Hilfe dieses einst wüste Thal von dem
Flusse in ein blühendes verwandelt worden ist, worin jede
Art von Grün und jedes Produkt fast aller Himmelsstriche
gedeiht.

Mormonen und Gentiles (Nicht=Mormonen) wetteiferten
im festlichen Empfang des Herrn Colfax und seiner Begleiter. Zuerst wurden sie unter Musik in Staub und Hitze

durch das Camp Douglas geleitet. Als es darauf in das
Thal hinunter ging, wurde ihnen von den mormonischen
Behörden der Stadt der Weg verlegt. Sie mußten aus
dem Wagen steigen und, nachdem die persönliche Vorstellung
vorüber, wurden sie mit einer langen Rede begrüßt, die sie
ihrerseits mit einer ebenso langen erwiderten, alles dies im
heißen Sande, während die Sonne mit der Gluth von tausend Brenngläsern auf die Köpfe der von der langen Fahrt
ermüdeten und ungewaschenen Reisenden brannte. Hierauf
wurden sie zu anderen Wagen geführt, die Wirthe fuhren
sie durch die Stadt nach dem Hôtel und von hier sofort
nach einem warmen Schwefelbad. Gesäubert und erfrischt,
in reinen Kleidern ging es zum Diner, dann in das Tabernakel der Mormonen, und der Besuch einer gottesdienst-
lichen Versammlung der Gentiles am Abend beschloß die
Empfangsfeierlichkeiten.

Viertes Kapitel.
Utah, der Mormonenstaat.

Es ist kein Wunder, wenn sich die Mormonen für ein
auserlesenes Volk Gottes halten. Nicht nur sind sie von
Gott gesegnet in der Wahl ihrer Heimath, welche in dem
reichsten Landstrich zwischen dem Mississippi und dem
Stillen Ocean liegt, und alle Elemente zu einem Staate enthält; sondern auch in dem großen Erfolge ihrer Arbeit,
welche hier die unabhängigste und selbstständigste Industrie
auf der westlichen Hälfte des amerikanischen Festlandes entwickelt hat. Sicher hat die größte, weltliche Klugheit bei
ihrer Niederlassung und deren Einrichtung obgewaltet. Die

Leiter haben Takt und staatsmännisches Talent bewiesen, das Volk gewerblichen Fleiß, Mäßigkeit und Ehrlichkeit. Sonst wären solche Fortschritte, solcher Wohlstand, solche Triumphe der Industrie, Erfindung und Ausdauer, wie sie der Mormonenstaat darbietet, nicht möglich.

Keine Binnenstadt des Festlandes liegt in einem solchen Gefilde der Schönheit wie die Salzseestadt, vereinigt solch reiche und seltene Elemente der Natur und bietet eine solche Gewähr für die materielle und sociale Größe in kommender Zeit. Es erscheint daher auch die Ansicht durchaus berechtigt, daß die Salzsee-City der große Mittelpunkt des Westens zu werden berufen sei. Sie liegt eben in der Mitte von Montana, Idaho und Oregon im Norden, Dacotah und Colorado im Osten, Nevada und Californien im Westen, Arizona im Süden, und der Coloradofluß welcher für Dampfboote auf 400 Meilen schiffbar ist, verbindet sie mit dem Stillen Ocean. Zwischen dem Flusse und der Stadt bleibt nur eine Landstrecke von etwa 600 Meilen übrig. Sobald die Pacific-Eisenbahn gebaut und der Bergbau entwickelt ist, wird Salzsee-City nicht nur ein Handelsplatz ersten Ranges, wie St. Louis und Chicago, sondern auch eine der schönsten Hauptstädte und zugleich Badeorte der Vereinigten Staaten werden. Ihre vortreffliche Lage und frühe Entwickelung verheißt das erste, ihr angenehmes Klima während wenigstens acht Monaten im Jahre, die Schönheit der Gegend mit ihrem Wasserreichthum, ihren Früchten und Gemüsen, ihren schneebedeckten Berggipfeln, den heißen Schwefelquellen und dem großen Salzsee verheißen das zweite und dritte. Es giebt zwei Hauptschwefelquellen, die eine heiß genug (120 Grad Farenheit), um darin ein Ei zu kochen, welche 4 Meilen von dem Mittelpunkt der Stadt entfernt ist, und die andere, mit der richtigen Badtemperatur (90 Grad F.), welche unmittelbar bei der Stadt liegt und bereits als Bad eingehegt ist. Andere kleinere Quellen der Art finden sich in der Nachbarschaft.

Der große Salzsee endlich, welcher etwa 15 Meilen von der Stadt entfernt liegt, ist ein Ocean im Kleinen von 50 Meilen Breite und 100 Meilen Länge. Vier bis fünf Ströme süßen Wassers ergießen sich in ihn. Er hat keinen sichtbaren Abfluß, und sein Wasser besteht zum vierten Theil aus Salz. Kein Fisch vermag darin zu leben, zum Bade ist es aber köstlich erfrischend. Der Körper schwimmt darin leicht wie ein Kork, nur muß man Augen und Mund davor schützen, denn es beißt gewaltig. Felseninseln ragen malerisch aus dem zuweilen mächtig stürmenden See hervor.

Ueberrieselung ist die unerläßliche Bedingung des Ackerbaus in den Ebenen zwischen den Gebirgen des Stillen Oceans. Die langen, trockenen Sommer, in denen oft Monate lang kein Tropfen Regen fällt, die Hitze, die trockenen Winde und der kalkige Charakter des Bodens würden allen Bemühungen des Landmanns Hohn sprechen, wenn er nicht zu einer künstlichen Bewässerung seiner Felder schritte. In Utah bildet der Ackerbau die Hauptbeschäftigung. Die Bevölkerung welche etwa 120,000 Seelen zählt, lebt fast ausschließlich von ihm und hat auf ihn den Staat gegründet. Die Ueberrieselung ist deshalb allgemein und in ausgedehntester Weise angewendet. Die von den Gebirgen herabkommenden Ströme sind in verschiedener Höhe angezapft, und große und kleine Kanäle leiten das Wasser zu den Gärten und Wiesen und von hier in unzähligen kleinen Fäden über die Saat- und Kornfelder, zu

den Bäumen und dem Gemüse. Einzelne Personen, Ge=
meinden und Gesellschaften stehen an der Spitze dieser
Wasserleitungen. Das Wasser wird unter den Theilneh=
mern je nach ihrem Lande oder der Bezahlung vertheilt.
Jeder erhält seinen Antheil, und wenn das Wasser knapp
ist, was oft der Fall, so leiden Alle in gleichem Verhältniß.

Die Salzsee=City wird auf diese Weise von einem Ge=
birgsstrom bewässert. Silbern funkelnde Bäche durcheilen
fortwährend die gepflasterten Gassen, speisen die schatten=
den Bäume, kühlen die Sonnenhitze und liefern das nöthige
Wasser für die Haushaltungen und die Thiere. Nach der
allgemein geltenden Regel wird jede Pflanzung einmal in
der Woche gespeist.

Heute erhält der eine Theil des Gartens, morgen der an=
dere das erforderliche Wasser, und so geht es die Woche
durch, bis der ganze Besitz getränkt ist. In Folge dieser
regelmäßigen Bewässerung gedeiht auf dem strengen Boden,
der aus den Anschwemmungen der Gebirge besteht, die
reichste Ernte an Getreide, Gemüse und Früchten. Die
Gärten in der Stadt und den Dörfern gewähren daher in
ihrem reichen Grün und ihrer Ueppigkeit einen fast tropi=
schen Anblick.

Das von dem großen Salzsee gebildete Land erstreckt
sich etwa 150 Meilen nach Osten und Westen, und 250
nach Norden und Süden. Außer dem durch die Austrocknung
des Sees entstandenen Lande begreift das Gebiet von
Utah noch eine weitere Landstrecke von 100 Meilen Länge
und Breite. Aber die Ansiedelungen der Mormonen rei=
chen nördlich noch 100 Meilen weiter in das Gebiet von
Idaho und südlich etwa 200 Meilen in das Gebiet von
Arizona hinein. Im Osten begrenzen sie die Gebirge, im

Westen die große Wüste Centralamerikas. Diese Ansiedelungen sind meistens klein, zählen nur einige hundert Einwohner und liegen zerstreut an den Ufern der Gebirgs-
ströme. Indessen giebt es darunter einige bedeutende Orte,
wie Provo im Süden und Ogden City im Norden.

Die Politik der Mormonenführer ist von Anfang an
darauf gerichtet gewesen, das Volk auf den Ackerbau zu
beschränken und eine ländliche Bevölkerung zu erziehen, die,
behäbig, friedlich und fleißig und in kleine Dörfer zerstreut,
leicht durch die Kirche zu lenken ist. Diese Politik ist denn
auch von dem bewunderungswürdigsten Erfolg gekrönt worden und hat hier, in dem Mittelpunkt der westlichen Hälfte
des Festlandes, eine Industrie und Produktion erzeugt,
welche für das fernere Gedeihen dieses Landstrichs von
dem größten Werthe und der außerordentlichsten Bedeutung ist. Später sind auch einige von den einfacheren Zweigen der Manufaktur, wie der Baumwolle und Wolle, eingeführt worden, doch stehen dieselben nicht im Widerspruch
mit der allgemeinen Politik. Es giebt etwa drei Baum-
wollengarn- und eine Wollspinnerei, dagegen wohl hundert
Getreidemühlen im Gebiet. Mehl, Getreide, Butter, Schinken, getrocknete Pfirsiche, Strümpfe, Garn, Schuhwerk bilden die Hauptartikel der Industrie, die einen reichen Absatz
an den Auswanderern und den Minengräbern im Norden
finden. Baumwolle wächst in großer Menge in den südlichen Ansiedelungen, und die bisher angestellten Versuche
mit Flachs, Maulbeerbäumen und Seidenwürmern haben
sich alle erfolgreich erwiesen.

Dagegen wendet die Kirche ihren Einfluß nachdrücklich
gegen den Minenbau. Placers, d. h. Stellen, an denen
das Gold nahe der Erdoberfläche liegt, sind bisher nicht ent-

deckt worden, und die Leiter behaupten, daß die bisher ge-
fundenen Erze nicht die Arbeit bezahlen. Sie sind aber
überzeugt, daß die Minen eine Bevölkerung herbeilocken
würden, die der Ordnung und Macht der Kirche feindselig
sich entgegenstellen dürfte. Daß es Eisen in großer Menge,
hauptsächlich in den südlichen Gebirgen gebe, gestehen sie
zu. Auch haben sie einige Versuche zu dessen Gewinnung
gemacht, jedoch mit geringem Erfolg, weil, wie sie behaupten, es ihnen an den geeigneten Arbeitern und Maschinen
fehlte. Aber an das Vorhandensein von Gold und Silber wollen sie nicht glauben, und Brigham Young, der Präsident und das oberste Kirchenhaupt des Mormonenstaates,
meint, die Welt habe schon mehr davon, als sie brauche,
und daß die Gegenden, in denen Gold und Silber gefunden wurden, heute ärmer als vor 25 Jahren seien; denn
für jeden gewonnenen Dollar seien wenigstens vier verausgabt worden. Es unterliegt indessen kaum einem Zweifel,
daß die Gebirge von Utah reich an edlen Metallen sind,
und wenn vielleicht auch nicht so reich wie andere Staaten
und Gebiete, so doch reich genug, um Goldgräber und Kapitalisten zu Versuchen zu veranlassen. Bisher ist überwiegend Silber in Verbindung mit Blei und Kupfer gefunden
worden. Die meisten Entdeckungen sind von Soldaten unter General Connor's Commando gemacht worden, Frei-
willigen aus den Goldregionen von Californien und Nevada,
die während der beiden letzten Jahre hier stationirt waren.
Der größte Theil von ihnen hat sich auch sofort an die
Arbeit gemacht, nachdem ihre Dienstzeit abgelaufen war.
Die Reisenden fanden in den Schluchten des Rushthales
über hundert frisch entdeckte und in Angriff genommene
Minen, deren Tiefe zwischen 10 und 100 Fuß wechselte.

General George, der in Abwesenheit des General Connor den Oberbefehl führt, ist ein alter Goldgräber aus Nevada, und er behauptete, daß die Adern eine reichere Ausbeute an Silber versprächen als die jenes jungen Staates. Je weiter die Minen bearbeitet werden, je reicher zeigt sich das Erz. Die Mormonen behaupten zwar, daß die Gruben bald erschöpft sein werden; die Gräber aber lassen sich dadurch nicht irre machen. Vorläufig läßt sich das Erz noch ziemlich leicht bearbeiten und beansprucht weder Stampfmühlen, noch die Anwendung von Wasser- oder Dampfkraft; Schmelzöfen sind das Haupterforderniß. Auch General Connor, der früher sein Glück in Californien versucht hat, setzt großes Vertrauen in die Minen und ist gegenwärtig beschäftigt, in der Nähe des Rushthales eine Stadt, Stockton, zu gründen. Sie zählt etwa zweihundert Einwohner, die alle Nicht-Mormonen und größtentheils alte Soldaten sind. In den entlegenen Theilen des Gebiets sind ebenfalls Silberminen entdeckt worden und werden dieselben eifrig ausgebeutet. Indessen gestattete bisher ihre Entfernung von den Märkten und der Mangel an Maschinen und Kapitalien keinen raschen Aufschwung. Ohne Zweifel aber werden die Minen dem Gebiete von Utah eine neue Bevölkerung und ein schnelles Wachsthum geben, und ihm eine Stelle unter den bedeutendsten Minenstaaten erobern.

Die Hauptstadt des Gebietes, Salzsee-City, ist regelmäßig in Vierecken von je zehn Acres angelegt, und diese sind wieder in Theile von 1¼ Acres gesondert. Eine weitere Theilung findet nur zu Geschäftszwecken oder in den dichtest bevölkerten Straßen statt. Das Baumaterial besteht meistens aus Luftziegeln (Adobe ge-

nannt). welche mit Gyps überkleidet werden. Die Häuser
haben gewöhnlich nur ein Stockwerk. Sie sind von großem Umfange und zählen so viele Ausgangsthüren, als der
Eigenthümer Frauen besitzt. Unter den neueren Gebäuden
sind einige von Stein und außen und innen gleich geschmackvoll. Brigham Young's, des Präsidenten und ersten Propheten, Wohnstätte umfaßt ein ganzes Viereck und enthält
verschiedene Wohnhäuser, ein Schulhaus für seine vierzig
oder fünfzig Kinder, große Stallungen, eine Getreidemühle,
eine Zimmermanns-Werkstätte und das Versammlungshaus
der Aeltesten. Auf dem gegenüberliegenden Viereck steht
das alte Tabernakel, ein noch im Bau begriffenes größeres
und das Fundament eines großen Tempels, welcher, wenn
er vollendet, nach dem Plane die schönste Kirche Amerikas
zu werden verspricht. Augenblicklich ruht der Bau. Ferner befindet sich auf dem Platze der „Bowery“, ein unge-
heures Dach von grünen Zweigen, unter dem eine Versammlung von mehreren tausend Menschen Platz hat. Hier
findet während der warmen Jahreszeit der sonntägliche
Gottesdienst statt. Die beiden erwähnten Vierecke um-
schließt eine 12 Fuß hohe Steinmauer. Aehnliche Ein-
fassungsmauern sieht man auch bei anderen Wohnplätzen.

Die Preise der Lebensmittel sind, wie die aller Bedürfnisse, außerordentlich hoch. Indeß würde man irren,
wenn man daraus schließen wollte, daß die Bevölkerung
ein ärmliches Leben führe. Es giebt keinen absolut Armen,
und die allgemeine Lebensweise verräth Wohlhabenheit.
In den ersten Jahren der Ansiedelung verursachte freilich
der Mangel an Lebensmitteln große Noth, und Viele waren
gezwungen, sich von Wurzeln zu nähren. Jetzt aber scheint
Ueberfluß an Allem vorhanden zu sein, was man zum Leben

bedarf, und da der größte Theil der Bevölkerung aus Acker=
bauern besteht, so haben die Meisten vollauf. Die Reisen=
ten fanden überall, sowohl im Hôtel wie in den Privat=
häusern, die Tafeln reich gedeckt. Ein Abendessen, welches
ihnen einer der bedeutendsten Mormonenkaufleute gab, und
an dem auch Präsident Young und die Hauptmitglieder
seines Rathes theilnahmen, stand in Bezug auf die Fülle
und Manichfaltigkeit von Fischen, Fleisch, Gemüsen und
Backwerk dem Osten vollkommen ebenbürtig zur Seite, und
Küche und Servirung waren tadellos. Alle Speisen hatte
Utah selbst geliefert. Die Frauen des Gastgebers warteten
in der liebenswürdigsten Weise auf, und die ganze Festlich=
keit stellte die praktischen Vortheile der Vielweiberei in das
günstigste Licht.

Ueberhaupt hatten Herr Colfax und seine Freunde sich
während ihres ganzen Aufenthaltes der glänzendsten Gast=
freundschaft zu erfreuen. Sie waren die Gäste der Stadt,
aber die Gentiles wetteiferten mit den Mormonen an Auf=
merksamkeit gegen sie. Diese Gentiles, d. h. diejenigen,
welche sich nicht zum Mormonismus bekennen, werden
immer zahlreicher und einflußreicher. Sie bestehen aus
den Soldaten und Officieren des CampDouglas, den Be=
amten der Vereinigten=Staaten=Regierung, der Telegraphen=
und Postlinie, den Vertretern östlicher oder californischer
Geschäftshäuser, welche hier Zweiggeschäfte, und zwar sehr
bedeutende, haben, und vielen Kaufleuten der Salzseestadt
selbst. Reuige und abtrünnige Mormonen vermehren ihre
Zahl. Sie haben bereits eine literärische Gesellschaft, eine
täglich erscheinende Zeitung und eine große Sonntagsschule
gegründet. Zu den Mormonen stehen sie in nachhaltiger
Opposition. Während die Mormonen im allgemeinen eine

gewisse Scheu trugen, ihre Frauen den Reisenden vorzustellen, nahmen die Frauen und Töchter der Gentiles an
den veranstalteten Festlichkeiten freien und heitern Antheil,
und waren sie so hübsch und gebildet, daß sie jeder Gesellschaft der Welt zur Zierde gereicht hätten, was von den
Frauen der Mormonen eben nicht gesagt werden kann.

Die Zuvorkommenheit der Mormonen hatte beiläufig
ihren sehr guten Grund. Sie trachteten durch Herrn Colfax der Regierung zu beweisen, daß sie keine Ungeheuer
und Mörder, sondern intelligente, tugendhafte Männer von
guten Manieren und gebildetem Geschmack seien, und gewiß
giebt es unter ihnen viele ehrliche, brave, intelligente und
gesellschaftlich gebildete Leute. Der Wunsch, die Regierung
von der Loyalität seiner Gesinnungen zu überzeugen, veranlaßte denn auch den Präsidenten Brigham Young, von der
Etiquette der Mormonen abzuweichen. Diese erfordert,
daß dem politischen und kirchlichen Oberhaupte von Utah
der erste Besuch abgestattet werde. Da jedoch Herr Colfax
erklärte, daß er, als Beamter der Vereinigten Staaten und
zu geschäftlichen Zwecken auf Reisen, den Präsidenten nicht
zuerst besuchen würde, so that Brigham Young den ersten
Schritt und erschien eines Tages mit einem großen Gefolge seiner hierarchischen Würdenträger in dem Hôtel der
Reisenden.

Brigham Young ist eine frische, angenehme Erscheinung und für seine sechsundvierzig Jahre noch jung. Seine
lichtgrauen Augen haben einen kalten und unsichern Blick,
Mund und Kinn verrathen eine große, entschiedene Willens-
kraft. Man kann ihn einen hübschen Mann nennen; allein
sein Wesen hat nichts Herzgewinnendes. In der Unterhaltung zeigte er sich ruhig und kühl, aber beredt im Ausdruck.

Seine Ideen waren markig und originell, seine Grammatik
jedoch kläglich. Sein Benehmen war förmlich, doch höflich
und zeigte wenigstens Freimüthigkeit, wenn er sie auch nicht
fühlte. Gegen seine Genossen erwies er sich als ein Mu=
ster in jener Kunst östlicher Politiker, den Arm mit freund=
schaftlicher Vertraulichkeit um den Andern zu schlingen und
sich angelegentlich nach seinem und seiner Familie Befinden
zu erkundigen. Wenn dabei seine Augen erglänzten und
seine Lippen sanft lächelten, so war das zwar sehr hübsch,
drang aber nicht zu Herzen.

Unter seinen Begleitern zeichnet sich besonders Heber
C. Kimball durch seine gemeine und rohe Sprache aus.
Er behauptet eine hohe Stellung unter den „Propheten.“
Seine Manieren sind so salbungsvoll wie Macassaröl, und
seine frommen Phrasen scheint er dem Thomas a Kampis
abgelernt zu haben. Er hat einen scharfen, durchbringenden
Blick und erinnert an die Farmergestalten, denen man auf
den Wochenmärkten der kleinen Städte begegnet. Ein drit=
ter Prophet, Dr. Bernhisel hat, namentlich mit seinen
Freunden verglichen, einen Anstrich von Kultur und Ver=
feinerung. Er ist ein kleiner, alter, ehrwürdiger Mann.
Einige Andere hatten hübsche Gesichter und glichen Gelehr=
ten, wie man sie wohl in den wissenschaftlichen Gesellschaf=
ten von New=York oder Boston antrifft. Beschränktheit,
Bigotterie und Halsstarrigkeit scheinen aber den Haupt=
rakter der Mehrzahl dieser Propheten zu bilden. Sie sehen
aus, als hätten sie immer nur auf den Farmen ihrer Vä=
ter und Großväter gelebt, hätten die Wirthschaft gelassen,
wie ihnen dieselbe überkommen, und wären stets in dieselbe
Kirche gegangen, hätten stets in demselben Stande auf der
ungepolsterten Bank gesessen, stets vom Nachbar dasselbe

Wochenblatt geliehen, alle ihre Kinder nach dem Westen
oder in die Städte geschickt, und wenn sie zu Markt kamen,
den Preis sich stets in Münze auszahlen lassen.

Im Lauf der Unterhaltung erkundigte sich Brigham
Young nach den Absichten der Regierung auf den Staat
der Mormonen. Herr Colfax entgegnete, daß er zwar nicht
berechtigt sei, im Auftrage der Regierung zu sprechen; doch
glaube er für seinen Theil, daß, nachdem Missouri und
Maryland, ohne auf das Eingreifen der Regierung zu warten, die Sklaverei abgeschafft hätten, die Mormonen gleichfalls einsehen würden, wie die Vielweiberei ein Hinderniß
und keine Hülfe sei und deshalb zu deren Beseitigung schrei-
ten würden; er hoffe, daß den Propheten der Kirche eine
neue Offenbarung befehlen werde, ihrer bisherigen Praxis
Einhalt zu thun. Brigham Young vertheidigte zwar die
Sklaverei als eine Einsetzung Gottes, gestand aber offen,
daß er eine solche Offenbarung herzlich willkommen heißen
würde. Uebrigens sei die Vielweiberei nicht eine Satzung
ihres Originalglaubensbuches, noch eine wesentliche Praxis
der Kirche, sondern nur ein Privilegium und eine Pflicht,
in Folge von Gottes besonderem Gebot. Er gab zu, daß
Mißbrauch mit der Polygamie getrieben worden und Mancher gegen seinen Einspruch und Rath zu ihr geschritten sei.
Zugleich vertheidigte er jedoch den Gebrauch als auf der
Bibel beruhend und behauptete, daß die Vielweiberei in gewissen Grenzen gesunde moralische und philosophische Gründe
für sich habe.

Ganz anders aber lautete seine und der übrigen Heiligen Sprache etwa zwei Monate später, offenbar darüber
erbittert, daß Colfax und seine Freunde durch die ihnen
persönlich erwiesenen Aufmerksamkeiten und mündlichen Ver-

sicherungen nicht gewonnen worden waren und ihren Einfluß nicht zu Gunsten des Mormonenstaates bei der Regierung geltend machen wollten. Brigham Young selbst
äußerte, wenn man es wagen sollte, ihn vor Gericht zu
stellen, so wollte er zuerst die Regierung in der Hölle sehen. Er sei bereit, der Regierung die Stirn zu bieten.
Er hätte seine Soldaten, Gewehre und Pistolen und Munition, und zwar in Menge, dazu auch Kanonen, und er
würde von ihnen Gebrauch machen. Er sei eben dabei.
Der Gouverneur des Gebiets sei nutzlos und vermöchte
nichts. Er (Brigham) sei der wahre Gouverneur seines
Volks, und durch die Macht des Höchsten würde er Gouverneur des Gebiets bleiben, jetzt und in alle Ewigkeit, und
wenn das den Gentiles nicht gefiele, so könnten sie sich fort-
machen und in die Hölle gehen. Neun Zehntheile des Volks
von Utah hätten Sympathien mit dem Süden, und der Norden befände sich im Unrecht.

Heber Kimball predigte den Krieg, nicht bis auf's Messer, sondern bis auf die Scheeren und Besenstiele. Er rief
in seiner grotesken Beredsamkeit: „Der nächsten Armee,
die hierher kommt, der sollt ihr Frauen entgegentreten, bewaffnet mit Besen und Handspritzen und heißem Wasser,
um sie mit heißem Wasser zu bespritzen. Wir hatten unsern Spaß mit der letzten Armee, die hierher kam, und mir
schwant, wir werden ihn auch mit der nächsten haben. Begrüßt sie, Schwestern, mit einem Schauer von Seifenlauge;
ja selbst mit 18 Zoll langen Klingen halber Scheeren. Und
ihr Brüder, ölt eure alten Flinten ein. Und ihr Schwestern, ölt eure alten Flinten auch ein. Selbst mit Stroh-
halmen bewaffnet euch männiglich. In den „Staaten" thun
sie es vom achtzehnten bis zum fünfundvierzigsten Jahr.

Wir hier, meine ich, könnten es thun vom zehnten bis ein-
hundertundachtzigsten Jahre. Besenstiele und Wischlappen,
Brüder, Eimer mit heißem Wasser, theure Schwestern, wenn
ihr nicht mehr thun könnt. Wenn ein Dutzend von unsern
Weibern zur Zeit des Krieges im Süden gewesen wäre,
sie würde die Nordarmee mit Eimern heißen Wassers weg-
gewaschen haben.

„Wir glauben, was Christus lehrte — an die Gebote,
die er uns gab. Er sagte: „Du sollst nicht begehren deines
Nächsten Weib, noch seine Tochter und sein Haus, noch seinen Diener, noch seine Dienerin." Das sagte Christus; aber
unsere Feinde glauben es nicht. Das war der Streit zwischen dem Norden und dem Süden. Die Abolitionisten
des Nordens stahlen die Schwarzen und waren Schuld an
allem. Der Schwarze war ganz wohl auf und glücklich.
Wie weißt du das, Bruder Heber? Wie ich das weiß?
Gott segne euch, ich habe früher im Süden gelebt und weiß
es. Jetzt haben sie die Nigger freigelassen, und da haben
sie was Schönes für sie gethan, haben sie nicht? Ich bin,
was ihr einen Sohn der Veteranen nennen könnt. Mein
Vater hat in der Revolution für unsere Freiheiten geblutet.
Ich, sein Sohn, bin fünfmal von den Gentiles-Verfolgern
ausgeraubt und vertrieben worden — ich und meine Brüder Karl und Samuel. Sie drohen, hierher zu kommen
und uns zu vernichten. Laßt sie kommen! Ich bin der
Mann, ihnen Trotz zu bieten."

Zugleich begann die Kirche die Milizen des Gebiets
zu organisiren, zu bewaffnen und einzuexerciren. Die Regierung der Vereinigten Staaten hatte indessen zu viel mit
der Reconstitution des Südens zu thun, um sich um die
Drohungen und Prahlereien der Mormonen zu kümmern.

Der Kriegseifer der Heiligen des jüngsten Tages ist daher wieder verpufft. Ob sie wirklich Ernst machen, oder wieder zum Wanderstabe greifen werden, wenn die Regierung zu Washington eines Tages Muße findet, sich mit den Angelegenheiten Utahs zu beschäftigen, muß abgewartet werden. Der Augenblick ist unausbleiblich, und der puritanische Geist Neu-Englands drängt die Regierung, eine wirksamere Politik als bisher gegen die Mormonen einzuschlagen. Die Vielweiberei ist ihnen ein ewiger Dorn im Auge.

Fünftes Kapitel.

Die Vielweiberei der Mormonen und deren Folgen. Die Gesellschaft. Die Predigten Brigham Young's und Kimball's. Das Theater. Einwanderung.

Die Mormonen vertheidigen ihre Vielweiberei mit Gründen der hohen Moral und Religion. Sie und das officielle Journal der Kirche, das von dem Postmeister in Utah redigirt wird, behaupten, daß sie von selbst nicht auf die Vielweiberei verfallen seien, sondern dieselbe ihnen durch eine Offenbarung vom Himmel befohlen worden sei. Einer unter Tausenden ihres Volks möge eine Abneigung gegen diese Doktrin äußern; aber ein Solcher würde von der religiösen Gemeinde, deren Mitglied er sich nenne, nicht anerkannt. Wenn eine Offenbarung falsch sei, dann seien alle falsch, und wenn eine von Gott käme, dann hätten alle dieselbe heilige Quelle. Die Polygamie hätte größere Reinheit und bessere Sittlichkeit im Gefolge als die Monogamie. Wenn einige Personen nicht das hohe Glück in der Polygamie fänden, welches sie suchten, so beweise dies gar nichts.

Denn so sei es in allen Lagen des Lebens. Wie viele
Frauen, die in der Monogamie leben, verwünschten nicht
die Stunde, in der sie die Banden der Ehe auf sich nahmen. Eben so gut, wie man behauptet, daß ein Mann
nur für eine Frau Neigung empfinde, oder seine Neigung
nur von einer einzigen Frau erwidert werden könnte, eben
so gut könnte man sagen, daß sich die Liebe der Eltern nur
auf ein einziges Kind beschränken müßte, und daß die Neigung einer ganzen Familie nicht die ihres Oberhauptes er-
widern könnte, ohne Eifersucht und bittere Gedanken zu erzeugen und die feineren Gefühle zu verletzen.

Die Frauen Brigham Young's sind zahllos, wenigstens
scheint Niemand zu wissen, wie viele er hat, und er selbst
gestand, daß er ihre Zahl vergessen hätte. Wahrscheinlich
hat er sechszehn bis zwanzig vollständige Frauen und eben
so viele sind ihm „versiegelt" für den Himmel. Diese „versiegelten" Frauen sind meistentheils fromme, alte Damen,
deren Ehrgeiz nach einem hohen Sitz in dem Himmel der
Mormonen trachtet, und die es für den sichersten Weg halten, dorthin zu gelangen, indem sie sich dem paradiesischen
Gefolge ihres höchsten Propheten anschließen. Manche von
diesen „versiegelten" Frauen sind die irdischen Weiber anderer Männer; aber es fehlt ihnen der Glaube an den
himmlischen Kredit ihrer Eheherren und sie suchen deshalb
der Zukunft durch die Gnade Brigham's sich zu versichern.
Anderwärts hofft mancher Ehemann sich unter den Röcken
seines frommen Weibes in den Himmel zu stehlen; in
Utah ist die Sache umgekehrt, und die Frauen kommen in
den Himmel, weil die Männer sie mit sich nehmen. Die
Religion der Mormonen ist eine vortreffliche Einrichtung,
um die männliche Autorität in der Familie aufrecht zu er-

halten. Die Größe eines wahren Mormonen wird denn auch nach der Zahl der Frauen bemessen, die er in süßer, liebevoller und hauptsächlich in gehorsamer Unterwürfigkeit zu erhalten vermag. Ein solcher Mann kann so viele Frauen haben, als er nur immer wünscht. Präsident Young ist aber dagegen, daß solche Männer, welche diese seltene häusliche Gabe nicht besitzen, ihre Frauen vermehren.

In vielen Fällen erhalten die Weiber der Mormonen nicht nur sich selbst und ihre Kinder, sondern unterstützen auch ihren Mann. Ein Mann mit geringem Einkommen, welcher dem Zauber von drei oder vier Frauen nicht hat widerstehen können und sie alle geheirathet hat, pflegt mit der ersten Frau ein Hauswesen zu führen, während die anderen jede für sich besonders wohnen und sich durch Nähen, Waschen und ähnliche Arbeiten selbst ernähren. Der Mann besucht diese Frauen nur zuweilen, wo sie dann ihre Ersparnisse und Verdienste freudig hingeben, um den Heiligen nach besten Kräften zu traktiren und sich selbst so reizend und liebenswürdig als möglich zu machen. Wenn ein solcher Bursche träge ist und seine Frömmigkeit dazu anwendet, wackere Weiber zu bekommen, so kann er fortwährend bei seinen Frauen die Runde machen und sich füttern lassen, ohne daß es ihn einen Groschen kostet.

Wenn Präsident Young eine Reise durch das Gebiet macht, so begleitet ihn ein beträchtliches Gefolge und stets eine seiner Frauen und ein Barbier. Die erstere ist bei solchen Gelegenheiten mehr seine Magd als seine Gesellschafterin. Sein Hauswesen soll bewunderungswürdig geleitet werden. Einer seiner Schwiegersöhne steht an dessen Spitze. Die Weiber haben nichts mit der Wirthschaft zu thun. So oft sie neue Kleider oder Taschengeld brauchen, müssen sie sich an dieses Haupt des Familienbureau wenden. Erwägt man, daß sich dem Kirchenoberhaupte die beste Gelegenheit zur Wahl seiner Frauen bot, so ist der Mangel an Schönheit auffällig genug, an dem seine Weiber leiden. Seine erste Frau ist eine alte, heitere, nüchterne Dame; die jüngste und sein Liebling, welche, wie man erzählt, erst nach langem Suchen gefunden wurde, ist ganz artig, aber sehr gewöhnlich, trotz des ausnahmsweisen Putzes, durch den sie sich vor der ganzen Familie auszeichnet. Seine kleinen Kinder sind lebendige, hübsche Geschöpfe, und unter seinen erwachsenen Töchtern giebt es einige ganz gefällige Erscheinungen und hübsche Talente. Dagegen zeigen die ältern Söhne nichts von des Vaters Lebhaftigkeit und Verstandesschärfe. Der älteste, Brigham junior, zeichnet sich nur durch seinen Wuchs und seine Kraft aus. Er wiegt etwa 300 Pfund. Er ist gegenwärtig mit einer seiner Frauen in kirchlichen Angelegenheiten nach England gereist. Der nächste Sohn ist ein schwächlicher Bursche mit vielen Weibern und einer unmäßigen Liebe zum Branntwein. Brigham's Dynastie wird mit ihm selbst aussterben.

Der zweite Präsident und Lieblingsprophet der Kirche, Heber Kimball, welcher sein kahles Haupt in Kirche und Theater durch ein rothseidenes Taschentuch gegen die Kühle schützt, ist in Bezug auf die Schönheit seiner Frauen womöglich noch unglücklicher als Young. Es wäre für diese eine Beleidigung, wenn man in ihrer Gegenwart das Wort Schönheit aussprechen wollte.

Hübsche Frauen und Mädchen sind überhaupt selten unter den Mormonen des Salzsees. Die wenigen Gentiles können viel mehr davon aufweisen. Sollte der Grund etwa

darin liegen, daß die Schönheit mehr ästhetisch als aske=
tisch ist? Oder sind die hübschen Frauen der Verheirathung
sicherer und überlassen es ihren häßlicheren Schwestern, sich
in einen Mann mormonisch zu theilen? Der einzige Poly=
gamist, in dessen Familienkreis die Reisenden freien Zutritt
erhielten, hatte jedoch zwei recht hübsche Frauen gefunden.
Es waren zwei Engländerinnen von ziemlich gleichem Alter,
die sich in ihren Mann mit großer Resignation, wenn nicht
Freundschaft, theilten. Sie waren stets gleich gekleidet und er=
schienen stets zusammen mit ihrem Manne, im Besuchszimmer
wie in der Oeffentlichkeit. Aber beide zeigten auch diesel=
ben ruhigen, unterwürfigen, halb traurigen Gesichter, welche
alle Frauen der Mormonen, junge wie alte, kennzeichnen.
Auch geht den Frauen der Mormonen jenes laute Wesen
ganz ab, welches man im allgemeinen an dem weiblichen
Geschlechte im Westen bemerkt. Der Grund dürfte aber
wohl weniger in der überlegenen Feinheit des Tones und
der Bildung ihrer Schwestern am Salzsee, als in deren
Knechtschaft und Erniedrigung zu suchen sein.

Die Frauen selbst betrachten in der That nach allen
Aussagen, die ihrer Männer natürlich ausgenommen, die
Vielweiberei als eine traurige Last. Nur religiöser Fana=
tismus und weibliche Selbstverleugnung machen es ihnen
möglich, einen solchen Zustand zu ertragen. Lehrt man sie
doch, und manche glauben fest daran, daß sie sich durch
das geduldige Ertragen ihres schweren Looses einen höhern
und herrlicheren Lohn im Jenseits erwerben. Ein armes
Weib sagte einmal: „Der Herr Jesus hat mir ein schweres
Kreuz auferlegt; aber ich trage es gern um seinetwillen
und den Ruhm, den er mir in seinem Reiche gewähren
wird." Das ist die allgemeine Klage und der allgemeine

Trost. Die Kirche lehrt es so, und ohne Zweifel theilen oft Männer und Frauen ehrlich diese Anschauung und unterwerfen sich der Bielweiberei als einem Dienste Gottes, der sie und alle Ihrigen in der künftigen Welt zu Heiligen macht. Allein die menschliche Natur bricht denn doch wieder bei den Männern sowohl wie bei den Frauen durch. Präsident Young selbst stellte es nicht in Abrede. Auch verrieth es das Aussehen und der Charakter der Männer, die sehr häufig in die heiligen Bande der Ehe nur hineingeschmeichelt waren, und die offenkundige Uneinigkeit der Frauen in manchen Familien. Zuweilen leben die Frauen eines Mannes wohl in Frieden und Freundschaft miteinander, meistens ist es aber nöthig, ihnen entweder abgesonderte Wohnungen in demselben Hause, oder selbst verschiedene Häuser anzuweisen. Die erste Frau ist gewöhnlich die von der Gesellschaft anerkannte, und sie selbst verachtet häufig die andern Frauen als Kebsweiber. Es ist ein schrecklicher Zustand der Gesellschaft für jedes feinere Gefühl. Er nimmt dem ehelichen Leben alle Süßigkeit und Annehmlichkeit, und während er die Weiber entwürdigt, macht er die Männer brutal, da er sie gewöhnt, alle Frauen zu tyrannisiren und zu verachten wie die eigenen. Ein solcher Zustand muß Eifersucht und Mißtrauen erzeugen, und wenn eheliche Untreue nur selten vorkommt, so hat dies seinen Grund in dem strengen Polizeisystem der Kirche und Gemeinde, welche das Privatleben ununterbrochen überwachen.

Der Einfluß eines solchen gesellschaftlichen Zustandes auf die Jugend kann natürlich nicht anders als schädlich sein. Thatsache ist, daß die Töchter der Mormonen von der Bielweiberei nichts wissen wollen. Sie suchen sich ihre

Ehemänner lieber unter den Gentiles als unter den An-
hängern ihres eigenen Glaubens.

Indessen drückt die Vielweiberei nicht allein die Frauen
zu Sklavinnen hinab; sie hat außer den moralischen Schä-
den auch noch andere in ihrem Gefolge, die sich bereits be-
denklich offenbaren. Die Vielweiberei bringt die merk-
würdigsten Verwandtschaften zu Wege. Es ist sehr gewöhnlich, daß ein Mann zwei Schwestern heirathet. So hat
ein junger Kaufmann in der Salzsee-City drei Schwestern
zur Ehe. Nicht selten ist es auch, daß Jemand eine ver-
witwete Mutter sammt ihren Töchtern heirathet, weil er
nicht anders in den Besitz dieser letzteren gelangen kann.
Erwägt man nun, wie die Kinder von einem Vater und
verschiedenen oft blutsverwandten Müttern sich bei ihrer
eigenen Verheirathung abermals und abermals kreuzen,
und dies durch Generationen fortgeht, so kann man sich
leicht vorstellen, zu welcher fürchterlichen körperlichen Ent-
artung des Volkes es neben der sittlichen und geistigen
kommen muß. Anzeichen derselben treten bereits zu Tage.

Die Soldaten im Camp Douglas, welche die Mormonen
eben so herzlich haßen, wie sie von ihnen gehaßt werden, geben
einen Weg an, auf dem, abgesehen von dem Einflusse der
zunehmenden Einwanderung, die Vielweiberei allmählich in
dem Volksbewußtsein entwurzelt werden wird. Zwei Com-
pagnien, welche bei der letzten Ablösung heim nach Californien
marschirten, nahmen fünf und zwanzig Frauen von der Mor-
menenheerde mit sich. Im Lager selbst befanden sich über
fünfzig Frauen, welche aus der Stadt dorthin geflohen
waren, um Schutz oder ein glücklicheres Eheleben zu suchen.
Fast alle hatten unter den Soldaten neue Männer gefunden. Während des Aufenthalts der Reisenden in Utah

wandte sich ein Vater von brei Töchtern mit der Bitte an
den Obersten, seinen Wohnsitz in dem Lager aufschlagen zu
dürfen, um seine Kinder vor der Polygamie zu bewahren,
zu welcher sie die Bischöfe und Aeltesten der Kirche nöthigen wollten. Aehnliche Geschichten, und zwar noch trauri-
gere, wurden manche in dem Lager erzählt. Manche Mormonen treiben auch Armuth und Verfolgungen aus der
Stadt in das Lager. Die Mormonen haben kein Armen-
haus. Sie behaupten, es gebe bei ihnen keine Armen. Der
letzte Winter war indessen so lang und streng, und das Holz
so theuer, daß es in der That große Noth gab und die
Soldaten im weiten Maßstabe eine Wohlthätigkeit üben
mußten, welche die kirchlichen Behörden vernachlässigten
oder zu üben sich weigerten. Beiläufig muß noch bemerkt
werden, daß die Mormonen, obgleich die Kinder bei ihnen
so häufig sind, wie die Heuschrecken in Aegypten, keine
freien Schulen haben. Schulen sind zwar in allen Stadt-
vierteln und vermuthlich auch in jedem größeren Dorfe — sie
stehen unter dem Ortsbischofe —; allein, wer sie benutzen will,
muß bezahlen, so daß die Kinder der Armen thatsächlich von
ihnen ausgeschlossen sind.

Der größte Theil der Bewohner von Utah sind Fremde,
welche von den Missionären der Mormonen aus der ganzen
Welt angeworben wurden. Ueberwiegend sind Engländer aus
den Fabrikstädten Großbritanniens. Die übrigen Fremden
sind Deutsche, Schweden, Finnen, Irländer und selbst
Ostindier. Präsident Young prahlte damit, daß unter seinem Volke fünfzig verschiedene Nationen vertreten seien.
Die große Masse der Fremden besteht aus Bauern und
Arbeitern, und es kann daher nicht überraschen, daß sich
eine Versammlung der Mormonen nicht durch den Charak-

ter der Intelligenz und des Verstandes bemerkbar macht. Die
Reisenden hatten bei dem sonntäglichen Gottesdienste und
in dem Theater Gelegenheit, derartige Versammlungen zu
sehen. Hübsche Mädchen gab es wenige darunter, noch weniger hübsche Frauen; kluge Männergesichter waren häufiger.
Aber die große Masse stand an Wuchs, Aussehen und Kleidung unter den ärmsten, hartschaffendsten und unwissendsten
Klassen der großen Städte im Osten Amerikas.

Der Gottesdienst erinnerte in Predigt und Gesang an
die bekannten Lagerversammlungen, die Campmeetings
in Amerika. Der Gesang bildete den besseren Theil. Das
Abendmahl wird jeden Sonntag gereicht, wobei Wasser die
Stelle des Weins vertritt. Die Austheilung geschieht an
die ganze Versammlung, Männer, Weiber, Kinder, unter
Singen und Beten.

Herr Colfax hatte gegen Brigham Young den Wunsch
geäußert, ihn über die besonderen Doktrinen des Mormonenthums predigen zu hören. Young kam diesem Wunsche auch
nach, wobei er von allen seinen Aeltesten und Bischöfen um-
geben war. Fünf- bis sechstausend Zuhörer hatten sich unter
dem Bowery versammelt. Aber die Predigt entbehrte der
Logik, der Wärme und daher der Wirkung. Es war eine
wunderliche Mischung von Bibelsprüchen und Ermahnungen,
kühnen Behauptungen, gemeinen Denunciationen und derben Anspielungen, kurz ein kläglicher Mischmasch. Was er
über den Glauben der Mormonen sagte, läßt sich etwa dahin zusammenfassen: Gott ist ein körperliches Wesen, mit
Fleisch, Blut und Leidenschaften wie der Mensch, nur vollkommen in allen Dingen. Er zeugte seinen Sohn Jesus,
wie Kinder noch heute gezeugt werden. Jesus und sein
Vater wären einander gleich und nur dadurch unterschie-

ben, daß Gott-Vater älter sei. Die Auferstehung nach dem Tode sei materiell, und der Mensch würde im Himmel mit demselben Leibe und denselben Leidenschaften wie auf Erden fortleben. Der Mormonismus sei die wahre und vollkommenste Religion. Die Christen, welche nicht Mormonen seien, würden zwar nicht in die Hölle kommen und nicht von Teufeln im ewigen Feuer gemartert werden; aber sie würden im Himmel nicht so hohe Plätze wie die Heiligen des jüngsten Tages (die Mormonen) einnehmen. Die Vielweiberei sei in früheren Zeiten bei allen Kindern Gottes üblich gewesen und zuerst von den Gothen und Vandalen abgeschafft worden, welche Rom eroberten und zerstörten. Martin Luther gestattete die Polygamie wenigstens in einem Falle: Ein Geistlicher der evangelischen Kirche hätte einst einen bereits verheiratheten Mann mit einer zweiten Frau eingesegnet, während die erste Frau noch am Leben war. Wenn gegenwärtig in England jemand seine Frau wechseln wollte, so brauchte er sie nur zu versteigern und für einen Krug Bier oder einen Schilling loszuschlagen und dann eine Andere zu heirathen, eine Behauptung, welche in der Versammlung einen Widerspruch von einem Manne veranlaßte, der, nach seinem Gesichte zu urtheilen, ein englischer Arbeiter zu sein schien. Diese Anführungen waren gewürzt mit Prahlereien über die außerordentlichen Erfolge der Mormonen, ihre Mäßigkeit und Ehrlichkeit, und mit heftigen Ausfällen gegen die Advokaten, die „stinkenden Gesetzmänner, die für 5 Dollars eine Lüge in eine Wahrheit zu verwandeln suchen." Die Predigt war offenbar weniger auf den Sprecher des Repräsentantenhauses und die Reisenden, als auf die niedrigstehende Zuhörerschaft berechnet.

Meistens bedienen sich die Prediger der Mormonen einer Sprache, die wegen ihres Schmutzes unmöglich wiedergegeben werden kann. Brigham Young selbst ist davon keineswegs frei. Zur Charakteristik ihrer Kanzelberedsamkeit diene folgende Stelle aus einer Sonntagspredigt Kimball's, des ersten Vicepräsidenten und Hauptpropheten der Kirche:

„Meine Damen und Herren (Ladies und Gentlemen), guten Morgen! Ich rede zu euch durch Offenbarung. Ich studire meine Rede nie und wenn ich mich erhebe, um zu sprechen, so weiß ich nie, was ich sagen werde, da es mir nur von Oben offenbart wird; denn Alles, was ich sage, ist wahr. Kann es auch anders sein, wenn Gott durch mich zu euch redet? Die Gentiles sind unsere Feinde; sie sind für immer verdammt. Sie sind Diebe und Mörder, und wenn ihnen nicht gefällt, was ich sage, so mögen sie in die Hölle gehen. Der Teufel hole sie! Sie kommen in großer Zahl zu uns und verlocken unsere Weiber. Ich habe einige Gentiles bei meinen Frauen eingeführt; aber ich werde es nie wieder thun, denn wenn ich es thue, so muß ich sie in meine Häuser führen und sie der Frau Kimball in dem einen Hause und der Frau Kimball in dem andern Hause vorstellen und so fort, und sie werden sagen, Frau Kimball so und so, und Frau Kimball so und so und so fort, sind Hu. —. Sie nehmen uns unsere hübschesten Töchter aus der Salzsee-Stadt, sie mögen verflucht sein. Wenn ich Einen kriege, wie er hinter meinen Weibern herläuft, so werde ich ihn zur Hölle senden. Und, meine Damen, Sie müssen ihre Gesellschaft nicht dulden. Sie begehen eine Sünde, wenn Sie es thun, und werden verdammt werden und zur Hölle fahren. Was denken Sie von solchen Men-

schen? Sie machen Jagd auf unsere hübschesten und schön=
sten Frauen, und es ist eine traurige Thatsache, daß diese
lieber den verdammten Schuften folgen, als bei uns blei=
ben. Wenn Bruder Brigham zu mir kommt und sagt, er
wünsche eine meiner Töchter, so hat er ein Recht, sie zu
nehmen, und ich habe das ausschließliche Recht, sie zu ge=
ben, wem mir gefällt, und sie hat kein Recht, sich zu wei=
gern. Wenn sie es thut, so ist sie für ewig verdammt,
weil sie mir gehört. Sie ist Fleisch von meinem Fleisch,
und Keiner hat ein Recht, sie mir zu nehmen, es sei denn,
daß ich einwillige; eben so wenig, wie Einer ein Recht hat,
mir eins meiner Pferde oder eine meiner Kühe zu nehmen.

Alles, was der Unions=Gouverneur zu thun hat, ist,
Gerechtigkeit zu üben. Sind die Gouverneure unsere Meister
und Herren? Nein, Herr, nicht meiner. Sie sind unsere
Diener. Wir haben unsere apostolische Regierung. Brig=
ham Young ist unser Führer, unser Präsident, unser Gou=
verneur. Ich bin Gouverneur=Lieutenant. Bin ich nicht
ein schrecklicher Kerl? Freilich, es hat mich alle Haare
meines Kopfes gekostet. Wenigstens würde es das gethan
haben, wenn ich sie nicht schon vorher verloren hätte. Ich
verlor sie bei meinem Ungemach, indem ich auszog das
Königreich Gottes zu predigen ohne Börse oder Wechsel in
der Tasche.

(Zu den Gentiles) Oh, seht mich nicht so scheel an.
Kommt zu mir in mein Haus. Ich will euch Pfirsiche
geben und euch glücklich machen. Ich habe zwei Söhne,
die draußen das Königreich Gottes predigen. Bruder
Byrd sagt, es seien wackere Bursche. Ich bin stolz dar=
auf, das zu hören. Ich sehne mich nach der Zeit, wo ich
werde fünfzig Söhne mit einem Male aussenden können

um zu predigen. Kommt und besucht mich! Ich will euch
Pfirsiche geben. Ich will euch Aepfel geben. Ich möchte
euch auch Fleisch geben, aber ich hab' keins."

Eine charakteristische Figur des Mormonenthums neben
Brigham Young und Kimball ist Porter Rockwell, der
Anführer der Daniten oder Racheengel der Kirche. Der
Mann hat sich in den letzten Jahren stark dem Trunke ergeben. Die Gentiles erzählen Schauderdinge von der
Rolle, die er bei dem geheimnißvollen Verschwinden Solcher spielen soll, die bei den Heiligen der Kirche in schlech-
tem Geruche stehen. Obgleich er ein ungebildeter Mann ist,
so sind die ihm von den Gentiles zur Last gelegten Verbrechen doch schwer vereinbar mit seinem friedlichen, selbst
sanften Wesen. Freilich mag er unter dem Einflusse des
religiösen Fanatismus ein Anderer sein. Auch in dem „At-
lantic Monthly", einem Journal des Westens, wird Schreck-
liches von ihm berichtet. Es werden ihm von dieser Zeit-
schrift gegen fünfzig Mordthaten im Interesse der Kirche
und etwa eben so viele für eigene Rechnung Schuld gegeben, während zugleich seine Höflichkeit und Gefälligkeit ge-
rühmt werden. Porter Rockwell selbst schweigt und beißt
die Zähne zusammen, wenn davon in seiner Gegenwart
die Rede ist.

Wo das ganze Leben von den kirchlichen Behörden in
den engsten Banden gehalten wird, bedarf es kaum der
Erwähnung, daß die Congreßwahlen nur eine Komödie sind.
Sie, wie alle anderen Wahlen, geschehen dem Namen nach
durch das Volk, thatsächlich aber bestimmen die Behörden
diktatorisch den zu Wählenden. Nur ein Fall ist bekannt,
wo dem Stimmzettel des Bischofs Trotz geboten wurde.
Dies geschah bei der Wahl eines Bürgermeisters in einem

kleinen Dorfe. Aber das Beispiel war zu gefährlich, und
so wurde die Thatsache sorgfältig todtgeschwiegen.

Die Schilderung des gesellschaftlichen und künstlerischen
Lebens in dem Mormonenstaate wäre ohne ein Wort über
das bereits erwähnte Theater nicht vollständig. Das
Schauspielhaus ist ein Triumph der Kunst und des Unter=
nehmungsgeistes. Keine große Stadt des Ostens besitzt
einen so schönen Musentempel, und die Salzsee=City zählt noch
keine zwanzigtausend Einwohner. Garderobe und Coulissen
entsprechen in ihrem Reichthum und ihrer Mannichfaltigkeit
dem geschmackvollen Bau. Auch die Aufführung, welcher
die Reisenden beiwohnten, konnte, obgleich die Schauspie=
ler nur Liebhaber: Kaufleute und Handwerker und Frauen
und Töchter der Bürger waren, sich sehr wohl den Leistun=
gen einer zünftigen Schauspielergesellschaft an die Seite
stellen. Es wurde zuerst ein gutes Drama und darauf eine
Posse mit vortrefflichem Tanz und Gesange gegeben. Die
beiden männlichen Hauptrollen wurden von einem Taglöh=
ner und einem Zimmermanne meisterhaft durchgeführt.
Die weibliche Hauptrolle lag in den Händen einer verhei=
ratheten Tochter Brigham Young's, einer Mutter mehrerer
Kinder. Andere von seinen Töchtern wirkten im Ballet
mit, das in der Ausführung und Scenerie bezaubernd war.
Das Haus war in allen seinen Plätzen gefüllt, und die
Zuschauer gehörten allen Klassen der Gesellschaft, von den
Frauen und Töchtern des Präsidenten, eine hübsche Zahl,
und den Familien der reichen Kaufleute an, bis zu den Far=
mern, Arbeitern und Soldaten des Lagers. Präsident
Young ist der Erbauer und Eigenthümer des Theaters,
das er auf eigne Rechnung oder die der Kirche leitet, wie
auch manche andere werthvolle und nützliche Institute des

5*

Gebiets. Da Schauspieler und Schauspielerinnen nichts
kosten, die Plätze aber gut bezahlt werden, so macht er mit
dem Theater ohne Zweifel ein gutes Geschäft. Während
des Winters finden wöchentlich zwei Vorstellungen statt.

Missionäre der Mormonen sind unterwegs nach Eng=
land und dem Festlande, um neue Anhänger für die Heili=
gen des jüngsten Tages anzuwerben. Sie behaupten, daß
ihre Einwanderung von Europa im Jahre 1865 auf tausend
Proselyten sich belaufen habe. Es waren überwiegend Eng=
länder und Norweger, Leute von einer Unwissenheit, wie
sie in den gleichen Klassen in Amerika nicht gefunden wer=
den, und deshalb leichte Opfer der schneidigen, verschlagenen
und fanatischen Missionäre. Erziehung und Gemeindeschu=
len sind daher das Haupterforderniß, um Utah zu reformi=
ren. Auf den Sandwichs=Inseln scheinen sie eine dauernde
Kolonie gegründet zu haben. Eben jetzt ist dieselbe von
Utah aus durch fünfzig Männer, Frauen und Kinder verstärkt
worden. Die Gentiles glauben, daß die Sandwichs=Inseln
von den Mormonen als Zufluchtsstätte auserlesen seien.
Wenn der Druck der fortschreitenten Civilisation und der
Regierung in Washington zu stark werden sollte, so wer=
den die Propheten wahrscheinlich ihre Heerde und ihre
Reichthümer zusammenraffen und nach den Sandwichs=
Inseln auswandern. Gewiß ist, daß sie über lang oder
kurz entweder der Vielweiberei ein Ende machen, oder ihr
irdisches Tabernakel und Königreich anderswohin werden
verlegen müssen. Selbst ohne die Einmischung der Regie=
rung werden sie vor dem Fortschritt der Einwanderung und
Bevölkerung und der damit Hand in Hand gehenden Aus=
breitung und Mannichfaltigkeit der Civilisation und Indu=
strie zurückweichen müssen. Der Postkutscher, welcher die

Reisenden fuhr, als sie Utah verließen, war ein Vertreter der kommenden Zeit; denn er erzählte, daß er nächstens eine Offenbarung erwarte, um eine von den Extrafrauen eines mormonischen Heiligen zu seinem Weibe zu machen.

Sechstes Kapitel.

Nach San Francisco. Das große Wüstenbecken. Rasche Fahrt. Austin und Virginia. Die Silberminen von Nevada. Die Sierra Nevadas. Placerville. Sacramento.

Das Becken des großen Salzsees, welches den Mittel= punkt des Mormonenstaates bildet, ist nur der südöstliche und fruchtbarste Winkel eines ungeheuer breiten Gebirgs= bassins, das keinen Abfluß nach dem Ocean hat. Dieses Becken schluckt alle Flüsse innerhalb seiner Grenzen auf, und während seine hungrigen Mienen fortwährend nach mehr schreien und Salbeigebüsche fast seine einzige Vege= tation bilden, schließt es die großen, wenn nicht einzigen Silberminen der Vereinigten Staaten ein. Dieses weite Wüstenbecken liegt gerade auf der Linie, welche den großen Personen= und Handelsverkehr zwischen Osten und Westen verknüpft. Es erstreckt sich 300 Meilen von Norden nach Süden und 600 Meilen von Osten nach Westen, und ge= hört, auf der einen Seite von den Felsengebirgen, auf der andern von den Sierra Nevadas begrenzt, halb zu Utah, halb zu Nevada. Indessen ist dieses weite Wüstenbecken keineswegs eine ununterbrochene Ebene. Kleine Gebirgs= züge durchschneiden es von Norden nach Süden, und die dazwischen liegenden Thäler neigen alle, obgleich kaum merk= lich, dem Mittelpunkt des Beckens zu, woraus man wohl

schließen darf, daß sie einst nicht so thränenlos gewesen,
wie jetzt. Gebirge und Ebene liegen über dem Thaupunkt;
Regen ist eine außerordentliche Seltenheit, und nur eine
einzige Bergreihe ragt so hoch hinauf, daß die Sommersonne ihren Schnee nicht zu schmelzen vermag. Von diesem Schnee nähren sich die Flüsse, welche hier und dort
die freundlichen grünen Grasbänder erzeugen, die den Zug-
thieren Futter und den Reisenden Erquickung und Rast-
plätze gewähren. Quellen sind noch seltener, und wo Wasser
ganz fehlt, mag es vielleicht durch die Anlage von Brunnen in großer Tiefe gefunden werden. Die Flüsse, welche
aus Quellen oder auf den Schneebänken des Gebirges ent-
springen, werden immer spärlicher, sobald sie die Ebene
erreicht haben, und enden entweder in salzigen Seen, oder
werden von der durstigen Erde ganz aufgetrunken. Der
Humboldtfluß, der breiteste und längste des ganzen Beckens,
läuft etwa 500 Meilen von Westen nach Süden und nimmt
dann ein schmachvolles Ende in einem Rinnsaal und ver-
dunstet wie aus Verdruß über die Unmöglichkeit, die Wüste
zu durchwandern. Ebenso findet der Carsenfluß, welcher
westlich von den Sierra Nevadas herunterkommt, angesichts seiner Wiege ein Enden: in einer Lagune. Der Rese-
fluß, an dessen Ufern die großen Silberminen von Austin
liegen, ist nichts weiter als ein schleichender Bach, den
man an der tiefsten Stelle bequem durchwaden kann, und
der schließlich im heißen Sande verläuft. Es war der
breiteste und fast einzige Wasserlauf, dem die Reisenden
westlich von dem Jordan begegneten, der das Thal des
Salzsees tränkt. Eine Strecke von 400 Meilen liegt
zwischen beiden.

Durch diese weite Strecke baumloser Gebirge und Flach-

land machten die Reisenden auf einer fast geraden Linie
nach Westen, welche etwa 100 Meilen unterhalb der alten
und wasserreicheren Auswandererstraße durch das Thal des
Humboldtflusses geht, die schnellste Fahrt während ihrer ganzen
Tour und vielleicht die schnellste, die je in Amerika auf
einer so weiten Strecke gemacht worden ist. Am Salzsee
endet die Postlinie Holladay's, und es beginnt die der
Ueberland-Post=Compagnie, einer New-Yorker Gesellschaft.
Ehrgeizig, zu zeigen, wie schnell sie Colfax und seine Freunde
zu befördern vermögen, legten sie die 400 Meilen von
Salzsee=City nach Austin in 50 Stunden d. h. in zwei Drit=
theilen der gewöhnlichen Zeit zurück. Mit derselben
Schnelligkeit wurden die Reisenden von hier über die be=
rühmten Minen von Austin nach Virginia am Fuß der
Sierra Nevadas und der Grenze von Californien befördert.
Zu dieser 200 Meilen langen Strecke brauchten sie 22
Stunden, oder 14 weniger als der Posttarif festsetzt.
Auf allen Stationen, alle 10—15 Meilen, fanden sie die
Pferde bereits angeschirrt ihrer wartend, das Umspannen
dauerte höchstens 4 Minuten, alle 50 Meilen bestieg ein
frischer Kutscher den Bock, und wo Mahlzeiten gehalten
wurden, stand das Essen fertig auf dem Tische. So, mit
einer Schnelligkeit von 8 und häufig 12 Meilen die Stunde,
wurden die Reisenden über die rauhen Gebirge und durch
die trocknen, staubigen Ebenen dieser unbewohnten und un=
bewohnbaren Wüste, in der sie außer den Stationen selten
ein Haus, nie einen Vogel oder ein wildes Thier sahen,
denn es giebt keine, fortgewirbelt, als ob die Straße mac=
adamisirt gewesen wäre. Aber sie waren doch froh, daß
es mit dieser einzigen Probe sein Bewenden hatte. Denn
der von der Sonne getrocknete und von den Frachtfuhren

pulverisirte Alkalistaub erfüllte die Luft so dicht, daß er alle Poren füllte und Nasen und Lippen wund machte, daß er in alle Koffer und Reisesäcke seinen Weg fand und die Wäsche und Alles schmutzig machte und mit einem Geruch von Sodaseife tränkte. An manchen Stellen war das alkalische Element so mächtig vertreten, daß es den Boden selbst der allerdürftigsten Vegetation entkleidete, und meilenweit erschien das Land weiß wie Schnee. Wo der Boden feucht war, war er von ihm aufgegangen wie Brod von den Hefen. Es schwängerte das Wasser überall und zuweilen in solchem Maße, daß Brod, welches mit solchem Wasser angeteigt wird, keiner Hefen bedarf.

Eine andere Annehmlichkeit gewährten die Püffe und Stöße von den Steinen und Löchern auf dem Wege, welche die Kutscher bei der schnellen Fahrt nicht vermeiden konnten. Beschwerten sich die Reisenden, so hatten sämmtliche Kutscher stets denselben Trost zur Hand. Sie erzählten die Geschichte eines gewissen Greeley, der vor ungefähr sechs Jahren denselben Weg gefahren war. Er hatte irgendwo in Californien eine Vorlesung zu halten, und der Kutscher welcher ihn fuhr, hielt die festgesetzte Zeit nicht ein. Ungeduldig und fürchtend, nicht rechtzeitig zu dem angekündigten Vertrag einzütreffen, äußerte er zu dem neuen Postillon, welcher beim Anfang der Gebirgsstraße den Bock bestieg, er möchte ein wenig schneller fahren. „Ja,“ sagte der Mann, welcher Hank Monk hieß und noch heute ein berühmter Kutscher ist, indem er die Zügel seiner sechs halbwilden Mustangs aufnahm, „sitzen Sie nur fest, Herr Greeley, und Sie sollen bei Zeiten da sein!“ Die Peitsche knallte und die Mustangs jagten in einem rasenden Galopp davon, bergauf, bergab, an furchtbaren Abgründen entlang

und über Felsen, so daß der Passagier unaufhörlich zwischen
seinem Sitz und der Kutschendecke auf und ab flog. Der
Philosoph hatte mehr als er verlangte, und auf der ersten
ebneren Stelle des Weges meinte er gar sanft, daß eine
halbe Stunde früher oder später keinen großen Unterschied
für ihn ausmachen würde. Aber Monk wollte seinen Spaß
haben. Er zwinkerte mit dem linken Auge, gab seinen
Mustangs einen Hieb und sagte: „Sitzen Sie nur fest,
Herr Greeley, und Sie sollen rechtzeitig dasein!" Greeley
saß fest so gut er konnte und war rechtzeitig da, und
zwar zu seinem großen Erstaunen, angesichts der Gefah=
ren und der rasenden Fahrt, wohlbehalten. Dem Kutscher
aber, der den derben Spaß mit ihm getrieben, schenkte er
einen neuen Anzug. Die Geschichte genießt jetzt bei allen
Kutschern und Reisenden der Tour ein klassisches Ansehen,
und Monk trägt eine silberne Uhr, auf deren Gehäuse sein
Spruch eingegraben ist. Sie ist das Geschenk von Rei=
senden, die er eben so schnell und wohlbehalten den gefähr=
lichen Weg befördert hat. Der Weg ist jetzt besser, die
Pferde zahmer, aber die Fahrt kaum weniger schrecklich.

Die Reise durch das Wüstenbecken ist keineswegs ohne
Reiz und Interesse. Gebirge sind immer schön, und hier
verliert man ihre wechselnden Formen nie aus dem Gesicht.
Bald steigen sie in nackten, schroffen Nadeln empor, bald
erscheinen sie gefällig gerundet, auf Erzadern in ihrem
Busen deutend, bald sinken sie zu kleinen Vorhügeln herab
und verschwimmen mit der Ebene; dann wieder erheben sie
ihre schneegekrönten Häupter zum Himmel, der von einer
köstlichen Klarheit ist, so daß die entferntesten Gegenstände
ganz nahe erscheinen und selbst Mond und Sterne der
Erde naher rücken. Auf= und Niedergang der Sonne sind

von einem unbeschreiblichen Farbenreichthum, und ein Süd=
wind weht erfrischend zu allen Zeiten und kühlt die Hitze
der Nachmittage und Abende. Die Abende namentlich sind
von einer erheiternden und stärkenden Trockenheit und Klar=
heit, wie sie kein Gebirge im Osten, keine Brise des
Oceans gewährt. Wenn man bei Sonnenuntergang zum
Himmel aufschaut, wo Stern auf Stern in wunderbarer
Nähe glänzen, und die köstliche Luft einathmet, so ist Alkali
und Alles vergessen und man vermißt nicht Blumen und
Gras und Bäume.

Die große Frage ist, ob das Wüstenbecken je der
menschlichen Bevölkerung, die seine metallreichen Hügel un=
zweifelhaft herbeilocken wird, dienstbar gemacht werden kann?
Eine Sandstrecke von etwa 60 Meilen Breite, welche an
den fruchtbaren Landstrich im Osten von Utah grenzt, aus=
genommen, scheint die Beschaffenheit des Bodens die Frage
zu bejahen. Er besteht aus den Anschwemmungen der Fel=
sengebirge, die sehr fruchtbar sind, sobald sie nur mäßig
bewässert werden. Einige Theoretiker behaupten, daß mit
der Kultur des Landes auch der Regen sich häufiger ein=
stellen werde, und die von den Mormonen gemachten Be=
obachtungen unterstützen diese Ansicht einigermaßen. Eine
andere Theorie behauptet, daß, wenn das Land während
der letzten Frühlingsregen gepflügt und während des lan=
gen, trocknen Sommers gesät, die Saat bei dem Fall des
Herbstregens aufsprossen, im Laufe des Winters wachsen
und im Vorfrühling schnell reifen würde. Daß eine solche
Kultur durchführbar ist, lehren die hohen Salbeibusch=Ebenen
Californiens; indessen dürften die alkalinischen Thäler die=
ses großen Binnenbeckens für eine ähnliche erfolgreiche Be=

handlung zu kalt und zu lange der Trockenheit ausgesetzt sein. Der Versuch allein kann entscheiden.

Nevada ist das erste Kind Californiens. Die erste Colonie ward 1859—60 gegründet und schon 1864 reifte sie zum Staat. Indessen hat bis jetzt Nevada noch nicht die Hoffnungen erfüllt, zu denen man sich in Californien berechtigt glaubte. Denn obgleich es in den sechs Jahren seines Bestehens 60 Millionen zur Staatsmünze abgeliefert hat, so hat es doch mehr als den Betrag dieser Summe an Kapital und Arbeit von Californien verzehrt. Wenn man in Westen aus den nackten Ebenen des großen Beckens herauskommt, so trifft man zu Austin auf die erste Lebenswoge des Stillen Oceans. Austin, die östlichste und jüngste Minenstadt des Staates, liegt fast in der Mitte von Nevada, an den steilen Wänden einer schmalen Schlucht, die von dem Thale des Reeseflusses rasch aufsteigt, 500 Meilen von San Francisco und 200 von den Sierra Nevadas entfernt. Der Ort, 1863 gegründet, zählte bereits zwei Jahre später gegen achttausend Bewohner und gab bei der Präsidentenwahl neunzehnhundert Stimmen ab. Gegenwärtig ist auf das erste Minenfieber die Reaktion gefolgt und die Bevölkerung auf etwa viertausend Seelen geschmolzen. In seinem Aeußern bietet Austin große Aehnlichkeit mit Central-City und Black Hawk in Colorado. Wie dort, so hat man auch hier die Häuser planlos überall hingebaut und dann nach ihnen die Straßen angelegt. Manches Haus hat auf der einen Seite vier Stockwerke und auf der andern nur zwei, so steil ist der Boden. Die Stadt kann sich nicht eines einzigen Baums, nicht einer Blume, noch eines Rasenplatzes rühmen. Aber dafür hat sie den besten französischen Restaurant und eine tägliche Zeitung,

und die Schuhputzer, Barbiere und Bäder sind so luxuriös
und aristokratisch wie nur sonst irgendwo in den Vereinigten Staaten. Auch an einem Lagerbier-Salon unter dem
Präsidium einer anmuthigen Schönheit fehlt es nicht, während in allen Trinkstuben offen gespielt wird und die Minengräber zur Nacht auf die Wechselfälle des Glücks wagen,
was sie tagüber durch einen fast eben so unberechenbaren
Zufall gewonnen haben. Schwache Menschen und neu-
gierige Fremde werden durch Ankündigungen wie die folgende in Versuchung geführt:

„Mammuth-Lagerbier-Salon in dem Erdgeschoß, Ecke
der Main- und Virginiastraße, Austin in Nevada. Vortreffliche Liqueure, Weine, Lagerbier und Cigarren, servirt von
schönen Mädchen, die ihr Geschäft verstehen: Verehrer des
Bachus, Gambrinus, der Venus oder des Cupido erwartet in dem Mammuth-Salon ein angenehmer Abend.“

Als Forscher und Klassiker verfehlten die Reisenden
nicht, den Tempel des Genusses aufzusuchen. Sie fanden
einen weißgetünchten, mit Sägespänen ausgestreuten Keller,
in dessen einem Winkel zwei Violinisten und ein Clarinet-
tist ihren Platz hatten, während der andere von einem
Schenktisch eingenommen wurde. Eine fette, freche Ju-
dendirne war die einzige Vertreterin aller verhießenen Göt-
ter und Göttinnen. Die Reisenden baten erröthend um
Verzeihung und zogen sich zurück, die Gesichter gegen Miß
Venus, Cupido u. s. w. gekehrt, wie sich Gäste aus der
Gegenwart sterblicher Monarchen zurückziehen — aus Furcht,
daß man ihnen die Tasche leere.

Die Abhänge von Austin hinauf, zwischen den Häusern und über denselben, zeigen sich die starken Vorhügel,
welche auf Minen deuten oder die Hoffnung auf solche er-

regen. Im Thalgrunde befinden sich die Mühlen zum Zerstampfen und Sondern der Erze. Im Hintergrunde, in
den Biegungen des Thals und meilenweit über die Berge
hin trifft man überall auf ähnliche Minenanzeichen. Die
Hauptmine von Austin ist jedoch nur mit Erfolg 5 Meilen lang und 1 in der Breite verfolgt worden. Die
Erzadern liegen dick gleich den ausgebreiteten Fingern eines
Riesen in dem verwitterten Granit der Hügel. Sie sind
verhältnißmäßig schmal, manche nur einige Zoll und selten
über 3 bis 4 Fuß breit. Dagegen sind sie außerordentlich reich und leicht auszubeuten. Allein die Erze sind auch
hier so stark mit schwefelhaltigen und anderen Metallen,
mit Antimonium und Arsenik versetzt, daß es harte Arbeit
und starke Schmelzfeuer erfordert, um zu dem edlen Kern
zu gelangen. Der Prozeß ist folgender. Nachdem der Quarz
zu Tag gefördert, wird er auf den Mühlen in Stücke von
$\frac{1}{2}$ bis 2 Pfund zerkleinert, durch die Anwendung von Feuer
mürbe gemacht und dann zu Pulver zerstampft. In Gebrauch dafür sind noch immer die alten Stampfmühlen, denn
obgleich es nicht an Ankündigungen neuer Maschinen fehlt,
von denen die Erfinder Wunder verheißen, so ist doch von
ihnen noch nirgends in Nevada Anwendung gemacht worden. Die Stampfen der alten Mühlen haben ein sehr
großes Gewicht und der Quarz wird ihnen in Gestalt von
Würfeln untergeschoben. Jede Stampfe, von denen gewöhnlich fünf in einer Reihe neben einander stehen, wiegt 5—700
Pfund. Sie wird etwa 8—10 Zoll hoch gehoben und
fällt 60—85 Mal in der Minute. Zu Seiten der
Würfel ist ein Drahtsieb angebracht, durch welches der
pulverisirte Quarz in einen Behälter fällt. Von hier
kommt er in den Ofen, wo er fünf bis acht Stunden lang

dem Feuer ausgesetzt und während dessen fortwährend um=
gerührt wird. Da die Flamme Silbertheile entführt, so
wird sie durch eine lange Kammer geleitet und einer kälte=
ren Luft ausgesetzt, bevor sie den Schornstein erreicht, so
daß das Silber zuvor niederschlägt. Nachdem der pulveri=
sirte Quarz geröstet ist, wird er amalgamirt. In der Midas=
Mühle, welche für die beste am Reesefluß gilt, geschieht
die Mischung in den Freiburger Fässern, in welche lose
und unregelmäßige Stücke Eisen geworfen werden, um das
Quecksilber mit dem Pulp (so nennt man den pulverisir=
ten Quarz) besser zu mengen, und welche dann um und
um geschüttelt werden. In anderen Mühlen wird der Pulp
in Röhren geschüttet, eine Stunde lang in Wasser umge=
rührt, darauf das Quecksilber zugefügt und die Masse
drei Stunden lang mit eisernen Stangen durchgearbeitet.
Auf 1000 Pfund Pulp kommen etwa 75 Pfund Quecksilber.
Hierauf wird das Wasser abgelassen, und es beginnt
eine Art von Destillation, um das Quecksilber zu ret=
ten, und die aus Silber und Quecksilber bestehende
Mischung wird gepreßt, um das Quecksilber zu entfernen.
Retorten setzen diesen Prozeß fort, das sich verflüchtende
Quecksilber wird aufgefangen, und der rohe Silberbarren,
welcher zurückbleibt, ist fertig für das Prüfamt. Das ist
wesentlich der Prozeß am Reesefluß, wo die Anwesenheit
schlechter Metalle die trockene Zerstampfung erfordert. In
Virginia und dessen Nachbarschaft, wo das Erz einen an=
dern Charakter hat und minder reich ist, wird es in feuch=
tem Zustande zerstampft und nicht geröstet. Die Kosten
sind daher dort auch viel geringer.

Gegenwärtig werden in der Gegend von Austin etwa
fünfzig Adern mit Erfolg bearbeitet und ungefähr eben so

viele warten auf Kapital und Maschinen, um ihre Verhei=
ßungen zu erfüllen. In allen Minen giebt es viel Wasser,
dessen Auspumpen große Arbeit erheischt. Die erste Noth=
wendigkeit für jede Mine ist eine Dampfpumpe und Hebe=
maschine, um das Wasser zu entfernen und die Erze aus
den Schachten und Tunneln an das Tageslicht zu fördern.
Aber nur wenige Minen besitzen bis jetzt derartige Instru=
mente. Bei Anlage der Mühlen ist die Nähe von Holz
und Wasser maßgebender gewesen, als die der Erze, welche
manchmal meilenweit auf Karren herbeigeschafft werden
müssen. Bis jetzt hat das Erz mehrere Monate hindurch
180 Dollars die Tonne gegolten, was dem Eigenthümer
wenigstens einen Profit von 80 Dollars für die Tonne
abwirft. Neue Entdeckungen werthvoller Erze werden fort=
während gemacht, sowohl in der unmittelbaren Nachbar=
schaft von Austin, als weiter südlich und nördlich im Ge=
birge. Die in beiden Richtungen aufgefundenen Adern sind
gleich reich. Manches Minendorf nördlich in den Hum=
boldtgebirgen strebt sich hervor zu thun. Doch Austin ist
der Hauptpunkt für die Minenbevölkerung von Mittel=
Nevada, wie Virginia für den Westen des Staates, und
beide bilden die bedeutendsten Centren für den Silber=
minenbau an der Küste des Stillen Oceans.

Die neueren Minen, deren Schachte nicht über 100
Fuß tief sind, werden einfach in einem Eimer befahren,
dessen Strick an einer gewöhnlichen Handwinde befestigt ist.
Bei älteren und tieferen Minen wird die Winde durch Dampf
in Bewegung gesetzt. Wo, was häufig der Fall ist, die Ader
in einem Winkel sich hinzieht, oder der Schacht auf einen
solchen stößt, wird eine kleine Karre angewendet, die von
einem dicken Tau gezogen wird, welches eine Dampfmaschine

auf und ab windet. Andere Schachte werden auf Leitern befahren. Das neueste, sicherste und schnellste Fahrmittel für senkrechte Schachte ist ein Kasten, welcher, wenn das Tau, an dem er hängt, reißt, scharfe Arme ausbreitet, die beim Fallen mit solcher Macht in die Wände des Schachts sich eintreiben, daß der Kasten mit seiner Ladung festsitzen bleibt.

Virginia bietet manchen Gegensatz zu Austin. Es ist etwa vier Jahre älter; das Spiel wird nicht so offen getrieben wie in Austin; der Sonntag beginnt zu seinem Rechte zu gelangen, die Kirchen stehen an diesem Tage offen und ein Theil der Geschäfte ist geschlossen. Die Stadt ist vortrefflich gebaut, die Vorraths= und Waaren=häuser von soliden Ziegeln, und obgleich die kurze, glänzende Zeit von 1862 zu 63 vorüber ist, wo sie etwa 20,000 Einwohner zählte, so daß der Broadway und die Wallstraße von New=York kaum einen belebteren Anblick bieten als damals die Straßen von Virginia, so sieht man ihr doch das Gedeihen und Aufblühen an. Sie zählt gegenwärtig eine Bevölkerung von 10,000 Seelen, das eng=benachbarte Gold Hill mit seinen 3000 Einwohnern nicht gerechnet.

Die Lage von Virginia ist sehr malerisch. Die Stadt thront über einem schmalen Thale, und breitet sich längs dem Gebirgsabhange auf halber Höhe aus. Oberhalb der Stadt erhebt sich eine mächtige Felskuppe wohl an die 6000 Fuß; unterhalb streichen die von der Schlucht getheilten Vorhügel, und ringsum erheben sich ähnliche, rundliche Hügel von verschiedener Größe in nackter Bräune und verlieren sich in der fernen Ebene, wo ein liebliches Grün die seltene Anwesenheit von Wasser verräth.

Auch in Bezug auf die Minen unterscheidet sich Virginia von Austin. Statt in zahlreichen, kleinen Adern lagert der Reichthum von Virginia in einem breiten Bette, welches, mit dem oberen Theile der Stadt in gleicher Linie, 3 Meilen lang sich hinzieht. Es ist 50—100 Fuß breit und von unberechenbarer Tiefe. Es ist dies das berühmte Comstocklager. Außer ihm sind bis jetzt in der Umgegend von Virginia trotz Jahre langen Suchens und großer darauf verwendeten Summen noch keine anderen Silberminen entdeckt worden, die der Bearbeitung werth gewesen wären. Eine Gesellschaft hat über eine Million Dollars für das vergeblich gebliebene Aufsuchen rentablen Erzes verausgabt; Andere Hunderte und Tausende ebenso erfolglos, aber sie lassen noch immer nicht den Glauben fahren, daß die Erzspuren in größerer Tiefe einen Alles vergeltenden Reichthum enthüllen werden. Auch die Bearbeitung des Comstocklagers hat nicht überall den gleichen Erfolg gehabt. Man kann annehmen, daß die Hälfte der Betriebsgesellschaften nicht auf ihre Kosten gekommen ist. Von dreißig Gesellschaften sind nur vierzehn im Stande gewesen, eine Dividende zu zahlen.

Das größte und berühmteste Unternehmen des Comstocklagers ist das von Gould und Curry. Die Aktionäre haben nur 180,000 Dollars eingezahlt und dafür 4 Millionen an Dividende erhalten. Die Mühle dieser Gesellschaft ist vielleicht die größte und schönste der Welt. Sie setzt 80 Stampfen in Bewegung und hat beinahe eine Million Dollars gekostet. Der Gould und Curry gehörige Antheil an dem Comstocklager mißt auf der Oberfläche 1200 Fuß, und der Bau ist gegen 800 Fuß in die Tiefe getrieben. Die ganze Aushöhlung der Mine umfaßt 5 Millionen

Kubikfuß. Die Tunnel und Schachte sind etliche Meilen lang, und man braucht einen halben Tag, um den ganzen Bau zu durchwandern. Die Reisenden fuhren in die Mine durch einem langen Tunnel, welcher in einer Tiefe von mehreren 100 Fuß auf die Ader stieß. Jeder von ihnen war mit einen brennenden Grubenlichte versehen, das aber unter der hinausströmenden Zugluft bald erlosch. In matter, kellerartiger Dämmerung setzten sie die Wanderung fort, die ihre Nerven auf eine harte Probe stellte. Selbst dem kräftigsten Manne, der an solche Fahrten nicht gewöhnt ist, wird das Herz schneller schlagen, während er diese schmalen Gänge und Höhlen unter der Erde durchwandert. Herr Bowles gesteht, daß er immer an den Satz denken mußte: „Die Natur duldet nichts Leeres!" und sich fragte, ob sie nicht die Gelegenheit benutzen würde, sein kleines Ich für immer einzuschließen. Zuletzt erreichten sie den eigentlichen Schauplatz der Arbeit und kletterten und wanderten durch die Schachte zu dieser oder jener Streichung des Erzes, und durch Seitentunnel hinaus; dann wieder auf schmalen, schwankenden Leitern zu einer andern Reihe Kammern, auf und nieder, in und aus, bis sie völlig verwirrt waren. Es war eine Stadt von Straßen und Menschen tief unter der Oberfläche der Erde. Manche von diesen Kammern oder Straßen waren verlassen; in anderen waren kleine Gruppen von Bergleuten beschäftigt, den harten Fels zu brechen und das Erz auf Karren zu laden, welche durch die Tunnel und Schachte an's Tageslicht gefördert wurden. Auch gab es in einer weiten unterirdischen Halle ein Gebäude und eine Dampfmaschine. Manche Kammern hatten sich geschlossen, nachdem das Erz gewonnen, andere waren ausgefüllt, um den Einsturz und Unglück zu verhindern. Die meisten Passagen waren mit dicken Holzblöcken ausgemauert, und ist in dieser einzigen Mine vielleicht zu dem Stützwerk mehr Holz verwendet, als zum Bau von ganz Virginia mit seinen zehntausend Einwohnern. In manchen Gängen ist der Außendruck so stark, daß die Baumstämme, die so dick waren wie der Leib eines Mannes, sich gebogen hatten und fast zerbrochen waren. Große Fichtenstämme von 18 Quadratzoll im Durchmesser waren wie ein Bogen gekrümmt und manche zersplittert. In Folge dessen war mancher Durchgang so schmal, daß man nur kriechend weiter gelangen konnte. Es war eine höchst ermüdende Wanderung. Zudem war die Luft. erstickend heiß. Das Thermometer zeigte über 100 Grad Farenheit. Der Schweiß floß den Reisenden wie Wasser aus den Poren und Einer von ihnen ward ohnmächtig. So beschlossen sie denn, auf dem nächsten Wege an das Tageslicht zurückzukehren. Dies war zufällig der ermüdendste und gefährlichste. Die Reisenden mußten dies freilich nicht, und ihr Führer dachte nicht daran. Er brachte sie in einen langen Schacht, der einige 100 Fuß senkrecht auf und niederging und so finster wie die Nacht war, wo sie Einer hinter dem Andern eine Leiter ohne alle Absätze besteigen mußten. In der einen Hand das Grubenlicht, mit der andern an den Leitersprossen sich haltend, so kletterten sie aufwärts, und erst jetzt bekamen sie eine Idee von der gefährlichen Lage, in der sie sich befanden. Ein Fehltritt, eine Ohnmacht, ein Schwindel wäre gewisser Tod gewesen, und nicht nur des Einzelnen; der Fallende hätte alle Uebrigen, die hinter ihm kletterten, von der Leiter in die furchtbare Tiefe gestürzt. Indessen gewann der Geist den Sieg über den Körper. Mit Aufbietung aller Kraft packte die Hand die Leitersprossen, und in tiefem Schweigen und schnellen Gedanken stiegen die Reisenden den 150 Fuß hohen Schacht hinan. Tief aufathmend und mit stillem Gebet begrüßten sie das Tageslicht.

Zur Zeit ist der Erzreichthum dieser Grube fast erschöpft, und es wird hauptsächlich das minder werthvolle Erz aufgearbeitet, das bisher bei Seite geworfen worden ist. Augenblicklich machen Gould und Curry einen Versuch, in einer andern Tiefe reichhaltigeres Erz aufzufinden. Zu diesem Zweck wird eine halbe Meile weiter am Bergabhang hinab ein neuer Tunnel gebaut und ein Schacht von 1000 Fuß in die Tiefe getrieben. Die Zukunft der Gesellschaft hängt hauptsächlich davon ab, ob das Unternehmen den erwarteten Erfolg habe, und nicht nur die Zukunft dieser einen Gesellschaft. Die meisten befinden sich in einer ähnlichen Lage wie Gould und Curry. Die Minen sind fast sämmtlich erschöpft, und man wartet auf das Ergebniß jenes Experiments, um es nachzuahmen. Beiläufig ist das Erz des Comstocklagers mit wenigen Ausnahmen einfacher in seinen Verbindungen als das von Austin, so daß es nur zerstampft und amalgamirt zu werden braucht, um das Silber zu gewinnen.

Unter der Minenbevölkerung Nevadas herrschte große Aufregung, weil eben in dem Congreß ein Gesetzentwurf zur Besteuerung der Goldgräberei eingebracht worden war. Colfax, der Vorsitzende des Repräsentantenhauses, suchte durch eine Rede, die er am 24. Juni in Virginia hielt, die Gemüther zu beschwichtigen. Neue Steuern, äußerte er, seien nothwendig, um die Nationalschuld zu tilgen, welche der Bürgerkrieg, durch den das Vaterland gerettet worden wäre, aufgehäuft hätte, und jeder Bürger sei verpflichtet, hiezu nach Kräften beizutragen. Aber man müßte nicht, wie in der Fabel, die Henne schlachten, welche goldene Eier legte, sondern sie im Gegentheil veranlassen, immer mehr goldene Eier zu legen. Er wies darauf hin, daß in den Vereinigten Staaten kein Rohprodukt, mit Ausnahme des Königs Baumwolle besteuert sei. Sämmtliche Steuern lasteten auf den verarbeiteten Rohprodukten, den Manufakten und Fabrikaten, und so dürften auch Gold und Silber erst besteuert werden, nachdem deren Barren, auf ihren Gehalt geprüft und gestempelt, als Waare in den Handel kämen. Er betonte, daß für die Minenländereien zwischen den Felsengebirgen und der Küste des Stillen Oceans eine ähnliche Politik von der Regierung befolgt werden müßte, wie sie in dem Heimstättengesetz nach jahrelangen Kämpfen im Congreß in Bezug auf das ackerbare Land der Union angenommen worden sei. Wie dieses Gesetz die Uebervölkerung aus den Städten zur Bebauung der Staatsländereien und damit zur Beförderung des Nationalreichthums veranlaßt habe, so müßte versucht werden, die Auswanderung nun auch nach den Minendistrikten zu leiten, indem zu den immer unsichern Aussichten, welche das Goldgraben gewähre, andere verständige Reizmittel gefügt und von der Regierung ähnliche Vortheile, wie sie das Heimstättengesetz dem Ackerbauer biete, gewährt würden.

„Wir haben eine ungeheure Einwanderung von Europa," sagte er. „Der Krieg hat sie kaum beschränkt, selbst nicht die Drohung, die Einwanderer zum Kriegsdienst heranzuziehen. eine Drohung, welche die Potentaten und Mächte Europas mit großen Uebertreibungen überall veröffentlichen ließen. Ihren Unterthanen wurde erzählt, daß unser Land vom Bürgerkrieg zerrissen sei, und der Anarchie und dem

Ruin entgegen ginge; daß die großen Institutionen der Frei=
heit Amerikas über den Haufen geworfen seien und wir in
Folge dessen zu fortwährenden inneren Kriegen verurtheilt
wären. Trotz aller dieser Unglücksprophezeiungen strömten
selbst während des Krieges die Einwanderer zu Tausen=
den und Zehntausenden zu uns herein. Sie werden jetzt
zu Hunderttausenden kommen. In diesem weiten Lande
müssen sie sich irgend wohin wenden. Wenn sie von dem
übervölkerten Europa an unseren Küsten landen, so sollen
sie nach diesen westlichen Gebieten gewiesen werden, welche,
mit edlen Metallen angefüllt, allen Kommenden offen ste=
hen und deren Schätze auf ihre sammelnde Hand warten.
Ich brauche keine beschränkenden Fesseln für den Goldsucher,
der seinem unsichern Gewerbe folgen will. Ich würde ihn
im Gegentheil ermuthigen, ich würde Andere ermuntern,
hierherzukommen und seinem Beispiele zu folgen, indem ich
Sorge trüge, die vernünftigen Anziehungsmittel zu ver=
mehren.''

Ihren letzten Tag in Nevada brachten die Reisenden
in den lieblichen und üppigen Thälern der Sierra Neva=
das zu. Hier in den Thälern des Turkee=, Washoe= und
Carsonflusses ist der Garten des Staates. Vor etwa zwan=
zig Jahren hatten sich hier Colonisten von Utah, wozu ur=
sprünglich dieser ganze Landstrich gehörte, angesiedelt. Jetzt
sind die Mormonen verschwunden und an ihre Stelle eine
kräftigere, gemischte Bevölkerung getreten, welche von Acker=
bau, dem Holzschlag in dem reichen Fichtenbestand der
Sierras und dem Betriebe der Quarzmühlen lebt, die, Holz
und Wasser suchend, von den Minen in Virginia und Gold=
hill gespeist werden.

Die Reisenden waren am frühen Morgen von Virgi=

nia aufgebrochen, und eine vortreffliche Chaussee längst den Bergabhängen führte sie zunächst nach Steambot-Springs, den Dampfboot-Quellen, die wie ein ungeheurer Theekessel beim Kochen dampfen und puffen. Ueber eine Meile lang kocht und siedet ein kleiner Strom unter einer dünnen Erdkruste und bricht an verschiedenen Stellen in Dampfsäulen, Sprudeln und Strömen hervor. Das Wasser, welches so heiß ist, daß man nicht die Hand hineinstecken kann, wird zum Theil nach einer Badeanstalt geleitet und soll gegen chronische Rheumatismen und Blutaffektionen vortrefflich helfen. Die siedenden Quellen sind mit Schwefel und Soda versetzt und gleichen den berühmten Geysern von Californien. Während des Winters erfüllt der Dampf das ganze Thal, und dieser, verbunden mit dem Geräusch des aufkochenden Wassers, hat den Quellen den zutreffenden, wenn auch nicht sehr poetischen Namen gegeben.

Von hier ging die Reise das Thal hinunter durch das Dorf und an dem See von Washoe vorüber nach Carson-City, der Hauptstadt des jungen Staates Nevada, wo die Reisenden die schon lange in Sicht gehabten Sierra Nevadas unmittelbar vor sich hatten. Die Sierra Nevadas sind gleichsam die Anden Nordamerikas, die unterscheidende Gebirgslinie der Pacific-Staaten, deren Mineralreichthum sie in ihrem Schooße tragen und deren Ströme sie gebären, während sie ihnen zugleich mit der durch diese bedingten Fruchtbarkeit ihre landschaftliche Schönheit verleihen. Den Reisenden, deren Augen von dem Wüstenbecken und den nackten Gebirgen ermüdet waren, und die Wochen lang keine Wälder, kein funkelndes Wasser, kein Gras, keinen Weinberg, keine Blume gesehen hatten, erschienen die Sierra

Nevadas in der That als ein goldener Weg zu dem „Gol=
denen Thor" des Stillen Oceans.

Die Fahrt über die Gebirge und durch deren west=
liche Thäler hinab zum Weltmeer gewährte ein ununter=
brochenes Entzücken und Erstaunen. Das Säuseln und
Rauschen des Windes in den hohen Föhren der Sierras
glich sanfter Musik, welche die Seele an die Heimath, die
fernen Freunde und die Jugend erinnerte. Die Musikban=
den mit ihren Blechinstrumenten, denen die Reisenden nir=
gends hatten entgehen können, der Lärm, die Langeweile und
die Reden der Empfangsfeierlichkeiten allerwärts, sie waren
vergessen angesichts der großartigen Gebirgsnatur. Wie
hätten sie ihrer noch gedenken sollen, als sie im Mondschein
an den Ufern des Tahoesees in Wäldern lagerten, gegen
welche selbst die größten Neuenglands nur Zwerge sind,
und der Brise lauschten, die von dem Stillen Ocean her=
wehte und in den hohen Baumwipfeln spielte. Gegen diese
Harmonie der Natur erschien alle menschliche Musik als ein
leeres Getön. Die Fichten der Sierras sind in der That
wahre Ungeheuer. 3, 4, 5 Fuß im Durchmesser, schießen
sie pfeilgerade und astlos wohl 100 Fuß gen Himmel, Luft
und Licht suchend. Es waren die Vorläufer der „Großen
Bäume", der big trees von Calaveras und Mariposa, deren
Anblick den Reisenden noch bevorstand. Ueppiges gelbgrü=
nes Moos umkleidete manchen Stamm. Balsam=Tannen,
und andere mischten sich unter die königlichen Fichten, wäh=
rend lachende Wasser fröhlich zwischen den Felsen in den
tiefen Schlünden neben und fern von dem Wege spielten.
Hin und wieder erhoben sich die Felsenwände mehrere 100
Fuß senkrecht aus den Thälern; Hügel und polsterartig
schwellende Höhen wechselten mit nackten Granitsäulen, die

gleich den ägyptischen Pyramiden viele 1000 Fuß hoch zum Himmel ragten. Der ganze Charakter der Sierras ist den Alpen ähnlicher, als der irgend eines andern Gebirges von Amerika, und übertrifft sie zuweilen selbst an Reiz.

Entzückend ist der von einem kleinen Dampfboot befahrene Tahoesee (früher Biglersee). Den Seen Schottlands und der italienischen Schweiz steht er an Schönheit vollkommen gleich. Er liegt 6500 Fuß hoch im Gebirge, schneegekrönte Gipfel überragen ihn, herrliche Wälder hegen ihn ein. Sein Wasser ist so klar und auch so dünn wie die Luft, so daß Papier nicht darauf zu schwimmen vermag, sondern sofort untersinkt. Er wimmelt von Forellen. Trotz seiner Entfernung von volkreichen Städten, ist an seinen prächtigen Ufern bereits ein Hôtel angelegt, dem es nicht an Sommergästen aus Californien und Nevada fehlt.

Von diesem See, der etwa 8 Meilen breit ist und 14 in der Länge mißt, bis Placerville, der ersten beträchtlichen Stadt in Californien, führt ein gutnivellirter Weg 75 Meilen lang über die Gipfel des Gebirges. Die Reisenden legten diese Strecke in weniger als 7 Stunden zurück. Mit sechs frischen, kräftigen Pferden ging es im Trabe die Höhen hinan und im schärfsten Galopp, ohne die Zügel zu verhalten, bergab, um scharfe Ecken herum und zwischen den beladenen Frachtfuhren, die nach Nevada unterwegs waren, hindurch, und dann wieder die Kanten tiefer Abgründe entlang, so gewandt wie ein Schlittschuhläufer und so sicher wie eine Lokomotive. Die Straße ist ein Privatunternehmen und kostet deshalb ein bedeutendes Chausseegeld. Sie ist vortrefflich macadamisirt und daher sehr verschieden von jener, über welche Greeley vor sechs Jahren seine berühmte Fahrt machte, und deren rauhe und steile Ueberreste noch hier und dort im Gebirge zu sehen sind. Außerdem wird die ganze Straße von Carson-City bis Placerville, eine Strecke von 100 Meilen, während des Sommers täglich mit Wasser besprengt, um den Staub nieder zu halten.

In Placerville, welches zwischen Wein-, Obst- und Blumengärten liegt, beginnt die Eisenbahn nach dem 60 Meilen entfernten Sacramento. Von hier geht ein großes, elegantes Dampfboot den Fluß hinab zwischen ausgedehnten, bereits golden wogenden Getreidefeldern nach San Francisco, wo die Reisenden in dem prächtigen Occidental-Hôtel abstiegen.

Siebentes Kapitel.

Blick auf San Francisco und Californien. Ausflug nach Oregon. Die Riesen der Sierras. Das Thal von Willamette. Portland. Der Columbia und seine Felsenufer. Der Mount Hood, Tyndall und Whitnay.

So war denn die große Fahrt beendet! 500 Meilen mit der Eisenbahn, 2000 mit der Post, wieder 60 Meilen auf eisernen Schienen und 150 Meilen mit dem Dampfboote den Sacramento hinunter, und das Festland der Vereinigten Staaten war überspannt. Sieben Wochen einer ununterbrochenen Fahrt in gerader Linie von Osten nach Westen, und stets die Republik, stets dasselbe Sternbanner und stets dasselbe Volk, mit Herzen, welche von loyalem Stolze auf die Union und in dem Glauben an deren Zukunft glühen! Ueberraschender als die Ausdehnung der Re-

publik ist die unverkennbare Gleichartigkeit ihrer Bürger.
San Francisco, welches westwärts nach dem Orient blickt,
von dem sein Gedeihen abhängt, und dessen Sonnenhitze der
Hauch des Stillen Oceans kühlt, denkt dieselben Gedanken,
athmet dieselbe Vaterlandsliebe, glüht von demselben Streben,
wie New-York und Boston, welche ostwärts ausschauen und
mit dem Handel auch ihre Civilisation von Europa entlehnt
haben. Was Amerika zum Wunder der Nationen, zum
Wunder der Geschichte macht, das ist die Einheit seiner
Bewohner in den Ideen und Zielen; die Schnelligkeit, mit
der es jede Einwanderung, sie komme woher sie wolle und
sie sei noch so verschieden geartet, sich assimilirt; die Ueber-
einstimmung im Denken, die freie, wetteifernde Bildung
und der Ausdruck einer einhelligen öffentlichen Meinung.
Das ist mehr als die Größe des Gebiets, als der Reichthum der Hülfsquellen, als die Schönheit der Landschaft,
als die Verschiedenheit des Klimas und der Produkte, als
die wunderbare materielle Entwickelung und der kosmopolitische Charakter der Bevölkerung, die Alles durch ihre
elektrisch empfindliche Regsamkeit bewerkstelligt.

Es gewährt in der That ein hohes Interesse, mitten
in dieser Civilisation zu stehen, die erst ein halbes Men-
schenalter zählt; Städte zu sehen, die noch im Jahre 1850
nicht vorhanden waren und jetzt schon den Charakter des
Alters und fast des Verfalles tragen; die enggebauten
Straßen von San Francisco auf und nieder zu steigen und
sich zu fragen, ob diese Weltstadt mehr Aehnlichkeit mit
Paris oder New-York, Brüssel oder Turin habe? die Oceandampfer zu zählen, die in der Bai vor Anker liegen, oder
durch den schmalen Felsenspalt der Küstenhügel, der so
schön das Goldene Thor heißt, hinausgehen, und sich die

Frage vorzulegen, woher sie alle kommen und wohin sie
gehen? eine reichere und mannichfaltigere Agrikultur zu finden, als im Osten; die Sinne an einer Gartenzucht zu er-
götzen, welche die gemäßigte mit der heißen Zone vermählt
und jedem Fleck, jedem Blumen- und Obstgarten eine
Ueppigkeit verleiht, wie der Osten sie nur in Treibhäusern
kennt; einen Handel und einen Gewerbfleiß zu beobachten,
die jeden Comfort schaffen, jeden Geschmack befriedigen
und die Kaufläden mit allen Artikeln des täglichen Bedürf-
nisses und eines Luxus anfüllen, wie sich dessen etwa New-
York oder Paris rühmen können, deren Preisen sie an
Billigkeit gleichkommen; zu finden, daß die Wohnungen
prächtiger ausgestattet sind, als dies gewöhnlich in den östlichen Staaten der Fall ist, und vergebens aufgefordert zu
werden, eine Stadt zu nennen, wo sich die Damenwelt
prächtiger kleidet als in San Francisco.

Nevada und Californien mit ihren kaum geborenen
oder höchstens fünfzehn Jahre alten Städten und Flecken,
die gegenwärtig mit allen Elementen der Civilisation aus-
gerüstet dastehen, von jedem Luxus überfließen, reich mit
allen gesellschaftlichen Annehmlichkeiten, mit Kirchen, Schulen und Bibliotheken ausgestattet sind und selbst in den
hohen Künsten sich versuchen — das sind wunderbare Beweise für die Schnelligkeit und Leichtigkeit, mit welcher in
Amerika Geist und Hand jedes Rohmaterial überwindet,
Gesellschaft und Staat organisirt und sich mit allem Comfort und Luxus weltstädtischen Lebens umgiebt. Die Welt-
geschichte bietet hiezu kein Seitenstück.

Verglichen mit dem raschen Aufblühen der ersten Jahre
nach ihrer Gründung, entwickeln sich die Staaten und
Städte des Stillen Oceans gegenwärtig nur langsam wei-

ter. Manche Minenstädte gehen so zurück, daß ihre gänz-
liche Veröbung zu befürchten steht. Auf zeitweilige Interessen gegründet, sind sie, nachdem der Sand ihrer Flüsse
ausgewaschen ist, um anderer Felder der Thätigkeit willen
verlassen worden. Doch neue Interessen, wie Ackerbau und
Manufakturen, und eine bessere Methode in der Ausbeutung des Mineralreichthums, werden hoffentlich den größten
Theil der Orte wieder emporbringen. Bei einigen ist dies
bereits erkennbar. Der allgemeine verhältnißmäßige Druck,
der auf den Geschäften lastet, ist einerseits nur der natürliche und zeitweilige Rückschlag einer treibhausartigen
Entwickelung, andererseits die Folge des jüngsten Bürger-
krieges; der die Gedanken der Nation in Beschlag genommen und sammt den Kapitalien auf den Osten gerichtet
hatte, wo er der Spekulation neue Felder eröffnete. Californien lag zu entfernt, um von dem Reizmittel, welches
der Krieg bot, berührt zu werden. Aber die Noth, die indessen der Ackerbau litt, das Fehlschlagen mancher Minen-
spekulationen, das Aufhören der Einwandererflut, das
ängstliche Verkriechen der Kapitalien sind für Californien
zur Schule werthvoller Erfahrungen geworden und haben
es gelehrt, Acker und Minen besser zu kultiviren. Es befindet sich nun in der Lage, seine Prüfungen zum Nutzen
eines solideren Gedeihens zu verwenden, und eine neue Flut
von Mitteln und Menschen wird aus dem Osten heran-
schwellen. Landbauer mögen verarmt, Kaufleute in den
Flecken bankrott sein, das Spiel in den Minenstädten still
stehen und das Goldwaschen keinen Gewinn abwerfen; die
Kapitalisten und Bankiers von San Francisco mögen,
wie man ihnen vorwirft, das Innere des Landes · ausgeso-
gen haben, die Renten gefallen sein, die Häuser leer stehen

— aber die wirkliche Industrie der westlichen Küstenstaaten war nie so produktiv und verheißend wie jetzt. In keinem früheren Jahre hat der Boden so viel Gold und Silber in der Gestalt von Heu, Getreide, Gemüsen und Früchten erzeugt wie gegenwärtig. Das ist der Beweis und die Verheißung eines Gedeihens, das freilich nicht so fieberhaft und wahnsinnig sein wird, wie der Aufschwung von 1849 und 50, 1859 und 60, aber kräftig genug, einem gerechten Ehrgeiz Genüge zu thun, die Bevölkerung an das Land zu fesseln und zur Thätigkeit zu ermuntern.

Der Fremde, welcher nach San Francisco kommt, wird sich kaum überrascht fühlen. Californiens Gold und Silber haben schon vorher vor seinen Augen geblinkt und ihn mit einer großen Vorstellung von der Entwickelung der Küste des Stillen Oceans erfüllt. So erging es auch den Reisenden. Sie waren auf Californien vorbereitet. Dagegen wirkte Oregon, wohin sie nach einem vorläufigen achttägigen Aufenthalt in San Francisco sich wandten, wie eine Offenbarung auf sie. Sie fanden in dem Gebiet an der Nordgrenze Californiens eine seltenere Schönheit der Natur, reichere Hülfsquellen, größere Entwickelung und eine mehr versprechende Zukunft, als sie erwartet hatten.

Die Fahrt nach Oregon ging das fruchtbare und schöne Thal des Sacramento hinauf, welches bald in Wogen dahinrollt, bald wieder eine weite Fläche bildet. Baumlose, unangebaute Strecken wechselten mit prächtigen Gehölzen alter Eichen, Getreidefeldern und Obstgärten, Weinbergen und Landhäusern, bis nach Red Bluffs, einer kleinen, blühenden Stadt am Sacramento, 300 und einige Meilen von dessen Mündung entfernt, wo die Schifffahrt

auf diesem Flusse ihren Anfang nimmt. Red Bluffs ist
daher ein Centralpunkt für den gesammten Handel von
Nord-Californien und dem Süden von Oregon. Es ist die
gegenwärtige Heimath der Witwe und Töchter des un-
sterblichen John Brown. Erschöpft und arm kamen sie
hier von ihrer Ueberlandreise an, fanden aber die gastfreund-
schaftlichste Aufnahme von Seiten der Bürger und eine
gesicherte Heimat. Frau Brown verdient sich ihr Brot
als Krankenpflegerin und Arzt und genießt in Red Bluffs
große Liebe. Ihre beiden älteren Töchter sind Lehrerinnen
in den öffentlichen Schulen, deren Unterricht noch eine
jüngere Schwester genießt.

Oberhalb Red Bluffs wird das Thal enger, die Gebirge im Osten und Westen kreuzen einander, und die nächsten 200 Meilen bis an die Grenze von Californien und
eine eben so große Strecke in das Gebiet von Oregon
hinein windet sich der Weg zwischen Bergen und durch
schmale Thäler, welche theils zum Sacramento, theils zu
minder bedeutenden Flüssen gehören, wie dem Trinity, Kla-
math, Rogue und Umpqua, die sich zwischen den Küstengebirgen und den Sierra Nevadas nach dem Ocean drängen.

Shasta und Yreka sind die letzten bedeutenden Dörfer
von Californien, jedes etwa mit fünfzehnhundert Einwohnern. Reiche Goldfunde in den benachbarten Thälern
haben ihre Gründung veranlaßt. Aber mehr versprechende Entdeckungen, die anderwärts gemacht wurden, und der Wan-
dertrieb der Goldsucher haben sie um die Hälfte ihrer früheren Seelenzahl beraubt. Nun bieten sie den traurigen
Anblick leerer Magazine und unbewohnter Häuser, wie fast
alle Minenstädte im Innern Californiens. Es scheint indessen jetzt wieder eine bessere Zeit zu beginnen, da eine

sorgfältigere und verständigere Behandlung des Goldsandes
beweist, daß derselbe noch immer Gewinn genug abwirft.
Die Chinesen, welche mit einem geringeren Profit sich begnügen, als die Weißen, rücken hier allmählich an deren
Stelle und arbeiten den verlassenen und vernachlässigten
Sand noch einmal durch. Der Staat bezieht von ihnen
eine monatliche Steuer von 4 Dollars für den Kopf. Daß
sie im Stande sind, diese schwere Abgabe zu bezahlen und die
Arbeit nicht einstellen, beweist deutlich genug, daß sie bei
dem Nachwaschen des Goldsandes ihre Rechnung finden.
Im ganzen leben in dem nördlichen Strich von Californien
nicht weniger als zweitausend Chinesen, von denen sich
elfhundert mit dem Goldsuchen beschäftigen. Zugleich beginnt hier auch der bisher vernachlässigte Ackerbau den ihm
gebührenden Platz einzunehmen. Die Thäler, obgleich schmal,
sind fruchtbar und eignen sich sowohl zum Getreidebau,
wie zur Obstzucht. Die Hügel im Norden von Californien und im Süden von Oregon scheinen die wahre Heimat der Aepfel, Birnen und Weintrauben zu sein.

Oberhalb Shasta beginnen die Gebirge einen majestätischen Charakter anzunehmen. Schneegipfel, 10—11,000
Fuß hoch, werden sichtbar, und bald erhebt auch Mount
Shasta, der König der Sierras in Nord-Californien, seine
silberne Krone über den 5—6,000 Fuß hohen Bergen. Er
selbst, durch seine Gestalt wie seine mächtigen Schneefelder
ausgezeichnet, mißt 14,400 Fuß über dem Meeresspiegel.
Ihm zunächst steht der Pilot-Knob, ein nackter, knaufartig-
ger Felsgipfel, etwa 1000 Fuß hoch, der, von allen Seiten sichtbar, den ersten Auswanderern auf ihrer Reise durch
die Gebirge zum Führer diente. Die Berge sind mit
Fichtenwäldern bestanden, die in demselben Maße dichter

und deren Bäume größer werden, als die Thäler bei dem
Vordringen in Oregon sich erweitern und an Fruchtbarkeit
zunehmen. Die Tannen wetteifern mit den Fichten an
Wuchs. Sie sind bis 200 Fuß hoch und messen zwischen
3 und 4 Fuß im Durchmesser. Weiter hinauf in Oregon,
am Columbiafluß, überwiegen die Tannen; sie bilden das
Hauptbauholz, und es kommen unter ihnen Stämme von
12 Fuß im Durchmesser und 300 Fuß Höhe vor. Auch
die Eiche tritt zuweilen siegreich auf, und die Straße führt
durch Haine und Parks von unbeschreiblicher Schönheit.
Die klassische Schmarotzerin, die Mistel, zeigt sich ebenfalls
und umkleidet das Geäst der Eichen mit ihrem zarten Grün.
Mancher Eichstamm ist ihren gierigen, schlanken Stengeln
erlegen. Anmuthiger, und weniger dem Leben der Bäume
verderblich, ist das spanische Moos, welches in grauen, dichten Bärten von den Zweigen und Stämmen der Fichten
herabhängt.

Auch die Birke, die Esche, die Rothtanne, der Lebensbaum und die Balsamfichte sind in den Wäldern vertreten.
Nur die herrliche Ulme fehlt, welche den Thälern von
Connecticut ihre eigenthümliche Schönheit verleiht. Was
aber die Wälder selbst betrifft, den Wuchs und die Schönheit der Fichten, Roth- und anderer Tannen, die Menge
und Eigenschaft des Holzes, die Pracht der Eichenhaine,
so hält der Osten keinen Vergleich mit den Bergen und
Thälern der Sierra Nevadas und den Küstengebirgen in
Californien und Oregon aus. Sie erregten fortwährend
das Staunen, die Bewunderung und das Entzücken des
Reisenden.

Die Querthäler des Rogue- und Umpquaflusses bieten manches reiche Feld für den Ackerbau. Der Boden

besteht aus schwerem Lehm; er ist warm und fruchtbar und geeigneter zur Obstzucht, besonders von Pfirsichen und Weintrauben, als die nördlichen Thäler von Oregon. Aber der Weg zu den Märkten ist lang und beschwerlich, so daß bis jetzt die Versuchung für den Landmann nicht sehr stark ist. Indessen giebt es hier und dort reiche, blühende Farmen. Die Arbeit ist so theuer, das Korn wächst so leicht und die Märkte sind so fern, daß niemand daran denkt, große Sorgfalt auf den Ackerbau zu verwenden. Das Gras wächst von Natur in Ueberfluß; Timotheumsaamen auf den unaufgebrochenen Boden gestreut, giebt fortwährend die beste Ernte. Die Winter sind außerordentlich mild, und Futter auf den Hügeln und Ebenen von Natur reichlich vorhanden, so daß Futterkräuter nur aus Vorsicht vor ausnahmsweisem Schneefall gebaut werden. Ein Farmer, dessen Heerden nach Hunderten, ja Tausenden von Häuptern zählten, hatte noch 125 Tonnen Heu, die er vor zwei Jahren eingeheimst hatte, vorräthig und wußte nicht, was er damit anfangen sollte.

Jacksonvill ist der erste bedeutendere Ort in Oregon. Er hat nicht das verfallene Aussehen von Shasta und Yreka, da die Goldgräbereien in der Nähe lohnend sind. Eine Fahrt von zwei Tagen und einer Nacht brachte die Reisenden von hier nach dem Thale von Willamette (sprich: Wil = lam = ette), wo die durcheinander gewirrten Gebirgsmassen sich östlich und westlich auseinander ziehen. Das Thal ist wohl 50 Meilen breit und 25 Meilen lang und wird von dem Willametefluß durchströmt, der sich nördlich in den Columbia ergießt. Dieses Thal ist der Garten von Oregon, ist Oregon selbst, denn zwei Drittheile der gesammten Einwohner des Staates haben sich hier angesiedelt.

Seine Fruchtbarkeit zog die Auswanderer schon Jahre lang
an sich, bevor das Gold an den Küsten des Stillen Oceans
entdeckt wurde. Der Weg in das wahrhaft paradiesische
Thal hinunter führt durch prächtige Eichenwaldungen, und
Eichenwälder ziehen sich nicht nur zu beiden Seiten des
Thales hin, sondern schmücken alle Hügel, welche aus dem
prairieartigen Thalgrunde sich erheben. Der Fluß ist in
seinem untern Theile das ganze Jahr über schiffbar; im
obern dagegen nur während sechs Monaten. Der Boden
besteht aus sandigem, kalkhaltigem Lehm, und Kartoffeln,
Weizen und Obst bilden die hauptsächlichsten Früchte. Be=
sonders sind große Strecken Landes mit Apfelbäumen be=
pflanzt, welche bereits im dritten Jahre ihre volle Tragkraft
beweisen. Für Korn sind im ganzen die Sommernächte
zu kalt, für Pfirsiche die Frühlinge zu kalt und zu naß
aber Isabell= und Catawbatrauben gedeihen vortrefflich und
ebenso Kirschen, Birnen, Pflaumen u. s. w. Außerdem
wird in dem untern Theil des Thales eine ausgedehnte
Schaf= und Rinderzucht getrieben. Die Hügel und Thäler
im Innern von Oregon bieten fast unerschöpfliche Weide=
gründe. Obgleich der Ackerbau allein eine Bevölkerung von
fünfzigtausend Seelen in dem Willamettethal ernährt, so
ist doch bis jetzt der Pflug kaum über den zehnten Theil
des Bodens geführt worden, und gewiß nicht mehr als die
Hälfte ist eingezäunt. Bestes Land ist je nach der Entfer=
nung von den Dörfern und dem Flusse und der bereits
darauf verwendeten Kultur für 5 bis 25 Dollars der Acre
zu haben. Nur besonders durch die Umstände begünstigte
Farmen stehen höher im Preise und kosten selbst 100 Dol=
lars der Acre. Die ländliche Bevölkerung besteht meistens
aus Missouriern, Kentuckiern und Tennesseren, jener Klasse

7*

angehörig, die stets weiter nach Westen wandert und blos
deshalb hier Halt gemacht hat, weil nur noch der Ocean
vor ihr liegt.

Der Ackerbau von Oregon hat nicht mit den Uebel-
ständen langer, sommerlicher Trockenheit zu kämpfen, wie
sie alles übrige Land westlich von den Felsengebirgen heim-
sucht. Der fruchtbare Strich zwischen den Küstengebirgen
und den Sierras, oder den Cascaden, wie die innere Gebirgsreihe in Oregon genannt wird, hat das ganze Jahr
über reichlichen Regen. Der Sommer bringt genug, um
die Ernte zu reifen, und nicht zu viel, um diese zu verderben. Der Winter besteht aus einem sechs Monate langen Regenschauer. Die Californier nennen daher auch
ihre nördlichen Nachbarn Schwimmfüße, und es scheint wirklich während des Winters etwas zu viel Regen und Schmutz
zu geben. Schnee fällt in den Thälern des mittleren und
westlichen Oregon nicht. Nur Regen und Nebel herrschen
während der todten Jahreszeit. Aber der Februar ist gewöhnlich schon ein klarer und warmer Monat, und mit ihm
beginnen die Feldarbeiten. Die Sommer sind lang und
günstig, die Tage warm, allein die Nächte kalt. Die Durch-
schnittstemperatur des Willamettethales beträgt in den sechs
Sommermonaten 65 bis 70 und in den sechs Wintermo-
naten 40 bis 45 Grad F. Gras wächst den ganzen sogenannten Winter über.

Die Hauptorte des Thales sind Eugen-City, Corn-
wallis, Albany, Salem, Oregon-City und Portland. Salem ist die Hauptstadt des Staates und ein reizend gelegener, blühender Binnenort. Von hier setzten die Reisenden
ihre Fahrt auf dem Dampfboot nach dem 50 Meilen entfernten Portland fort. Portland ist das Centrum des Han-

dels und Geschäftslebens überhaupt und die bei weitem größte Stadt von Oregon. Der Ort hat eine hübsche Lage an den Ufern des Willametteflusses, 12 Meilen vor dessen Einmündung in den Columbia, und ist von der Stelle, wo dieser letztere in den Stillen Ocean sich ergießt, 120 Meilen entfernt. Segelschiffe und Oceandampfer der größern Art kommen bis Portland herauf, und von hier verbreitet sich eine mächtige Dampfbootfahrt über den Columbia und seine Nebenflüsse ober- und unterhalb. In Portland konzentrirt sich der Handel nicht nur für das Willamettethal, sondern auch für die Minengegenden im östlichen Oregon und Idaho und das Gebiet von Washington im Norden, ja selbst für einen Theil von Britisch-Columbia. Sogar Utah bezieht Waaren von hier auf der Wasserstraße des Columbiaflusses. Portland zählt etwa 7000 Einwohner, unter denen die Methodisten die Mehrzahl bilden. Die Staatsuniversität zu Salem steht unter ihrer Leitung. Ihnen zunächst kommen die Presbyterianer, denen eine der schönsten Kirchen der Stadt gehört. Die dritte Reihe nehmen die Katholiken ein, die in der Stadt eine Schule und ein großes Etablissement barmherziger Schwestern besitzen. Im ganzen hat Portland die Miene einer wohlhabenden, regsamen Stadt, die in Politik, Geschäft, Gesellschaft und Sitten lebhaft an den Osten erinnert.

Die Bewohner von Portland und Oregon überhaupt preisen den Columbiafluß als den größten der Vereinigten Staaten. Sie haben vielleicht nicht Unrecht, wenn sie ihn über den Missisippi und den St. Lorenzstrom stellen. Man verfolge nur seinen Lauf von dem Stillen Ocean aufwärts nach Portland, durch das Cascadengebirge nach dem großen Becken zwischen den Felsengebirgen und den Sierras, und

weiter seine Hauptarme nach Norden durch ganz Britisch
Columbia und nach Süden und Westen in Idaho hinein,
wo er die Felsengebirge berührt und das ganze weite Land
nördlich von dem großen Wüstenbecken und westlich von den
Felsengebirgen. Dann aber betrachte man die Menge
Dampfboote, welche bereits den 1½ Meilen breiten maje=
stätischen Strom 150 Meilen von der Mündung aufwärts
befahren, und die Orte, nach denen sie ihren Lauf richten.
Endlich erwäge man, daß die Schifffahrt über kurz oder
lang bis zu seinem oberen Lauf durch Britisch Columbia
und Idaho ausgedehnt sein wird, im Nordwesten die eng=
lischen Besitzungen und im Westen die Pacific=Eisenbahn
am Salzsee berührend. Jedenfalls hat der etwa 2000 Mei=
len lange Strom sowohl wegen seiner Ausdehnung als sei=
ner Bedeutung für den Handel ein Recht, zu den mächtig=
sten Strömen der Welt gezählt zu werden.

Bis jetzt indessen ist der Columbiafluß hauptsächlich
wegen der großartigen Naturschönheit seiner Ufer auf seinen
Windungen durch die Oeden im Nordwesten Amerikas be=
rühmt. Er ist der einzige unter allen Strömen des We=
stens, der jene Felsenmauern im harten Ringen und Kämpfen
durchbrochen hat und siegreich dem Untergang der Sonne
entgegenschäumt. Von Vancouver, einer Gründung der
Hudsonbai=Compagnie, an der Mündung des Willametteflusses
in den Columbia, bis zu den 50 Meilen aufwärts gele=
genen Cascadengebirgen, bekränzen dichte Waldungen die
Ufer. Nun erheben sich zu beiden Seiten allmählich hohe
Basaltwände, und mächtige Felsblöcke, gleichsam die Leichen
des wilden Kampfes zwischen dem Strom und dem Gebirge,
liegen zerstreut im Thale herum oder ragen aus dem Fluß=
bette auf. Einer davon ist einige Tausend Fuß hoch. Mit

scharfen Kanten durchschneidet er die Luft. Bis zu den
Cascaden geht ein bequemes Dampfboot; hier aber muß
es wegen des starken Gefälles verlassen werden und eine
Eisenbahn führt 5 Meilen nach den obern Cascaden, dem
Halteplatz eines zweiten Dampfbootes. Auf dieser Strecke
hat der Columbia ein Gefälle von 40 Fuß, wovon die Hälfte
auf eine Meile kommt. Indessen sind es mehr Schnellen,
welche der über und zwischen Felsen schäumende Fluß bildet, als ein bestimmt sich markirender Wasserfall. Von den
obern Cascaden bis zu den Dalles zwängt sich der Fluß
45 Meilen weit im raschen Lauf durch die Gebirge. Die
Felsen erheben sich höher und schroffer, in massiven und
edlen Formen. Der dunkle Basalt liegt bald in Schichten
übereinander, als hätten ihn Menschenhände regelrecht zur
Mauer aufgethürmt; bald steht er in wohlgerundeten Säulen neben und übereinander aufrecht. Oft erinnert er an
die zerfallenen Burgen am Rhein, öfter jedoch sind seine
Gestalten zu massig, zu majestätisch, zu einzig, als daß
ihnen ein Werk menschlicher Kunst verglichen werden könnte.
Wo der Fels zurücktritt und die Abhänge weniger steil sind,
sproßt üppiges Grün auf und Wälder, so dicht und mächtig wie in den Thälern, mildern den wilden Charakter der
Landschaft.

Bei den Dalles liegt, gleichen Namens, die zweitgrößte
Stadt von Oregon mit 2500 Einwohnern. Sie ist das
Entrepot für die zerstreuten Minen in Ost-Oregon und
zum Theil auch für die von Boise und Owyhee in Idaho.
Es ist der Markt für die Minengräber, welche hier ihre
Winterruhe halten. In dem einzigen Monat Juni 1865
schickten Ost-Oregon und Idaho nicht weniger als für zwei
Millionen Dollars nach Dalles.

Die Dalles bezeichnen eine zweite Unterbrechung der Schifffahrt, und auf 15 Meilen tritt wieder die Eisenbahn an deren Stelle. Auf einer kurzen Strecke wird hier der Columbia von den Felsen so zusammengepreßt, daß seine Breite nur 160 Fuß beträgt. Durch diesen Engpaß stürzt der Fluß mit einer Grausen erregenden Gewalt und Schnel= ligkeit und gährt an den Blöcken in seinem Bette in mäch= tigen Schaummassen auf. Die Felsenufer dieser zweiten Stromschnelle erheben sich anfangs noch höher und schrof= fer als zuvor; dann aber nehmen sie schnell eine demüthige Gestalt an, treten zurück und verlieren ihre Bäume. Die bekannte Nacktheit des großen Wüstenbeckens erscheint wie= der, und die einzige Schönheit der Hügel ist ihre sanft ge= rundete Form, ihr einziger Nutzen die Weide für Schafe, Pferde und Rindvieh. Von Celilo, am Ende der Strom= schnelle, gehen Dampfboote in ununterbrochener Fahrt drei= mal wöchentlich nach dem 85 Meilen entfernten Umatilla, nach Wallula, 110 Meilen, und White Bluffs, 160 Mei= len weiter stromaufwärts. White Bluffs, der Endpunkt der Schifffahrt auf dem Columbia, ist von dessen Mündung 400 Meilen entfernt. Auf dem Snake, einem Nebenfluß des Columbia, gehen während sechs Monaten im Jahre Boote bis nach Lewiston, welches 270 Meilen oberhalb Ce= lilo liegt.

Im ganzen haben die Felsenufer des Columbia nicht ihres Gleichen an Großartigkeit und Schönheit. Einzelne Partien erinnern an die Ufer der Hudsonsbai, den Rhein und die überhängenden Klippen des oberen Mississippi. In= dessen ist in ihrem Charakter eine gewisse Einförmigkeit nicht zu verkennen. Eine 5 Meilen ähneln den anderen, so daß die Bewunderung allmählich ihre Schwingen hängen läßt. Eine besondere Schönheit der Landschaft ist der Mount Hood, der sich bald dem Columbia entgegenstellt, bald seine Schatten über ihn wirft, bald dessen Reize durch seine Majestät erhöht. Es ist dieser die große Schneekuppe von Oregon, dessen Montblanc. Er liegt, alle seine Genossen überragend, etwa 20—30 Meilen südlich von dem Columbia. Bald gewahrt man ihn durch den Ausschnitt von Thälern, bald am Ende einer scheinbaren Ebene, die vom Flusse zu ihm hinaufführt. Man hat ihn fast auf der ganzen Fahrt von Portland nach Celilo im Auge. Seine Höhe wird verschieden angegeben, doch dürfte sie schwerlich 12 oder 13,000 Fuß übersteigen. Er ist niedriger als der Shasta, dem bis 1864 unter den Riesen des Nordwestens die Palme zuerkannt wurde.

Doch in jenem Jahre ward ihm unter den schneegekrönten Gipfeln der Sierra Nevadas in Süd-Californien und Nevada der Rang von dem Tyndall und dem Whitney streitig gemacht. Der Tyndall mißt 60 Fuß mehr als der Shasta, nämlich 14,500 Fuß, und die Höhe des Whitney wird mindestens auf 15,000 Fuß geschätzt. Wie dem auch sei, jedenfalls verleiht der Mount Hood der Fahrt auf dem Columbia einen Reiz, welcher diese Tour zu der herrlichsten und interessantesten der ganzen Küste des Stillen Oceans macht, das Yosemitethal ausgenommen. Dieses nimmt in der That unter deren Naturwundern unbestreitbar den ersten Rang ein.

Die Schifffahrt auf dem Columbiafluß befindet sich gegenwärtig in den Händen einer energischen Gesellschaft, die nicht nur die Fähigkeiten besitzt, sie auf den bisherigen Strecken zu verbessern, sondern auch die Umsicht, sie weiter und weiter auszudehnen. Die Gesellschaft öffnet der

Schifffahrt in der That neue Bahnen in der Wildniß. Im
Jahre 1861 mit einem Kapital von 175,000 Dollars ge=
gründet, besitzt sie gegenwärtig achtzehn bis zwanzig Dampf=
boote erster Klasse, die beiden Eisenbahnen an den Casca=
den und den Dalles, und in allen Hauptorten am Flusse
Stationshäuser und Magazine, darunter eins in Celilo,
welches 935 Fuß lang ist. Der Werth ihres lediglich
durch das Geschäft erworbenen Eigenthums wird auf 2
Millionen Dollars geschätzt. In Verbindung mit den Land=
straßen der Dalles, von Umatilla und Wallula, bildet der
Fluß und dessen Boote für Reisende und Frachtgüter die
billigste und schnellste Beförderung von allen Punkten der
Küste nach den reichen Minen von Boise und Owyhee in
Idaho sowohl, wie nach denen im östlichen Oregon. Boise
City ist 260 Meilen von Umatilla, und Owyhee 290 Mei=
len entfernt. Die Straßen von den anderen Punkten sind
länger und weniger lebhaft. So groß ist in dieser Rich=
tung während der letzten Zeit der Reise= und Handelsver=
kehr gewesen, daß die Oregon=Dampfschifffahrtsgesellschaft
in den jüngsten vier Jahren nach dem oberen Columbia
60,320 Tonnen befördert hat, während der Transport
im Jahre 1862 nur 6000 Tonnen betrug. Im Jahre
1864 war er schon auf beinahe 22,000 Tonnen
gestiegen. Während desselben Zeitraums beförderten die
Boote den Fluß auf und ab fast 100,000 Personen, von
etwa 10,000 im Jahre 1861 zu 36,000 im Jahre 1864
anwachsend.

Californien sucht gegenwärtig diesen wichtigen Ver=
kehr wo möglich in die Hände zu bekommen und ist jetzt
beschäftigt, kürzere Landwege nach Idaho über Chico und
Red Bluffs im obern Sacramentothal und durch Nevada

längs dem Humboldtthal zu eröffnen. Indessen dürfte
Oregon wohl den größten Theil des Verkehrs behalten, denn
obgleich die Wege hier weiter sind, so gehen sie doch einen
großen Theil zu Wasser und sind daher billiger, sicherer und
angenehmer. Zugleich ist auch die Oregon-Gesellschaft thä-
tig, ihre Wege zu verbessern. Indem sie eine 110 Meilen
lange Straße von Wallula nach der Mündung des Powderflusses durch einen weiten Bogen legt, auf welchem der
Snakefluß unschiffbar ist, gelangt sie zu einer Stelle, wo
dieser letztere wieder auf einer Strecke von 150—200
Meilen aufwärts befahrbar wird und zwar bis in das Herz
von Owyhee, dem Goldbecken von Boise und darüber hinaus
bis gegen Utah. Von Owyhee bis zum Salzsee ist dann
nur noch eine Strecke von höchstens 150 Meilen, so daß
Oregon bald die Dampfbootfahrt mit Einschluß eines Landwegs von kaum 300 Meilen auf der ganzen Entfernung
vom Salzsee bis zum Stillen Ocean besitzen wird. Setzt
man an die Stelle des Landwegs eine Eisenbahn, oder läßt
man die Schifffahrt auf dem oberen Snakefluß bei Seite
und baut eine Eisenbahn von 550 Meilen vom Salzsee
quer durch die Goldregionen von Idaho nach Wallula, von
wo die Wasserstraße auf dem Columbia ununterbrochen
weiter geht, so kann man die Küste des Stillen Oceans
über Oregon auf einer um zwei Drittheile kürzeren Strecke
erreichen, als der Bau einer Centraleisenbahn nach San
Francisco erfordern würde. Die Linie für diese Straße
bietet keine Schwierigkeiten. Sie überschreitet die Blauen
Gebirge im östlichen Oregon auf einem vortrefflich geeigneten Paß und vermeidet auf dem Columbiafluß die schwie-
rige Arbeit, die Sierra Nevadas zu übersteigen. Die
Oregon-Schifffahrtsgesellschaft ist von der Wichtigkeit ihrer

Aufgabe durchdrungen und hat ein Dampfboot im Bau, um den oberen Snakefluß zu untersuchen, ob der großartige Plan ausführbar sei.

Desgleichen geht die Gesellschaft mit dem Plane um, ihre Unternehmungen im Norden in das Herz von Britisch Columbia hinein zu führen. Indem sie eine Landstraße von 150 Meilen nördlich von White Bluffs angelegt, dem gegenwärtigen Ausgangspunkt der Schifffahrt auf dem Hauptstrom des Columbia, schneidet sie einen großen, unpassirbaren Winkel des Flusses ab und erreicht den Columbia wieder an einer schiffbaren Stelle ganz in der Nähe des 49. Breitegrades. Die Dampfer können dann von hier ausgehen etwa 200 Meilen nördlich durch die Reihe der Seen, zu welchen sich dort der Fluß erweitert, bis zum 52. oder 53. Breitegrade, wo man noch nie ein Dampfboot gesehen oder an ein solches gedacht hat, und weiter bis in die neue und berühmte Goldgegend von Britisch Columbia, den Bezirk von Carriboo. Gegenwärtig kann man die Minen von Carriboo nur über Victoria, den Frazerfluß und auf einem beschwerlichen 300 oder 500 Meilen langen Landwege erreichen. Die neue Straße wird sie in schnelle und billige Verbindung mit den amerikanischen Märkten und dem amerikanischen Leben in Portland bringen.

Diese Strebsamkeit und dieser Unternehmungsgeist der Oregonen macht auf den Reisenden einen angenehmen Eindruck. Es fehlen ihnen manche Vortheile, deren sich die Californier erfreuen. Ihre Agrikultur ist nicht so mannichfaltig, aber solider. Die Goldgräberei hat keinen so unzuverlässigen und berauschenden Reichthum in ihren Schooß geschüttet. Sie bedürfen eines umfangreicheren Landbau's und einer vielfältigeren Industrie eben so sehr, wie es ihnen an intelligenter, geduldiger Arbeit und großen Kapitalien fehlt. Aber was sie fertig gebracht, das haben sie langsamer und verständiger als die Californier in's Werk gerichtet, und da sie weniger der Reaktion eines raschen und ungesunden Wachsthums ausgesetzt sind, so haben sie auch weniger umzulernen. Sie scheinen sicher zu sein, zwar nicht den ersten Staat an der Küste des Stillen Oceans zu errichten, wohl aber einem stetigen, gesunden und sittlichen Gedeihen mit aller Zuversicht entgegenzugehen. Sie sind auf dem Wege, das Neuengland an der Küste des Stillen Oceans zu werden. Gegenwärtig sind aufregende Entdeckungen von Goldplacers bei den Quellen von John Day, einem Nebenfluß des Columbia, im Südosten Oregons, gemacht worden, und in den Quarzminen auf den westlichen Abhängen der Sierra Nevadas, nicht weit von dem Willamettethal, sind große Verbesserungen im Werke. Kapital und Arbeit eilen beiden Orten zu. Ist aber von diesen Verheißungen viel zu hoffen, so ist für das wahre Gedeihen des Staates auch manches davon zu fürchten. Die Ungewißheit, die Rohheit, die Spielwuth, welche das schwankende und flüchtige Glück der Goldgräberei über das ganze Geschäft, die Sittlichkeit und die Manieren der Gemeinden zu bringen pflegt, bereiten einem wirklichen und stetigen Fortschreiten zur wahren Civilisation große Hindernisse.

Achtes Kapitel.

Von Oregon durch Idaho nach dem Salzsee.

Die Reisenden gingen von Celilo noch etwa 40 Meilen weiter den Fluß hinauf, bis der großartige Kampf des Columbia mit den Felsmassen hinter ihnen lag und die Gegend ihren erhabenen Charakter verlor. Sie waren auf diese Weise bis zu einem Punkte 260 Meilen oberhalb der Mündung des Columbia vorgedrungen. Dann kehrten sie nach Portland zurück, nochmals die Scenerie der Bahn bewundernd, welche sich der majestätische Fluß siegreich mitten durch das Gebirge bricht.

Nach Idaho ging Bowles selber nicht. Er theilt indessen darüber folgenden an ihn gerichteten Brief eines angesehenen Bürgers von Oregon mit:

„Salzsee-City, 1. October 1865.

Der Weg von Oregon zum Salzsee durch Idaho, eine Entfernung von über 800 Meilen, bietet mancherlei Interessantes in Bezug sowohl auf Naturschönheit wie Verhältnisse dar. Wir verließen die Dalles auf dem östlichen Abhange der Cascadengebirge beim ersten Tagesgrauen, und eine Fahrt von 14 Meilen auf der längsten Eisenbahn von Oregon am Fuße der massig aufgethürmten Felsblöcke, welche das südliche Ufer des Columbia einfassen, entlang den schmalen Schluchten dieses Flusses, die tief in den harten Basalt eingewühlt sind, brachte uns nach Celilo. Die Eisenbahn lief zuweilen so nahe an den Kanten des Gebirges hin, daß die dunkle Oberfläche des Flusses in der Tiefe sichtbar wurde, bald so dicht an den Felswänden, daß deren Blöcke über den Schienen zu hängen und jeden Augenblick

mit ihrem Sturz zu brohen schienen. In Celilo, dem De=
pot der Oregon=Dampfboot=Gesellschaft am obern Columbia,
wurden wir auf eins von deren bequemen Dampfbooten
versetzt, mit dem wir etwa in zwanzig Stunden 123 Mei=
len meistens gegen eine starke Strömung aufwärts nach
Wallula gingen. Die Gegend auf dieser Strecke des Flus=
ses ist nicht sehr einladend. Sie besteht aus unbelaubten,
meistens nackten Hügeln oder Sandflächen. Dann und
wann ergießen sich links und rechts, doch in großen Zwi=
schenräumen, kleine Flüsse in den Columbia, verhältnißmä=
ßig schmale Thäler bewässernd, in denen zerstreute Ansied=
lungen liegen. Allein der größte Theil des Landes ist un=
besiedelt und auch ungeeignet zur Ansiedlung.

In Wallula nahmen wir die Post nach Walla=Walla
wo früher das alte Fort gleichen Namens lag und welches
gegenwärtig eine freundliche, geschäftige Stadt mit fünfzehn=
hundert 'oder zweitausend Einwohnern ist. Eine Feuers=
brunst hatte vor wenigen Wochen fast den halben Ort zer=
stört, der nun wieder im raschen Aufbau begriffen war.
Die hiesige Gegend ist in früheren Jahren der Schauplatz
mancher Kämpfe mit den Indianern gewesen, und Walla=
Walla ist für die Officiere der alten Armee von geschicht=
lichem Interesse. Die Hälfte von ihnen hat gewiß diesen
Posten besucht, während viele hier stationirt waren und an
den Indianerkriegen Theil genommen haben.

Das Thal von Walla=Walla besteht aus Hochland,
das sich vortrefflich zur Weide eignet, allein für den Acker=
bau zu trocken ist. Das eingesenkte Tiefland wird meistens
ohne Ueberrieselung beackert und manches Stück ist von
erstaunlicher Fruchtbarkeit. Korn, Rüben, Melonen, Stein=
obst u. s. w., welche eben reif waren, stellen sich den besten

des Mississippithales an die Seite. Doch es giebt nur wenig solchen Landes; das beste ist bereits besiedelt, und wo welches zu verkaufen ist, steht es für ein neues Land in hohem Preise.

Die Gegend längs der Straße von Wallula besteht überwiegend aus alkalischem Flachlande, welches mit Sal=beigebüschen bedeckt ist. Nur selten zeigt sich ein fruchtba=rer Fleck, auf dem gewöhnlich die Poststation nebst einem ertragreichen Garten gelegen ist. Hier wie im ganzen Osten der Cascadengebirge fehlen die Winterregen West=Oregons und Californiens. Die Winter sind trocken und kalt, obgleich milder und nicht von so starkem Schneefall begleitet, wie in den gleichen Breitegraden östlich von den Felsengebirgen.

Zu Walla=Walla nimmt die Ueberlandpost nach dem Osten ihren Anfang, welche in den Minendistrikten von Boise an die Hollabay gehörige Linie nach dem Salzsee und dem Missouri anschließt. Die Entfernung von Walla=Walla bis Boise beträgt etwa 350 Meilen. Eine andere Postlinie verläßt den Columbia bei den Stromschnellen von Umatilla, 22 Meilen unterhalb Walla=Walla und verbindet sich mit der erstern bei Uniontown, am südlichen Ende des Thales von Grand Ronde. Die Straße von Walla=Walla führt über die Blauen Gebirge. Es ist dies eine der besten Bergstraßen des Festlandes. Die Fahrt über die Blauen Gebirge ist außerordentlich großartig, und wer sie gemacht, der wird sie zeitlebens zu seinen schönsten Erinnerungen zählen. Zuweilen geht es an dem Rande eines tiefen Abgrundes, wo ein Straucheln der Pferde, Wagen und Passagiere meh=rere 100 Fuß hinab zu stürzen droht, hoch bergauf, und vom luftigen Gipfel droben breitet sich die Landschaft in wilder Schönheit aus, soweit das Auge reicht. Dann wieder befindet man sich im Grunde einer tiefen Schlucht, deren fast unabsehbare Felsenhäupter mit mächtigen Forsten geschmückt sind. Und jetzt führt die Straße meilenweit durch einen natürlichen Park von glänzend gelben Fichten, wo ein üppiger Grasteppich den Boden bedeckt. So wechselt das Rundgemälde fortwährend, immer großartig und bezaubernd.

Die Fahrt des ersten Tages brachte uns zu den Warm Springs, wo die Eigenthümer der Postlinie ein Hôtel und Badeanstalten für die warmen Quellen errichten. Die Zahl der Quellen beläuft sich auf drei. Ihr Wasser ist schwefelhaltig und besitzt gerade die richtige Badtemperatur. Es strömt aus den Felsenwänden hervor.

Die Blauen Berge werden oft das „beste Gebirge in Amerika" genannt. Der Weg steigt sehr allmählich an, und Boden, Gras und Holz sind vortrefflich. Auf den höchsten Gipfeln, wo die Dichtigkeit des Holzes dessen Wachsthum nicht verhindert, findet man das beste Gras in größter Menge.

Die zweite Tagereise führte durch das Grand Rondethal, einen wundervollen Landstrich von 40—50 Meilen Länge und 20—30 Meilen Breite, ringsum von Bergen eingefaßt. Es ist ein reizender Fleck Erde, doch zu hoch gelegen, um ihn für den gewöhnlichen Ackerbau zu verwerthen. Vor Jahren nahm die Einwanderung nach Willamette in Oregon ihren ermüdenden Weg durch dieses Thal. Gelegentlich brachte eine Abtheilung, die sich verspätet hatte, hier den Winter wegen des Grasreichthums zu und setzte im Frühjahr die Wanderschaft fort. Doch die Länge des Winters, das späte Aufhören und das frühe Beginnen des

Frostes hielt Alle ab, sich hier anzusiedeln. Seit der Entdeckung von Gold in Idaho ist die einzige Reiselinie von
Westen nach Norden durch dieses Thal gegangen. Dieser
Umstand verleiht dem Heu, welches hier in verschwenderi-
schem Ueberfluß geerntet wird, einen großen Werth. In
Folge dessen ist Mancher, der in früheren Jahren achtlos
das Thal passirte, nach Grand Ronde zurückgekehrt und hat
sich hier niedergelassen. Aber die Ansiedler sind hauptsächlich auf ihre Heerden und das Heu angewiesen, denn das
späte Frühjahr und der frühe Schneefall machen jede andere Produktion schwierig und ungewiß. Wir kamen Anfangs September durch das Thal und wurden bereits durch
einen leichten Schneefall und so starken Frost heimgesucht,
daß jede zarte Vegetation vollkommen getödtet ward. Weizenfelder grünten ungeerntet.

Grand Ronde durch dessen einzige Bresche in den um-
schließenden Hügeln verlassend, betraten wir das Thal des
Powderflusses. Es ist kleiner als das vorige und für Ackerbau und Weide fast werthlos. Wir fanden nur wenige
Ansiedler hier, aber das Thal hat fast gar kein Gras und ist
mit Salbeibüschen bedeckt. Wir blieben in diesem Thale,
welches noch zu Oregon gehört, einen Tag, um die Goldminen von Rockfellow in Augenschein zu nehmen. Die
ausschließlich Gold und zwar von sehr großer Feinheit führende Quarzmine liegt 7 Meilen von der Poststraße ab.
Die Unze dieses Goldes giebt geprägt über 19 Dollars.
Es ist augenscheinlich eine reiche Mine und, nach allen Anzeichen zu schließen, wahrscheinlich auch unerschöpflich. Sie
ist sehr gut geöffnet und wird mit Erfolg bearbeitet.

Weiterhin nach einer Fahrt über meistens ödes Land,
überschritten wir bei Old's Ferry den Snakefluß und wa-

ren in Idaho. Old Ferry soll der Ausgangspunkt für die neue Dampfbootlinie bilden, welche die Oregon-Schifffahrtsgesellschaft noch 200 Meilen weiter den Fluß aufwärts zu führen gedenkt. Eine weitere Fahrt über ähnliches werthloses Land mit vereinzelten Ranches und Stationen brachte uns nach Boise-City. Wir hatten von Walla-Walla bis hierher zwei und einen halben Tag gebraucht. Der Fahrpreis betrug 60 Dollars. Richtet man sich aber auf der Reise nach dem ordnungsmäßigen Postlauf, so zahlt man nur 40 Dollars.

Das Gebiet von Idaho umfaßt 125,000 Quadratmeilen. Im Norden und Osten wird es von Britisch-Columbia und Montana, im Süden von Utah und Nevada, und im Westen von Oregon und Washington begrenzt. Idaho ist ein indianisches Wort und bedeutet „Edelstein der Gebirge." Der Name ward von den ersten Goldsuchern als passend für den Embryostaat im Gebirge beibehalten. Zum Ackerbau ist jedoch nur ein verhältnißmäßig kleiner Theil des weiten Gebiets geeignet, und der Bergbau muß daher für immer sein Hauptinteresse bleiben. Die Bevölkerung mag sich gegenwärtig etwa auf 25,000 Seelen belaufen. Früher ist sie stärker gewesen; aber da die reichsten Goldgruben erschöpft sind, hat ein Theil der Einwohner andere und lohnendere Orte aufgesucht. Fast die Hälfte der Bevölkerung hat Oregon geliefert; die zweite Hälfte vertheilt sich gleichmäßig auf Californien, Nevada und die Staaten östlich von den Gebirgen. Im Gebirge fällt im Winter tiefer Schnee; doch ist das Klima milder als das in denselben Breitegraden und gleicher Höhe auf der atlantischen Seite.

Boise-City, die Hauptstadt des Gebiets, ist für einen

8*

Minenbezirk ein behäbiger, blühender, kleiner Ort. Er enthält etwa zehn= oder zwölftausend Einwohner, darunter eine Anzahl Familien, und bietet eine erträgliche Gesell= schaft. Boise=City ist der Stapelplatz für das ganze Mi= nenland im Süden Idahos. Es befinden sich hier einige große Lager von Minengütern, und von hier und durch hier erhalten und beziehen sämmtliche Minenorte und La= ger ihren Bedarf. In der unmittelbaren Nähe der Stadt giebt es keine Minen; die nächsten sind 25 Meilen ent= fernt. Die Stadt liegt auf dem westlichen Ufer des Boise= flusses, eines mäßigen Wassers, das ein fruchtbares aber schmales Thal durchströmt, in welchem fast alles Getreide und Gemüse, welches bis jetzt das südliche Idaho erzeugt, her= vorgebracht wird. Diese Erzeugnisse decken jedoch nur einen verhältnißmäßig kleinen Theil von den Bedürfnissen der Minenarbeiter. Die Hauptmasse kommt von Oregon, und von Utah gelegentlich Salz und Gemüse.

Idaho=City liegt etwa 35 Meilen nördlich von Boise= City, in dem sogenannten Boise=Becken, zwischen Moore und Elk Creeks, Nebenflüssen des Boiseflusses, und ist die größte Stadt des Gebiets. Sie bildet den Mittelpunkt eines wichtigen Placerdistrikts und zählt an den Wochenta= gen fünf= bis siebentausend, an den Sonntagen zehn= bis fünfzehntausend Einwohner. Denn der Sonntag ist in einer Minenstadt ein belebter, gewinnreicher Tag. An die= sem Tage kommen die Minengräber meilenweit zur Stadt, um Lebensmittel und was sie sonst brauchen, einzukaufen, mit einander zu verkehren, zu spielen, zu schwelgen und sich allen Ausschweifungen hinzugeben, die das Leben einer Minenhauptstadt zu bieten vermag. Idaho=City hat am Sonntage ein ganz anderes Aussehen als an jedem andern

Tage. Kein Magazin, kein Laden, kein Lokal irgend eines
Geschäfts ist an diesem Tage geschlossen. Es ist der ge-
schäftigste der ganzen Woche, sowohl für die Ladeninhaber
und Victualienhändler, wie für die Spieler und Brannt-
weinschänken.

Die Stadt ist in und über den Minen gebaut und
ein Drittheil oder die Hälfte der Häuser ist bereits unter-
minirt; die anderen werden unzweifelhaft dasselbe Geschick
haben. In einem Minenlande ist der Goldgräber König
und sein Wille Gesetz. Wenn er unter einem Hause
„Zahlstaub" (pay dirt) findet, so markirt und registrirt
er seinen Anspruch und beginnt es zu unterminiren, ohne
den Bewohner oder Eigenthümer auch nur um Erlaubniß
zu bitten. Freilich stützt er das Haus beim Graben, damit es ihm nicht auf den Kopf falle — sonst aber kümmert
er sich um nichts weiter. Ist ein solcher Anspruch oder
Claim erschöpft, so geht der Goldgräber davon, ohne die
Grube auszufüllen, oder das Haus fernerhin zu stützen.
Fällt es ein, so geht es ihn nichts an. Die Stadt- oder
Gebietsobrigkeit hat ein Gesetz erlassen, welches das Unterminiren der Häuser, ohne dieselben dauernd gegen den Einsturz zu sichern, verbietet. Aber die Minengräber wählen
die Beamten und bilden die Juries, welche über die Beobachtung des Gesetzes zu wachen haben. Es ist überflüssig
hinzuzufügen, daß der Minengräber stets den Prozeß ge-
winnt. Verschiedene von ihnen sind gerichtlich belangt worden, aber immer ohne Erfolg. Ebenso verhält es sich mit
den Straßen. Wohin des Goldsuchers Anspruch geht, quer
über die Straße, oder unter derselben entlang, er folgt
überall, wo er „Zahlstaub" findet, und überläßt es dem

Publikum, die Straße nach Gutdünken entweder wieder aus=
zubessern oder aufzugeben.

Ungefähr zwei Monate vor unserer Ankunft wurde
Idaho fast gänzlich durch eine Feuersbrunst zerstört, deren
Schaden auf 1,500,000 Dollars sich belief. Gegen=
wärtig ist die Stadt bereits wieder aufgebaut, und
zwar mit besseren Holzhäusern als zuvor. Dazwischen befin=
den sich auch einige von Ziegelsteinen. Die Energie, mit
der eine blühende Minenstadt ihre Verluste ersetzt, ist
außerordentlich.

Das Boise=Becken ist eine Einsenkung in den Gebir=
gen, und höhere Berge bilden ringsum seinen Rand. Sein
Durchmesser dürfte in der Länge 30—40 und in der Breite
einige Meilen weniger betragen. Ueber dieses Becken sind
nach allen Richtungen hin die Placers zerstreut. Ihre Aus=
dehnung ist eben so verschieden, wie ihr Reichthum; die
bedeutendsten liegen in der Nähe von Idaho=City. Andere
Placers und andere Minenorte von Bedeutung befinden
sich nicht weit entfernt im Lande ringsumher.

Die Placerminen haben eine beträchtliche Ausdehnung
und ihr Ertrag ist reichlich lohnend. Sie werden in drei
Klassen getheilt. Die erste und reichste bilden die Creek=
gräbereien, welche das Bett und die niedrigen Ufer des
Creek umfassen. Die nächste, weniger ergiebige, obgleich sie
dem Gräber, wenn es nicht an Wasser gebricht, täglich 10
bis 15 Dollars abwirft, umfaßt das höhere Ufer. Die
dritte besteht in der Berggräberei darüber, die noch weni=
ger einträgt, aber doch die Mühe bezahlt, wenn das zur
Arbeit nöthige Wasser zu haben ist. Die Creekgräbereien,
die am besten und längsten mit Wasser versehen waren,
sind meistens ausgebeutet und mit ihnen ist die Crème

der Minen dahin. Ein ungewöhnliches Steigen des Moore und Ell Creeks im vorigen Frühjahr brachte den Minenschutt von den Bergen herunter und begrub die niedriger gelegenen Antheile 10 oder 12 Fuß tief, und die Gräber haben den ganzen Sommer damit zubringen müssen, den Schlamm und Sand fortzuschaffen, um wieder zu ihren Claims zu gelangen. Die Bank- und Berggräbereien bleiben gewöhnlich ungestört von solchen Ereignissen, ausgenommen in den Schluchten, welche die Wasser des geschmolzenen Schnees gebildet haben. Sie hängen wegen des zur Goldwäscherei nöthigen Wassers hauptsächlich von dem schmelzenden Schnee im Frühling ab. In Folge dessen ist, mit Ausnahme der Creekgräbereien, die Zeit für die Minenarbeit nur kurz und erstreckt sich dieselbe nicht über zwei bis drei Monate im Jahr.

Wir waren im Monat September, der stillen Jahreszeit, im Bassin. Damals waren etwa zehntausend Personen in den Placers beschäftigt. Im Frühling ist die Zahl größer gewesen, und sie wird auch wahrscheinlich wieder zunehmen, wenn nicht neue verführerische Entdeckungen die Bevölkerung auch ferner fortlocken. Es hieß, daß schon zweitausend Personen nach den Blackfeetminen abgezogen seien, und wenn sich die Berichte von den dort gemachten reichen Entdeckungen bestätigen sollten, so steht zum Frühjahr ein großer Abfluß bevor.

Es ist nicht möglich, den Gesammtertrag der Goldminen von Idaho genau anzugeben. Der Ertrag welcher in die Münze von San Francisko in dem mit Dezember 1864 endenden Jahre abgeliefert wurde, soll sich auf 3,500,000 Dollars belaufen haben. In San Francisco selbst schätzte man den Gesammtertrag jenes Jahres auf 6 Millionen Dollars. So hoch beläuft sich auch wahrscheinlich der gegenwärtige Ertrag. Doch ist die Goldgräberei hier wie überall ein mißliches Geschäft, ein Leben voll Aufregung und nicht selten von Fehlschlägen. Einige Wenige gelangen plötzlich zu Reichthum; die Meisten fristen eben nur ihr Leben.

In dem Boise-Becken und dessen Nähe sind verschiedene goldführende Quarzadern entdeckt, von denen man manche für reich und bedeutend hält; doch bis jetzt haben sich nur wenige, wenn überhaupt welche, als solche ausgewiesen. Bei einigen sind bereits Mühlen in Thätigkeit; aber noch lieferte keine einen zufriedenstellenden Beweis von dem Reichthum der Adern. Unter den anscheinend viel versprechenden Spuren, die wir in Augenschein nahmen, befanden sich drei, welche dicht neben einander in dem Summit-Flatdistrikt, 15—18 Meilen von Idaho-City, liegen. Sie heißen das Mammuth-, Königs- und Probelager. Es sind nur Goldlager und nicht weit in der Arbeit vorgeschritten; doch ist der Ertrag ziemlich lohnend. Bisher war eine Wassermühle mit acht Erzstampfen im Gange, und von dem Ertrag, den sie während des ersten Jahres geliefert hat, ist nun eine Dampfmühle mit zehn Stampfen errichtet. Die Unternehmer besaßen kein weiteres Kapital, als das, welches sie aus der Erde gruben, und konnten daher nur langsam weiter kommen. Das Land oberhalb des Flat ist reichlich mit Wasser und Holz versehen, wodurch die Bearbeitung der Minen erleichtert und billiger wird.

Süd-Boise, welches ungefähr 60 Meilen entfernt liegt, ist eine neuere Entdeckung, und wird der Quarz dort für reicher gehalten als der des Bassins. Die dortigen Funde sind meistens Silber.

Die Minen von Owyhee liegen in den Gebirgen die-

ses Namens, etwa 60 Meilen südlich von Boise-City. Es
geht von der Stadt eine Post dorthin, und der Weg führt
durch die schlimmste Alkaligegend von ganz Idaho. Wir
fanden zwei kleine Orte dort, Rubin- und Silberstadt, welche
über eine Meile in der schmalen Schlucht, in der die Placers
liegen, sich hinerstrecken. Die Minen von Owyhee enthalten fast nur Silber, und es unterliegt keinem Zweifel, daß
der Bezirk an diesem Metall reich ist. Einige Lager sind
werthvoll, manche aber auch werthlos; einige Gesellschaften,
die sie ausbeuten, sind ehrlich, andere aber Schwindler, oder
sogenannte Wildkatzen-Gesellschaften. Die einzige Mine,
welche sich durchaus als reich erwiesen hat, ist das „Oro
Fine" (feines Erz) und vielleicht auch der „Morgenstern."
In der ersten Mine ist ein 6 Fuß langer Tunnel ausge-
graben und ein damit in Verbindung stehender Schacht
über 100 Fuß tief auf die Ader hinabgetrieben. Auf dieser ganzen Strecke hat sich das Erz reichhaltig gezeigt, und
je weiter man vor und in die Tiefe dringt, je reichhaltiger er-
weist es sich. Auf der Grube „Morgenstern" ist etwa ein 100
Fuß tiefer Schacht hinabgetrieben worden, und bis jetzt zeigt
sich die Ader lohnend.

Sicherlich giebt es noch andere werthvolle Lager
hier, aber noch ist keins so sorgfältig geprüft worden.
Einige Gesellschaften von New-York sind dabei, große
Mühlwerke zu errichten. Es sind etwa zwanzig bis dreißig im Bau begriffen. Manche bisher nur oberflächlich
untersuchten Adern mögen sich als reichhaltig ausweisen; andere sind ohne Zweifel arm. Manche, werthvoll oder werthlos,
werden von Leuten beansprucht, welche verfehlt haben, sich
nach den Minengesetzen zu richten, und haben daher keinen
Besitztitel. Andere Minengräber beabsichtigten, nach dem

Osten zu gehen, um ihre Gruben zu verkaufen, und, wenn sie das Reisegeld aufzubringen vermögen, so wird eine gute Anzahl von Idahegräbern und Aktien in kurzem in den östlichen Städten ihre Aufwartung machen. Die Käufer mögen Acht geben, mit wem sie zu thun haben und auf wessen Empfehlung sie sich verlassen. Manches Gruben= eigenthum ist sicherlich preiswürdig; vieles aber ist noch nicht untersucht und hat wahrscheinlich gar keinen Werth.

Der Bezirk von Owyhee hat nur wenig Holz und auch keinen Ueberfluß an Wasser. Auf einige Jahre ist Feue= rungsmaterial genug vorhanden. Wenn sich aber der Be= zirk so reich ausweisen sollte, als man erwartet, so wird es in kurzer Zeit erschöpft sein. Wahrscheinlich wird man vorher auf Kohlenlager stoßen.

Die Erfahrungen und Verhältnisse einiger in Idaho wiedergetroffenen Bekannten liefern eine Illustration zu dem Minenleben. Der Eine davon war ein gelehrter und ge= schickter Sachwalter, der früher in einem der Staaten des Stillen Oceans eine hohe Stelle an den Unionsgerichts= höfen bekleidete. Er hat in Harward promovirt und ist der Sohn eines wohlhabenden Bostoners, auf dessen Wunsch er, mit Creditbriefen überreichlich versehen, auf Reisen ging. Den letzten Herbst und Winter hatte er auf den Sand= wichsinseln zugebracht. Nun arbeitet er in den Gruben von Boise im Bergmannskittel und mit Spitzeisen und Schaufel auf einem keineswegs überreichlich lohnenden Antheil.

Einem Andern war vor Jahren durch den Tod eines Bruders eine Schneidemühle in Californien zugefallen. Die Mühle brachte ihn bald bis über den Hals in Schulden; sie wurde verkauft, doch reichte der Erlös nicht hin, um seine

Gläubiger zu befriedigen. In dieser unangenehmen Lage blieb er bis zum Frühjahr von 1863. Dann machte er sich mit einer kleinen Dampfschneidemühle, die er bequem auf einen Wagen packen konnte, nach Idaho-City auf den Weg, und jetzt stand er im Begriff, mit 55,000 Dollars in Gold in der Tasche, nach den Atlantischen Staaten aufzubrechen.

Ein Dritter war früher in den Pacificstaaten ein wohlhabender Mann gewesen, hatte aber fast sein ganzes Vermögen verschwendet. Er ging nach Boise, wo er sich bald wieder emporarbeitete und 54,000 Dollars in Gold machte. Jetzt begann das flotte Leben wieder. Karten, Whisky und Weiber waren die Felsen, an benen er zum zweiten Male scheiterte.

Der Sohn eines neuenglischen Diakonus und Promovirter der orthodoxen Sabbathschule Neu-Englands ist hier Schenkwirth und lebt mit einer industriellen Dame, mit der er wegen der Seltenheit von Geistlichen nie getraut worden ist. Seine Eltern werden uns fragen, ob er auch fortfahre „in der Liebe des Herrn zu leben und in seiner Gnade zu wachsen."

Ein bekannter Geistlicher hat in Idaho-City eine Kirche gebaut, in der er gelegntlich Sonntags predigt. Nebenher treibt er Handel, und während er auf der Kanzel steht, hält sein Gehülfe den Laden offen. Zur Zeit als wir hier waren, war das Predigen eingestellt und die Kirche in einen Gerichtshof verwandelt. Bei unserem Besuch verhörte der Oberrichter eben in derselben einen Mörder.

Capitain Fiske traf, wie er erzählt, in Idaho einen gewissen Murphy, der ihm seine Grube für 12,500 Dollars verkaufen wollte. Capitain Fiske lehnte das Geschäft ab,

und einige Monate später verkaufte Murphy die Mine an
Kapitalisten von New-York für 175,000 Dollars. Wenige
Wochen vor unserer Ankunft zu Owyhee entdeckte ein Bekannter mit einem Andern eine Silberader und verkaufte seine
Hälfte für, 1100 Dollars. Während unserer Anwesenheit
wurde ein Fünftheil dieser selben Hälfte für 30,000 Dollars
in Gold verkauft. Ein Freund, der durch Feuersbrunst
und Ueberschwemmung im Willamettethal bankrott geworden war, siedelte 1862 oder 63 nach Boise über. Gegenwärtig ist er Compagnon von vier großen Geschäften, einer
Schnellfrachtfuhr- und Passagierpostlinie von etwa 400 Meilen Länge, Eigenthümer eines großen Hôtels und manchen
andern Besitzes. Ein großen Theil von denen, die in dürf-
tigen Umständen hierher gekommen waren, fanden wir in
wohlhabenden Verhältnissen wieder.

Die Postlinie von Boise-City nach dem Salzsee, 370
Meilen lang (das Passagiergeld beträgt 100 Dollars in
Gold), durchschneidet einen öden Landstrich, der von unab-
sehbaren Salbeigebüschen bedeckt ist und nur von Cohoten
(einer Art Füchse) und Wölfen bewohnt wird. Die berühmten, noch nicht lange entdeckten Fälle des Snakeflusses,
welche die des Niagara an Größe überbieten, lagen nur
2 Meilen von unserer Straße ab; wir konnten sie aber
leider nicht in Augenschein nehmen, da uns der Besuch
einen Tag gekostet hätte und wir Gefahr gelaufen wären,
am nächsten Morgen alle Plätze der Postkutsche besetzt zu
finden. Als wir etwas weiter über die letzte Biegung der
südlichen Abzweigung des Columbia kamen, trafen wir auf
einen ruhigen, breiten Strom, der plötzlich aus einem Ge-
birgsabhang hervorbrach. Nach kurzem Lauf vereinigte er
sein kaltes und klares Wasser mit dem Snake.

Auf der Strecke von Boise her wird der Weg zuweilen von „Straßenagenten", wie in den Minen die Straßenräuber genannt werden, besucht. Sie machen alle von Boise kommenden Wege unsicher. Am Tage vor unserer Abreise von Boise-City hatten sie die Postkutsche ausgeraubt. Unter den Passagieren befand sich ein Goldgräber, der 8000 Dollars in Gold bei sich hatte, die Ersparnisse einer zweijährigen Arbeit in den Minen. Er hatte sich mehrere Tage in der Stadt aufgehalten und sich erkundigt, ob der Weg nach den Staaten über Walla-Walla oder den Salzsee sicherer wäre? Vermuthlich hatte er dadurch einige städtische Taugenichtse zum Raubanfall auf die Postkutsche, mit der er fuhr, verlockt. Die Straßenräuber thun sich gewöhnlich in Banden von einem halben Dutzend Personen zusammen, die verkleidet und mit doppelläufigen Schrotgewehren bewaffnet, plötzlich aus einem Hinterhalt hervorspringen. Es mißlingt ihnen selten, die Kutsche aufzuhalten und die Reisenden zu berauben. Wird ihnen kein Widerstand geleistet, so erschweren sie ihr Verbrechen meistens nicht durch Mordthaten. Wenn die Raubanfälle zu häufig werden, so macht die ganze Gemeinde Jagd auf die Räuber wie auf Wölfe und schießt sie nieder und hängt sie, wo sie dieselben findet.

Diese weiten Salbeiebenen! Sollte es nicht möglich sein, daß einst in späteren Zeiten, wenn auch sie von Ansiedlern in Beschlag genommen werden, Wälder sie bedecken, Regen und Flüsse folgen und eine zahlreiche Bevölkerung sie belebt?

Am Bearfluß vereinigt sich die Postlinie mit der aus den Minengegenden von Montana und führt dann 80 Meilen weiter zum Salzsee. Eine kurze Fahrt brachte uns zu

den blühenden Ansiedelungen der Mormonen, an denen
wir vorüberrollten, bis wir Nachts die Hauptstadt der
Heiligen des jüngsten Tages erreichten."

Neuntes Kapitel.

Das Gebiet von Washington. Monticello. Die Waldreise. Olympia.
Die ersten Elemente westlicher Kultur. Puget Sund. Vancouvers-
Eiland. Die englische Kolonialregierung. Viktoria und sein Klima.

Bowles und seine Freunde befanden sich in Portland,
der Grenze des Gebiets von Washington zu nahe, als daß
sie der Versuchung hätten widerstehen können, auch dieses
aus eigener Anschauung kennen zu lernen und John Bull
die Hand zu schütteln. Denn Washington, aus der oberen
Hälfte von Oregon gebildet, wo diesen Staat der Colum=
bia durchschneidet, grenzt im Norden unmittelbar an Eng=
lands Besitzungen. So dampften denn die Reisenden von
Portland aus etwa 50 Meilen den Columbia hinunter, dann
einen Nebenfluß, den Cowlitz, 2 Meilen aufwärts und
landeten auf dem Gebiet von Washington zu Monticello,
einem Orte, der aus nur zwei Häusern bestand. Die
nächste Frage, welche sie zu lösen hatten, war, wie zu einer
Fahrt von etwa 90 Meilen eilf Personen in einen Wagen
gepackt werden könnten, der durchaus nicht mehr als sieben
zu fassen vermochte? Glücklicherweise gab es Reitpferde, und
die Reiter waren vielleicht weniger schlimm daran, als die
Anderen; denn der Weg war über alle Beschreibung schlecht;
im Winter ist er vollends unpassirbar. Meilenweit führte
er auf Knütteldämmen durch Sümpfe und dann anderthalb
Tage lang durch den dichtesten Wald. Doch die erhabene

Schönheit dieser Tannen- und Cedernwaldungen bot reich-
liche Entschädigung für manche Unbequemlichkeit. Die
mächtigen Bäume standen so dicht, daß sie nicht hätten
umfallen können, wenn man sie gefällt hätte, und das Unter-
holz bildete in seiner fast tropischen Ueppigkeit ein unburch-
bringliches Gewebe von Strauchwerk, Blumen, Weinranken
und Farnkräutern. Washington muß auf einer Quadrat-
meile mehr Bauholz, Farnkräuter, Brombeeren und Schlangen besitzen, als irgend ein anderer Staat oder ein anderes
Gebiet der Union. Nur selten trafen die Reisenden auf
eine kleine Wiese oder ein fadenartig sich hinziehendes Thal;
nur einmal auf einer Strecke von 10 Meilen eine Lichtung
von etwa zwei Acres rohen Landes, die noch die Spuren
des Waldbodens an sich trugen. Aber meistens ging die
Fahrt durch so hohe und dichte Wälder, daß die Sonne
nicht bis auf den Weg durchzubringen vermochte, und so
unbewohnt und unberührt sind sie, als thronte in ihnen
der erhabene Geist der Einsamkeit, dessen Nähe sich in diesem grünen Tempel fühlbarer macht, als selbst auf dem
Ocean oder der Prairie. Die Farnkräuter, welche von
einem kräftigeren Wuchse sind als die Neu-Englands, zeigen
überall ihre zierlichen Formen. Der Landmann aber ver-
wünscht sie, denn sie behaupten ihr Anrecht auf den Boden
und den Wald mit der größten Zähigkeit, und sie auszu-
roden ist ein langes, mühseliges Werk.

Nach einem Mittagsmahl am zweiten Tage zu Skoo-
kem Chuck, die indianische Bezeichnung für großes Wasser,
ging die Fahrt über den Puget-Sund nach Olympia, der
Hauptstadt des Gebiets, wo die Reisenden Nachts eintrafen und
Mr. Colfax wie fast überall mit Kanonenschüssen, Musik
und fliegenden Fahnen begrüßt wurde. Olympia liegt rei-

zenb im Schatten eines Hügels am Wasser, und obgleich es kaum 500 Einwohner zählt, so ist es doch die größte Stadt des Gebiets, ausgenommen Wallula im Süd= osten nach Idaho zu, welches den Mittelpunkt der Minen bildet. Die Stadt zählt in ihrem Weichbilde mehr Baum= stumpfe als Häuser, aber sie ist das soziale und politische Centrum eines weiten Umkreises und zeigt nicht die Miene nur, sondern besitzt auch die Elemente guter Gesellschaft. Hier wie überall an der Küste des Stillen Oceans ist die Civilisation vor allen Dingen darauf bedacht, einen guten Tisch zu organisiren. Von dem Occidental=Hôtel in San Francisco bis zu dem einsamsten Ranch in der größten Wildniß, welches der Postlauf wöchentlich nur einmal be= rührt, ist ein gutes, kräftiges Mahl die Regel, während jedes Dorf von 500 Einwohnern seinen Restaurant und französische oder italienische Köche hat. Ausnahmen gab es natürlich, wo die Reisenden das Essen ungenießbar und die Betten lebendig fanden von Flöhen und Wanzen; aber sie waren auffallend selten. Als die Puritaner Neu=England gründeten, hielten sie es für ihre erste Pflicht, zum Heil ihrer Seele eine Kirche zu bauen. Ihre entarteten Söhne am Stillen Ocean beginnen mit der Errichtung eines Re= staurants und der Anschaffung eines europäischen oder asiatischen Kochs und Hostetters Magenbittern. So sinkt die Herrschaft auf der Reise nach Westen aus dem Kopf in den Magen.

Das Gebiet von Washington besteht aus der obern Hälfte des alten Oregon, welches von dem Columbia durch= schnitten wird. Seine südliche Grenze bildet der 40. und seine nördliche der 49. Breitegrad. Die Bevölkerung ist gering; sie beträgt keine 20,000 Seelen, und eine schnelle Zunahme ist nicht wahrscheinlich, es sei denn, daß reiche Gold= und Silberminen plötzlich den Strom der Auswanderer anlockten. Aber das Gebiet besitzt an seinen unerschöpflichen Forsten und seinen wie es scheint ungeheuren Kohlenlagern einen soliden Reichthum. Von der ganzen Oberfläche des Gebiets westlich von den Sierra Nevadas besteht nur der achte Theil aus offenem Prärielande; den Rest bedecken Wälder von solcher Dichtigkeit und von so mächtigen Bäumen, wie sich ihrer kein anderer Fleck der Erde rühmen kann. Jenseits der Gebirge gegen Osten ist das Land hügel= und baumlos und unfruchtbar, und bietet nur die Möglichkeit zur Rindvieh= und Schafzucht. Das Ackerland auf der Westseite ist, wo die Wälder gelichtet oder unterbrochen sind, weniger fruchtbar als das von Oregon oder Californien. Allein es genügt für die gegenwärtige Bevölkerung und gestattet sogar eine beträchtliche Ausfuhr von Getreide und Fleisch nach den Minen von Britisch Columbia.

Unter dem Puget=Sund begriff man früher die ganze große Reihe von Seebuchten und Flußmündungen, welche hier tief in das Festland einschneiden und die Vancouvers=Insel bilden, die den Engländern gehört. Aus dem Ocean führt die Straße von San Juan de Fuca in den Puget=Sund. Gegenwärtig wird aber mit diesem Namen nur der obere Theil der Buchten, etwa 40 Meilen nördlich von Olympia, belegt. Die Schönheit und der jährlich wachsende Holzhandel machen den Puget=Sund zu einem Weltwunder. An einzelnen Stellen hat das klare, blaue Wasser nur die Breite eines Flusses und tänzelt kokett in's Land hinein; an anderen erweitert es sich meilenbreit. Ueberall vermag es die größten Schiffe zu tragen, selbst unmittelbar an den

waldigen Ufern; es ist frei von Felsen und sicher vor
Wind und Wellen. Puget-Sund ist der große Holzmarkt
für die ganze Küste des Stillen Oceans. Schon stehen an
seinem Gestade ein Dutzend Sägemühlen, darunter eine,
die 330 Fuß lang ist und täglich 100,000 Fuß Stabholz
liefert. Die jährliche Ausfuhr des Sundes an Planken,
Masten und Sparren beträgt etwa 100 Millionen Fuß,
was, das Tausend durchschnittlich zu 10 Dollars gerechnet,
eine Einnahme von 1 Million macht. San Francisco ist
der größte Kunde; aber auch die Sandwichsinseln, China,
alle amerikanischen Häfen am Stillen Ocean im Süden
und Norden, selbst Buenos Ayres an dem Atlantischen
Meere holen hier ihr Baumaterial, und Frankreich seine
besten Sparren und Masten. Ein ziemlich bedeutender
Theil des Handels wird von den Schiffen des Sundes
selbst betrieben. Eine von den Schneidemühlen-Gesellschaf-
ten besitzt zwölf Schiffe von 300—1000 Tonnen Gehalt.
Noch ist aber das Geschäft erst in seiner Kindheit. Es
wird wachsen mit der Entwickelung der Küstenstaaten und
der Abnahme des guten Schiffsbauholzes in den übrigen
Theilen der Welt. Die Zeit ist ganz unberechenbar, wann
die Wälder von Washington niedergehauen, zersägt und ihr
Holzreichthum erschöpft sein wird. Nach den Aussagen der
Zimmerleute sind Bäume von 6—7 Fuß im Durchmesser
und von 200—250 Fuß Höhe sehr gewöhnlich. Es giebt
auch solche, wenn auch seltener, die 8 Fuß im Durchmesser
und eine Höhe von 300 Fuß haben. Der Errichter der
Telegraphenlinie hat unter Anderm seinen Draht an einem
Lebensbaum befestigt, welcher 14 Fuß im Durchmesser zählt.
Ein gestürztes Ungeheuer — die Wälder sind voll gefalle-
ner Bäume — maß in der Länge 325 Fuß; ein anderer

hatte 90 Fuß oberhalb seiner Wurzel noch 7 Fuß im Durch-
messer. Schiffsmasten gerade wie ein Pfeil und auf einer
Länge von 100 Fuß ohne Aeste und noch 30 Fuß über der
Wurzel 40 Zoll im Durchmesser stehen ganz fertig in den
Wäldern.

Vor dem Sunde, an der Straße von San Juan de
Fuca liegt die Felseninsel Vancouver und an einer kleinen
versteckten Bucht derselben Victoria, die reizendste, bestgebaute
Stadt am Stillen Ocean, und Portland an Größe und
Geschäftsverkehr ähnlich. Die Einwohnerzahl beträgt etwa
zweitausend fünfhundert im Sommer und gegen fünftausend
im Winter, wenn das Goldsuchen drüben in Britisch
Columbia gut gegangen ist und die Minengräber zur Stadt
kommen, um ihre Ernte zu verthun. Außerhalb der Stadt
ist auf der Insel wenig Leben und Kultur zu bemerken.
Einige dürftige Goldminen, ein gutes, reiches Kohlenlager,
und stellenweise eine ausgedehnte, aber nicht sonderlich erträgliche Landwirthschaft, das ist Alles. Das Meiste, was die
Insel zu ihrem Lebensunterhalt bedarf, kommt von Californien und Washington. Die Bevölkerung der ganzen Insel
beträgt nicht mehr als etwa siebentausend Seelen und über
diese herrscht die lästige und kostspielige Maschinerie einer
bischöflich-englischen Colonial-Regierung, die zum Theil von
der Krone ernannt, zum Theil repräsentativ ist, mit einem
Parlament an der Seite. Die Unterhaltungskosten dieser
Maschine betragen jährlich 400,000 Dollars, welche von
der Stadt durch eine viel drückendere Steuer erhoben werden, als diejenigen, welche der Bürgerkrieg dem amerikanischen Volke auferlegt hat. Außer dieser Steuer, die von
Gewerbe und Handel erhoben wird, bedarf es zum Betriebe
eines jeden besondern Geschäfts eines Erlaubnißscheins,

9 *

und endlich kommt dazu noch eine Einkommensteuer. Als Ersatz dafür ist die Einfuhr in den Hafen frei, Ordnung in der Stadt und sind die Landstraßen vortrefflich.

In Britisch Columbia, dessen ausgedehntes Gebiet gleichfalls nur etwa siebentausend Bewohner zählt, ist eine eben so förmliche und kostspielige Regierungsmaschine im Gange, mit englischen Schlössern für den Gouverneur, der einen Jahresgehalt von 15,000 Dollars bezieht und einen langen Schweif von Beamten hinter sich hat. Die Steuer, welche die ungeheure Summe von jährlich 100 Dollars auf den Kopf beträgt, während sie auf der Vancouvers-Insel nur 70 Dollars ausmacht, wird durch Einfuhrzoll und eine Abgabe von $\frac{1}{2}$ Dollar auf jede Unze Gold, die in den Minen gegraben wird, aufgebracht. Bessere Wege zu den Minen als die in den Vereinigten Staaten ist Alles, was die englische Regierung für diese schweren Steuern leistet.

Victoria ist der Haupthandelsplatz für diese beiden britischen Provinzen und zum Theil auch für das Gebiet von Washington. Ueber den Sund und die Landesgrenze wird ein einträglicher Schmuggelhandel getrieben. Gegenwärtig leben in Victoria weniger Amerikaner als früher. Sie verlassen die Stadt in dem Maße, in welchem deren Wohlstand zu schwinden scheint. Dafür ist die englische Bevölkerung offenbar im Zunehmen begriffen. Beide Nationen, wenn man sie so nennen kann, leben übrigens freundschaftlich neben einander. Die Yankees schimpfen ein gut Theil auf die ungeheuer hohen Steuern und die aristokratische Regierung, und selbst der praktische John Bull beginnt die lächerliche Seite davon einzusehen.

Zwischen der englischen Regierung und den Vereinigten Staaten besteht ein Grenzstreit wegen einiger kleinen,

in dem Puget-Sund gelegenen Inseln, die nach der größten unter ihnen San Juan genannt werden. Die Frage
ist, ob die Grenzlinie von der Meerenge nach dem Golf
durch den einen Kanal oder den andern, auf der einen
oder der andern Seite dieser Inseln zu ziehen sei. Gegenwärtig hält jede Regierung eine Wache mit einem Kapitän
an der Spitze auf San Juan, die sich von einander wohl
durch nichts weiter als das Blau oder Roth der Uniform
unterscheiden und sicherlich täglich bei der Branntweinflasche
und den Karten fraternisiren. Der ganze Streit schrumpft
in Nichts zusammen und verliert jeden praktischen Werth,
wenn man ihn an Ort und Stelle betrachtet, so daß die
Aufregung und Leidenschaft kaum zu begreifen sind, die hier
vor einigen Jahren durch einen der Unions-Generale her-
vorgerufen wurden, der von dem Ganzen Besitz ergriff, wovon schon die Hälfte eine Last ist. Nach der Karte und
dem Strich der Seefahrt zu urtheilen, sind offenbar die
Ansprüche Amerikas an diese Inseln berechtigt; doch in
Rücksicht auf die Gewißheit, daß der Apfel in den Schooß
der Vereinigten Staaten fallen werde, sobald er reif genug
ist und wirklichen Werth erhält, kommt nichts darauf an,
wie lange noch der gegenwärtige Zustand fortdauert.

Victoria ist zugleich der große Stapelplatz der Hud-
sonbai-Compagnie. Ihr ganzes Geschäft von der Küste des
Stillen Weltmeeres nach dem Rothen Fluß im Norden,
oberhalb Minnesota, hat hier seinen Mittelpunkt, und ihre
Magazine, die mit Pelzen und den Waaren, die sie dafür
in Zahlung geben, angefüllt sind, gehören zu den Haupt-
sehenswürdigkeiten des Platzes. Ein anderes Interesse gewährt der Anblick der mit ewigem Schnee bedeckten Gipfel
des Renier und Baker in Washington. Wenn man den

Puget=Sund hinunterfährt, so sieht man den Renier von
der Basis bis zu seinem 13,000 Fuß hohen dreihörnigen
Gipfel, funkelnd in seiner Schneeweiße. Die Berge auf
der Seeseite erheben sich gleichfalls bis zur Schneelinie und
kühn schauen sie in ihren weißen Mänteln die langen Som=
mertage hindurch auf die tropischen Blumen= und Obstgär=
ten und die heißen Straßen von Victoria. Hier wie aller=
wärts zu Füßen dieser Winterriesen herrscht ein Jahr, das
keinen Grad Kälte kennt und nur selten gefrorenes Wasser
oder Schnee sieht. Hier blühen im Winter die Fuchsias
und die köstlichsten Rosen, grünt der englische Epheu und
andere zarte Pflanzen, während der Sommer einen berau=
schenden Luxus entfaltet und die köstlichsten Aepfel, Birnen
und alle Arten von Obst reift. Nur das indianische Korn
gedeiht hier nicht.

Zehntes Kapitel.

Wieder in San Francisco. Lage und Bauart der Stadt. Sand. Das
Klima und die Gärten. Charakter der Bewohner. Industrie. Die
Bank; Wells und Fargo; die Münze. Die Handelsbedeutung der
Stadt. Die Gesellschaft. Preise. Das What-Cheerhaus.

Ein Dampfboot trug die Reisenden in weniger als
drei Tagen über den Stillen Ocean nach San Francisco
oder „Friscoe", wie die Californier sagen, zurück. Obgleich
das Wetter nicht stürmisch war, so entsprach das Meer doch
nicht seinem Namen, sondern rüttelte und schüttelte die Rei=
senden höchst unfrieblich zusammen. Indessen passirten
sie glücklich das Goldene Thor, welches eine Meile breit in
den hohen und schroffen Küstenfelsen sich öffnet, und hießen

den Kanonendonner, der sie von dem hier gelegenen Fort begrüßte, herzlich willkommen. Kaum eine Stunde später scheiterte an diesen gefährlichen Felsen der „Bruder Jonathan", ein Dampfer, dem sie auf ihrer Fahrt zum Ankerplatze begegnet waren.

Gleich dem Kirschvogel, der sich auf dem Rande seines beutelförmigen Nestes wiegt, hängt San Francisco über der Bai an der Mündung des von Norden kommenden Sacramento, in den sich oberhalb der Stadt von Süden her der San Joaquin ergießt. Diese Lage, welche auf der einen Seite nach dem Ocean, auf der andern Seite frei und weit nach Norden, Süden und Osten in das Innere des Landes ausschaut, ist es, welcher die Stadt ihre Schönheit, ihren Handel und Reichthum verdankt. Bei der Anlage von San Francisco hat man, wie sehr begreiflich, das Hauptgewicht auf das Wasser gelegt. Die Beschaffenheit des Landes war Nebensache, und so steht denn die Stadt auf und zwischen den reinsten Sandhügeln, welche die Winde des Stillen Oceans aufgethürmt haben und noch fortwährend zwischen der Stadt und dem Hafen aufthürmen. Die Hauptstraßen liegen zwischen diesen Hügeln. Aber sobald man die Straßen verläßt, es sei in welcher Richtung es wolle, stößt man auf steile Sandberge. Einige von diesen sind durchstochen, andere abgeplattet, um Raum für die Ausbreitung der Stadt zu gewinnen. Der glückliche Gedanke, die Straßen um die Seite der Hügel herum zu winden, wodurch die Stadt ein malerisches Aussehen gewonnen haben würde, kam zu spät. Schon war in der ersten Anlage die moderne, gerade Linie zur Basis genommen, gleichviel, was vor ihr lag, und in Folge davon ist es für Mensch und Thier ein halsbrechendes Unternehmen, um die Stadt

herumzugehen. Ein weiterer Uebelstand, der daraus ent=
springt, ist der, daß es nur zwei oder drei Straßen giebt,
auf denen man aus der Stadt hinausfahren kann. Um
die andern mit einem Pferde hinauf oder herunter zu kom=
men, muß man sich im Zickzack von einer Seite zur andern
bewegen. Selbst einige der Hauptstraßen sind von dieser Be=
schaffenheit und haben mitunter einen Fall von 30 Graden.
Und so laufen sie bergauf, bergab, und die Stadt schweift
nach allen Richtungen meilenweit über diese Sandhügel hin.
Einige von den höchsten unter diesen sind jetzt abgetragen,
so daß die früher gebauten Häuser 100 und mehr Fuß
in der Luft schweben. Lange Treppen führen zu ihnen
hinauf.

Wo die Abhänge und Gipfel der Hügel durch Häuser
oder Pflaster, oder tägliche Bewässerung zusammengehalten
werden, da hat der Boden eine verhältnißmäßige Festigkeit
und dessen Besitzer oder Käufer einige Sicherheit. Sonst
aber sind die offenen Baustellen und ungepflasterten Stra=
ßen allerwärts einem fortwährenden Umwandlungsprozeß
unterworfen. Die täglichen Winde fegen den sandigen Bo=
den an einer Stelle fort und häufen ihn an einer andern
in großen Massen auf, gleich Schneewehen. Es ist nicht
selten, daß man eine Straße plötzlich von frischem Sande
verbarrikadirt findet und die Eigenthümer von Baustellen
sind gezwungen, diese täglich in Augenschein zu nehmen, um
sich zu vergewissern, ob sie überhaupt noch und in welcher
Gestalt sie vorhanden sind. Denn es ist möglich, daß eine
Baustelle, die früher ein Berg war, innerhalb der letzten
vierundzwanzig Stunden in ein Thal, und das frühere Thal
in einen Berg sich verwandelt hat. Hand in Hand mit
diesen Umgestaltungen gehen natürlich große Wolken von

Sand und Staub durch die ganze Stadt. Sie machen
Seife, Kleiderbürsten und Staublappen zu den gesuchtesten
Artikeln und setzen reinliche Hausfrauen in Verzweiflung.
Daher ist es auch kein Wunder, wenn die Begriffe von
Sauberkeit am Stillen Weltmeer ein wenig von denen einer
Holländerin abweichen. Man kann doch den ganzen Tag
nicht mit Abstäuben und Putzen zubringen.

Als Entschädigung dafür geben die Winde Gesundheit,
halten die Luft in der Stadt frisch und rein, und von den
Hügeln genießt man einen weiten Blick auf den Sacramento und den Hafen, auf Inseln und Höhen voll betrieb-
samen Lebens, und über alle dem breitet sich ein azurblauer
Himmel aus. Oceanwärts liegt der Kirchhof von Lone
Mountain, dessen Hügel die niedrige, strauchartige Lebenseiche übergrünt, mit seinen weißen Grabmälern und Denk-
steinen der Märtyrer westlicher und östlicher Civilisation.
Hier ist das alte Missionsviertel, dort das Standlager der
Soldaten, am Wasser auf den Felsen das trotzige Fort,
weiterhin das große Waisenhaus, von mildthätigen Damen
gestiftet, und zur Linken die beiden Judenkirchhöfe, jeder mit
einer geschmackvollen Grabkapelle geziert.

Wie vortrefflich nun auch das Klima der Stadt zur
Erhaltung der Gesundheit sich eignet, so schlecht ist es, die
verlorene wieder zu gewinnen. Die Doktoren schicken daher
ihre Kranken auf das Land. Die Sache ist die, daß San
Francisco einen verhältnißmäßig rauhen Sommer hat.
Während anderwärts nämlich längs der Küste die geschlos-
senen Ketten der Uferhöhen den stetigen Nordwest brechen,
der von der See her weht, öffnen sie sich bei der Stadt
eben weit genug, um die Wasser des Sacramento und des
Hafens durch das Goldene Thor hinaus und die Brise des

Oceans sammt dessen Nebeln hereinzulassen. Im Winter
dagegen springt der Wind nach Südost um. Die Jahres=
zeit ist daher milder und der Himmel, einzelne Regenschauer
abgerechnet — denn nun beginnt die Regenzeit — klarer,
und die Luft balsamischer als im Sommer. Die Ein=
wohner von San Francisco rühmen daher ihren milden
Winter und suchen ihren rauhen Sommer zu entschuldigen,
der die Damen nöthigt, zur Oper und Kirche in Pelzen
zu gehen. Ueberröcke sind für Jedermann eine unerläßliche
Nothwendigkeit, und Juli und August scheinen ihre Tem=
peratur oft vom November geborgt zu haben. Sonst un=
terscheidet sich das Klima am Stillen Ocean von dem öst=
lich der Felsengebirge durch seine Milde und Beständigkeit.
Schnee und Eis sind in Californien, Oregon und Nevada,
außer in den Gebirgen, unbekannt. Die Sommersonne ist
zwar heißer als in den mittleren Staaten des Ostens; doch
wird die Hitze durch fortwährende Luftströmungen und kühle
Nächte gemildert. Das größte Uebel des Regens ist der
Schmutz, wie das der Trockenheit der dichte Staub, welche
beide die Bewegung außer dem Hause zu einer großen
Prüfung für die Sauberkeit und den Comfort machen. Die
Atmosphäre hat einen stetigen Ton wie von Champagner
oder Eisen, der belebt und zur Arbeit anregt und die Aus=
dauer bei ihr möglich macht. Die Pferde sind hier im
Stande, mehr Meilen in einem Tage zurückzulegen, als im
Osten, und Männer und Frauen fühlen sich zu einer un=
gewöhnlichen Thätigkeit aufgelegt.

Es ist noch zu früh, um den Einfluß des Klimas am
Stillen Weltmeer auf die Rasse festzuhalten. Das rasche
und rauhe Leben der gegenwärtigen Generation bietet der
Beobachtung keine sichere Grundlage. Nach allen Anzeichen

aber wird das Klima eine physische Verbesserung der angelsächsischen Rasse zur Folge haben. Die Kinder sind kräftig
und lebhaft. Das Klima verlockt zu einem Leben in der
freien Luft und gestattet es ungestraft, so daß es kaum anders sein kann. Lungenkrankheiten kennt man nicht; dagegen zeigt sich eine große Reizbarkeit der Nerven. Die Reise
nach Californien zu Lande wie zu Wasser ist eine sehr an-
strengende, so daß sie schwächlichen Personen nicht anzurathen
ist. Doch Leuten, die zu Lungenkrankheiten neigen und deren
Gesundheit durch den schroffen Wechsel des Klimas in den
östlichen Staaten angegriffen ist, werden am Stillen Ocean
ohne Zweifel Erleichterung und ein längeres und kräftigeres
Leben finden. San Francisco selbst ist im Sommer kein
geeigneter Ort für schwache Lungen, wohl aber die Thäler
im Innern. Im Winter dagegen ist die Stadt der Gesundheit so günstig, wie nur irgend eine im Staate.

Einen lieblichen Reiz gewähren der Stadt die Gärten
an den Häusern. Zartes Immergrün, Rosen jeder Art
und Farbe, mächtige Fuchsias und indische Kresse, welche
Zäune und Mauern mit ihren breiten Blättern überkleidet,
rankende Weine, welche im Osten unbekannt sind, Geranien,
Stiefmütterchen, Veilchen, Maßliebchen wachsen und blühen
und duften unter diesem Himmel das ganze Jahr hindurch,
sowohl im Dezember und Januar, als im Juni und August mit einer außerordentlichen Ueppigkeit. Die öffentlichen
Wasserleitungen liefern, obgleich zu beträchtlich hohen Preisen, das nöthige Wasser und sprühen es in feinen Strah-
len über Höfe und Gärten. In Folge dessen grünt es vor
Jedermanns Thüre und lachen mitten in dieser Stadt der
Sandhügel die Gärten in den heitersten Farben. Eine
Blumenaristokratie giebt es nicht. Dieselben Blumen grü-

ßen überall das Auge und sänftigen durch ihren Anblick, und ihren Duft den sorgenvollen, fieberhaften Geist.

Denn ein solcher Geist fehlt wahrlich nicht in der Stadt am Goldenen Thore, wie sich überhaupt dem Beobachter in dem Geschäfts- und Gesellschaftsleben von San Francisco die vielfachsten Widersprüche aufdrängen. Die volle und schneidige Entwickelung aller materiellen Kräfte und praktischen Eigenschaften erscheint mit Sorglosigkeit und Verschwendung gemischt. Dann wieder zeigt sich auf der einen Seite eine Sorglosigkeit und Nachlässigkeit im Worthalten, in Rechtschaffenheit und Folgerichtigkeit des Handelns, eine Art von Spieler-, Spekulanten- und Jockeymoralität, die erzeugt worden ist durch die Unsicherheit der Existenz der Goldgräber, durch den plötzlichen Wechsel von Gewinn und Verlust und durch die Hast, reich zu werden. Es steht zu erwarten, daß sich diese Widersprüche mit der Zeit ausgleichen werden; vorläufig aber bestehen sie in ihrer ganzen Schärfe. Leute, die sich daheim für gar schlau und pfiffig halten und glauben, es sei ein Leichtes, am Stillen Ocean sein Schäfchen zu scheeren, werden meistens geschoren wieder heimgeschickt. New-York kann in Bezug auf Schwindel und Betrügerei die Hauptstadt Californiens nichts lehren. Wer hier fortkommen will, bedarf gesunder, kräftiger Lungen. Leuten von mittelmäßigen Eigenschaften geht es daher nicht besser als in den älteren Staaten und Städten. Eine zehn- bis fünfzehnjährige Jagd nach Vermögen in den Minen und Gebirgen und im Kampfe mit der Natur hat die Menschen mit einer zäheren und vielseitigeren Lebenserfahrung und in höherem Grade mit allen Mitteln ausgestattet, alle Arten von „Tigern" zu bekämpfen, als sie der Generation in den östlichen Staaten eigen sind.

Fast alle wohlhabenden Leute hier haben lange und wieder=
holt mit dem Glücke gerungen und sind ein=, zwei=, drei=
mal unterlegen. Aber sie haben die Rüstung immer wie=
der umgeschnallt und sich aber= und abermals in den Kampf
gestürzt. So ist es im ganzen Staate, an der ganzen
Küste. Es giebt kaum einen unter den alten Emigranten
von 1849 und 1850, der nicht von jähem Glückswechsel,
von Leiden und schwerer Arbeit um Brot und Leben zu
erzählen wüßte, wie er sie vor seiner Einwanderung für
unmöglich gehalten hätte, und wie sie in den östlichen Staaten kaum denkbar sind.

In Folge dieser harten Schule der Erfahrung besitzen
denn auch die Männer, die an der Westküste an der Spitze
großer Unternehmungen stehen, eine Geschäftskenntniß und
Arbeitskraft, einen praktischen Sinn, Kühnheit, Scharfsich=
tigkeit und Ausdauer, wie sie schwerlich noch sonst wo in
der Welt gefunden werden. London, New=York und Boston
kann Geschäftsleute aufweisen, die größere Philosophen und
Theoretiker sind, Männer, die ihr Geschäft zugleich wie
eine Wissenschaft studirt haben; allein die hiesigen sind
von durchdringenderem Scharfblick und unternehmenderem
Geiste. Sie können nicht die Gründe auseinander legen
für das, was sie thun, aber sie thun es mit einer Energie,
welche den Erfolg erzwingt. Solche Männer sind es denn
auch, welche, um von den großartigen Unternehmungen Ca=
liforniens einige anzuführen, das Hauptbankgeschäft, die
Bank von Californien, und die Expreßpedition von Wells
und Fargo leiten. Die Bank von Californien beruht auf
2 Millionen Dollars Kapital. Sie besorgt das halbe Bank=
geschäft von San Francisco, und ihre Geldcirculation be=

trägt durchschnittlich an jedem Dampfboottage 5 Millionen Dollars.

Von höherem Interesse als die Bank ist für den Fremden das Expreßgeschäft von Wells und Fargo. Es ist der allgegenwärtige, allgemeine Geschäftsagent des ganzen Landstrichs von den Felsengebirgen bis an die Küste des Stillen Oceans. In allen Städten nah und fern hat es seine Comptoirs. Eine Billardstube, ein Restaurant und ein Comptoir von Wells und Fargo sind die drei ersten Elemente einer jeden Minenstadt. Ihre Boten findet man in allen diesen Staaten auf jedem Dampfschiff, in jedem Eisenbahnzug, in jedem Postwagen. Wells und Fargo sind die Genossen der Civilisation, die Freunde und Agenten der Minengräber, ihre Boten, ihre Bankiers, ihre Post. Denn sie sind mehr als eine gewöhnliche Expreß-Compagnie; sie betreiben nicht nur ein sehr ausgedehntes und höchst bedeutendes Bankgeschäft, sondern schaffen auch die Gold= und Silberbarren zu Markt und theilen sich mit der Regierung in die Briefbeförderung. Da ihre Comptoirs fortwährend die rasch wechselnde Bevölkerung der Minenstaaten begleiten und deren Ausbeute, so wie die Güter der Kaufleute befördern, so besitzen sie deren Vertrauen und werden um so lieber auch als Briefpost benutzt, als ihre Wagen und Boten rascher circuliren und weniger Umstände machen, wie die langsam sich bewegende Regierungs-Postmaschine. Um die Briefbeförderung mit den Postgesetzen in Einklang zu bringen, kauft die Compagnie von der Regierung gestempelte Briefcouverts, denen sie ihren eigenen Stempel zufügt, und verkauft sie nun das Stück zu 10 Cents. In diesen doppelt gestempelten Couverts expedirt sie dann die Briefe. Wo aber das einfache Porto nicht genügt, wird die nöthige

Regierungsmarke zugefügt, die man von der Compagnie kauft. Von dem Umfange der Briefbeförderung durch die Expreßgesellschaft zeugt die Thatsache, daß Wells und Fargo im Jahre 1863 für mehr als 2 Millionen Drei-Cent-Couverts, für 15,000 Sechs-Cent-Couverts und für 30,000 Dollars Zehn- und Achtzehn-Cent-Couverts und außerdem für 70,000 Drei-Cent-Marken und für 12,500 Dollars Sechs-Cent-Marken von der Regierung kauften. Im Jahre 1864 betrug der Umsatz der Drei-Cent-Couverts sogar 1¼ Million und der der Marken etwa 125,000 Dollars. So sind alle Agenturen von Wells und Fargo zugleich Privat-Postbureaux und besorgen die Briefe besser und schneller uud auch auf weitere Entfernungen als die Regierung, welche für ihre Couverts und Marken den vollen Preis von der Gesellschaft erhält. In dem großen Geschäftsgebäude zu San Francisco ist ein ganzer, langer Flügel ausschließlich für diese Briefexpedition bestimmt. Das Publikum zieht das Privatunternehmen entschieden der Regierungspost vor.

Die Briefbeförderung von Wells und Fargo umfaßt einhundert und fünf und siebzig Städte und Dörfer, und erstreckt sich ebenso nach den neuesten Minenstrichen in Idaho wie nach den Hauptstädten von Californien. Wohin kein Postdienst reicht, dahin gehen noch die Boten von Wells und Fargo, und vor einigen Jahren bot die Gesellschaft der Regierung an, den ganzen Postdienst der Pacific Staaten zu 5 Cents den Brief zu übernehmen unter der Bedingung, daß das Frankoprivilegium abgeschafft würde. Die Theilhaber des Geschäfts befinden sich meistens in New-York. Männer von großer Geschäftserfahrung stehen in Californien an der Spitze des Unternehmens, das außerordentlich viel zur Entwickelung der Civilisation in den neuen Staaten und Gebieten beiträgt. Oft befördert es besondere, nur mit Gold und Silber beladene Wagenzüge unter Bedeckung, und häufig genug laufen die Boten große Gefahr von weißen Strolchen und Indianern ausgeraubt zu werden. Die von Idaho kommenden sind stets bis an die Zähne bewaffnet, Flinten und Pistolen geladen und die Hähne gespannt. Im Jahre 1864 wurden die Wagen, welche die Agenten und Schätze von Wells und Fargo transportirten, achtmal auf der Straße angefallen und beraubt. Auch im folgenden Jahre wurden sie wiederholt überfallen, wobei ein Agent getödtet wurde, und erlitten schwere Verluste.

Da Californien viel und billig Wolle producirt (1864 verschiffte es 7 Millionen Pfund), so fehlt es in San Francisco auch nicht an mächtigen Wollfabriken. Eine derselben verarbeitete im Jahre 1864 über 1 Million Pfund Wolle. Mit Ausschluß der feinsten Tuche und Kasimire sind fast alle Artikel aus Europa und dem Osten Amerikas durch die einheimische Wollmanufaktur von dem hiesigen Markte verdrängt worden. Die Fabriken beschäftigen viele Chinesen. In der größten sind fast sämmtliche Arbeiter, etwa dreihundert, Chinesen. Nur zu den größere Geschicklichkeit erfordernden Arbeiten und zur Aufsicht werden Weiße verwendet. Die Chinesen arbeiten eben um vieles billiger. Ihr Tagelohn beträgt nur 1 Dollar und 12 Cents, während die Weißen 2 Dollars und 97 Cents erhalten.

Die Baumwollindustrie ist erst im Entstehen begriffen. Dagegen wird die Fabrikation von Glas, Blei und Eisen in großem Maßstabe betrieben. Zu den größten Sehens-

würdigkeiten von San Francisco gehört aber unstreitig die
Münze. Schon jetzt wird hier mehr Gold geprägt, als in
den übrigen Münzen der Union, Philadelphia mit einge=
schlossen, dessen Münze die nächst bedeutendste ist. San
Francisco prägt jährlich bereits etwa 20 Millionen in Gold
und Silber, während die übrigen Münzen der Regierung
zusammen nur gegen 5 Millionen prägen. Die Metalle
werden nur halb bearbeitet in die Münze geliefert, als
Staub, Körner, rohe Barren, in Mischungen von Gold
und Silber u. s. w. In der Münze wird zuerst ihr Werth
geprüft und dann werden sie überarbeitet, um die Beimi=
schungen von dem Gold und Silber zu entfernen. Der
Reingehalt wird dem Eigenthümer entweder in soliden von
der Regierung gestempelten Barren oder frisch geprägten
Münzen zurückgeliefert.

Schon jetzt wird von hier viel Gold und Silber nach
China ausgeführt, um die Handelsbilanz der Kaufleute
von New=York und London auszugleichen. Sobald die
Pacific=Eisenbahn vollendet und die Dampfbootlinie nach
China ins Leben getreten sein wird, wird San Francisco
als der Mittelpunkt der Gold und Silber producirenden
Welt und als auf halbem Wege gelegene Station des Han=
dels, das große finanzielle Centrum des gesammten Ge=
schäftsverkehrs zwischen Europa, Amerika und Asien werden.

In Springfield lebt ein Schiffskapitain, und zwar ist
er noch ein junger Mann, der, um Felle zu kaufen, nach
San Francisco zu kommen pflegte; damals bestand die
Stadt aus einer einzigen Hütte. Gegenwärtig zählt sie
über hunderttausend Einwohner, oder fast den vierten Theil
der Bevölkerung des ganzen Staates, bezahlt die Hälfte
der Steuern von ganz Californien und treibt einen größeren

Handel mit dem Auslande, als irgend eine Stadt der Union,
New-York und Boston ausgenommen. Ihre Zolleinnahme
betrug für die ersten sechs Monate von 1865 3¼ Millionen Dollars, und während dieser Zeit liefen in den Hafen
vom Auslande kommend 190 Schiffe mit einem Gehalt von
149,744 Tonnen, und es liefen aus dem Goldenen Thor nach
fremden Häfen 230 Schiffe mit 183,834 Tonnen Gehalt.
In diese Zahlen ist der Schiffsverkehr im Staate selbst nicht
eingerechnet, welcher sich auf zwei Drittheile dieser Summe
betrug. Boston mag sich sträuben, wie es will; es wird
in zehn Jahren von San Francisco überholt sein, und dieses mit New-York allein die Ehre des amerikanischen Handels theilen.

Die „Gesellschaft" von San Francisco ist nicht leicht
zu charakterisiren. Sie ist ein Chaos aller gesellschaftlichen Elemente, der besten wie der schlechtesten. Manches
erinnert an New-York oder St. Louis, und ein guter Theil
ist ursprünglich und lokal. Die weite Entfernung von den
Mittelpunkten nordamerikanischer Civilisation, das Vorherrschen des Materialismus und des männlichen Wesens, der
verhältnißmäßige Mangel an Familienleben und dessen Einfluß haben manches Eigenthümliche geschaffen. San Francisco ist reicher an Hagestolzen und lustigen Burschen, die
in Hôtels und Pensionen leben, als irgend eine andere große
Stadt der Welt. Dem herrschenden Tone fehlt das Weibliche, das Geistige. Es fehlt die Ehrfurcht vor den Frauen,
denn es mangelt an Frauen, denen man Achtung zollen
möchte. Man hört mehr als zu viel von Privatskandalen,
von der Eitelkeit, Schwäche und Untreue der Weiber. „Es
ist der verdammteste Ort für Frauen," sagte ein Yankee,
der bereits zwei oder drei Jahre hier ansässig war und

Mutter, Schwester und Basen daheim nicht vergessen hatte. „Es ist eine Stadt von Männern, Schenken, Kosthäusern und Billardstuben."

Doch scheint es an Frauen im allgemeinen nicht zu fehlen, und dem Spaziergänger werden auf der Montgomerystraße eben so viele hübsche und verhältnißmäßig mehr schöne Gesichter begegnen, als auf dem Brodway von Neu-York. Aber der vorherrschende Charakter der Gesellschaft ist ihnen deutlich aufgeprägt. Er verräth das männische Wesen, den Materialismus und die rasche und laute Art des Landes. Es mag paradox erscheinen, dennoch verhält es sich wirklich so, daß die Männer, im Vergleich mit der Gesellschaft des Ostens, auf einer höhern Stufe stehen als die Frauen. Diese Erscheinung erklärt sich aus dem Umstande, daß die Männer in dem harten Kampfe mit dem praktischen Leben im Ganzen weniger von dem herrschenden Materialismus angegriffen werden, als die Frauen, deren Aufgabe und Verantwortlichkeit weniger groß und schwer sind, wie eine feine, zarte Klinge von der Arbeit, sich einen Weg durch Strauch und Busch zu bahnen, mehr mitgenommen wird, als ein kräftiges, breites Messer.

Alles das ist nicht nur natürlich, sondern unvermeidlich. In allen neuen Gebieten und Staaten, wo der erste Kampf dem Leben und dem Wohlstande gegen eine rohe Natur gilt, müssen die männlichen Eigenschaften vorherrschen, und das weibliche Element von ihnen mehr beeinflußt werden, als es selbst Einfluß auszuüben vermag. Die Sinne regieren den Geist. Alle Civilisation, aller Fortschritt strebt dahin, das weibliche Element in unserer Natur und im Leben zu vermehren. Blicken wir auf die früheren Jahrhunderte zurück, so sehen wir es überall sich allmählich geltend ma-

10*

chen, in den Männern wie in den Frauen, in Religion, Kultur, Kunst, Gesellschaft; es sänftigt, verfeinert und hölt sie schließlich aus. Frauen, welche diese Blüthe der modernen Civilisation besitzen und vertreten, fehlen in San Francisco eben so wenig wie anderwärts, und ihre Zartheit, ihr Geschmack, ihre Beständigkeit gewinnen täglich an Einfluß; aber dieser Einfluß hat in San Francisco noch nicht das, was man eigentlich „Gesellschaft" nennt, zu Stande gebracht.

Die Damen kleiden sich im allgemeinen geschmackvoll. Paris ist San Francisco eben so nah wie New-York und es leben hier viele fremde Familien. Wie man sich nun hier geräuschvoller als im Osten bewegt, so wiegen in der Toilette reiche, gesättige Farben und grelle Gegensätze vor. Die bedenklichen Effekte, nach welchen die pariser Halbwelt hascht, sie herrschen am Stillen Weltmeer vor. Ebenso waltet unter den Damen von San Francisco ein offenbarer Wettstreit in Bezug auf die Kostbarkeit der Trachten. Die bedauerliche, allgemeine Schwäche unter ihnen ist Verschwendung, die hier, wo der Wohlstand so unzuverlässig ist, oft zu schlimmem Ende führt. Kaum in irgend einer andern amerikanischen Stadt tragen die Damen ein solches Vermögen auf dem Leibe, als hier, wenn sie in die Oper, auf Bälle oder in Gesellschaften gehen. Ihre Spitzen sind feiner, ihre Seidenkleider schwerer, ihre Schleppen länger, ihre Leibchen einen Zoll niedriger, ihre Diamanten zahlreicher und brillanter als sonst wo in der Welt.

Die gewöhnliche Speisezeit ist zwischen fünf und sechs Uhr. Dadurch geht den Frauen hier die ästhetische Theepartie mit ihren Herzensergüssen verloren, die Neu-England eigenthümlich ist. Ihre Stelle vertritt die Frühstückspartie und sie ist ein charakteristischer Zug des hiesigen weiblichen Gesellschaftslebens. Sie fällt in die Zeit von zwölf bis zwei Uhr, wo die Männer bei ihren Geschäften sind, so daß die Damen diese Stunden ganz für sich und ihr Geplauder haben. Diese Frühstücke sind reicher als die Thees, deren Stelle sie vertreten und ebenso vollständig und mannichfaltig wie ein Mittagsmahl. Nicht selten ziehen sie sich bis zu einer spätern Stunde hin, und es ist dann kein Wunder, daß sich die Damen nachher ohne Appetit an den Mittagstisch setzen. Dafür hat sie aber auch das Frühstück aufs reichste mit Stadtneuigkeiten versorgt, um damit die Unterhaltung am häuslichen Tische zu würzen. Was nun aber auch diese ausschließlich weiblichen Versammlungen in der hohen Kunst des Klatschens und des Complottirens gegen die männliche Autorität leisten mögen; so dürfte denselben doch die Verbindung Neu-Englands von Zwielicht und grünem Thee günstiger sein. Ohne Zweifel sind die californischen Schönen kühner in ihren Gewohnheiten, wie es ihr Leben und dessen größere Wechselfälle mit sich bringen; aber um wie viel zierlicher und zarter vermögen nicht Stilet und Zunge, Stricknadel und Auge unter dem sänftigenden Schatten der Dämmerung und der Inspiration von heißem Thee ihr süßes Werk an einem Magen zu thun, der bereits seine Tagespflicht erfüllt hat.

Das neuenglische Element ist hier, wie an der ganzen Küste, sichtbar vorherrschend. Die alten, puritanischen Gewohnheiten sind indessen durch das freiere und sinnlichere Leben, wie es die kosmopolitische Bevölkerung des neuen Landes mit sich bringt, gesänftigt, ohne daß darunter der Sinn für Ordnung, Gerechtigkeit und Sittlichkeit gelitten hätte. Die „Pikes", Einwanderer von Missouri, zu denen sich ein Bestandtheil aus der Heimath der „Ritter", den Südstaaten der Union, gesellte, waren die ersten Ansiedler und gaben der Gesellschaft, den Gesetzen (oder vielmehr der Gesetzlosigkeit) und der Regierung der Stadt und des Staates die erste Färbung. Aber die Sicherheits-Comitérevolution in Mitte der fünfziger Jahre, eine Revolution im Interesse der Gerechtigkeit, Ordnung und Sittlichkeit, begann eine neue Aera. Es war der Kampf des Nordens gegen den Süden, der Zusammenstoß der bürgerlichen und junkerlichen Civilisation, wobei der Norden, zur Lynchjustiz greifend, sich erhob und die Gewaltthätigkeit und Gesetzlosigkeit des südstaatlichen Elements zerstörte. Seit dem hat ein stetiger, wenn auch zuweilen strauchelnder und zögernder Fortschritt in dem Leben der Stadt und der Küste sich gezeigt.

Ehrgeiz und Stolz sind zwei hervorstechende Eigenschaften des hiesigen Charakters, und Männer, deren Leben wenig von dem Einflusse der Schule und Kirche erkennen läßt, tragen verschwenderisch zu dem Bau von Schulhäusern und der Unterhaltung von Kirchen bei. Die Schulen gehören zu den geschmackvollsten Gebäuden der Stadt und sind mit allen modernen Einrichtungen und Unterrichtsmitteln, guten wie schlechten, ausgestattet. Der wohlthätige Einfluß von Schule und Kirche auf das öffentliche Leben ist unverkennbar und selbst die Spieler bemühen sich, wenigstens äußerlich, ein anständiges Benehmen zu zeigen. Es ist interessant, diesen allmählichen Fortschritt von einer der jüngst gegründeten Städte aufwärts nach San Francisco und Portland zu verfolgen, welche beide die höchste Blüthe der Civilisation am Stillen Ocean vertreten. Die Ordnung und der Anstand auf den Straßen dieser beiden Städte lassen nichts zu wünschen übrig. Die Polizei von San Francisco ist vortrefflich, und eine Frau kann Abends ganz allein durch die Straßen gehen, ohne solchen Belästigungen und Beleidigungen ausgesetzt zu sein, wie in den größeren Städten des Ostens.

Genau anzugeben, was das Leben in San Francisco kostet, ist fast unmöglich. Denn die Preise schwanken fortwährend, und was heute richtig ist, ist es morgen nicht mehr. Dazu gesellt sich der Mangel übereinstimmender Gewohnheiten und einer gleichmäßigen und geordneten Lebensweise. Eine unregelmäßige, launenhafte Extravaganz ist vorherrschend. Heute im Glück, trinken die Leute Champagner und prunken mit ihren Juwelen in dem Occidental-Hôtel, während sie morgen auf das Schmarotzen bei ihren Freunden angewiesen sind und für 50 Cents ein Unterkommen in dem What-Cheerhause suchen. Die Händler nehmen gewöhnlich großen Profit. Unter 25 Cents (ein Viertel Dollar) ist nichts zu haben und ein Fünfzig-Centstück ist die geringste Münze, die man als Trinkgeld geben kann. Im allgemeinen kann man sagen, daß das Leben in San Francisco eben so viel in Gold kostet, wie zu Boston oder New-York in Papiergeld. Nahrungsmittel und Wohnung sind nach diesem Verhältniß etwas billiger hier, aber alle Luxusartikel sind um vieles theurer. In den besten Hôtels, dem Occidental- und Cosmopolitanhôtel kostet der Tag 3 Dollars in Gold, was im Vergleich zu dem Tagespreis in den ersten Hôtels zu Neu-York 4 Dollars und 50 Cents in Papier ausmacht. Beiläufig werden alle Zahlungen nur in Gold und Silber angenommen. Das Papiergeld, welches die Regierung der Vereinigten Staaten während des Krie-

ges verausgabt hat, weist hier Jeder zurück. Gesetzlich
ist zwar die Annahme nach dem Nominalwerth geboten,
wenn aber Jemand versuchen wollte, eine Schuld in Papiergeld zu vollem Nennwerthe zu bezahlen, so wäre es
fortan mit seinem Credit vorüber. Es wird bei allen Cre-
ditgeschäften ausdrücklich festgesetzt, daß die Zahlung in
Baar zu leisten sei, und der Staat hat ein darauf bezüg-
liches Gesetz erlassen, die „Baar-Contrakt-Akte.“ Nachdrück-
licher aber als das Gesetz wacht die öffentliche Meinung
und der kleine tägliche Verkehr über den Ausschluß des
Papiergeldes. Californien hat überhaupt noch nie Papiergeld, selbst nicht eigenes, gehabt, und fürchtet die Verwirrung,
die in allen Geschäften aus der Einführung der Unions-
banknoten entstehen würde. Alle Preise sind nach Gold nor-
mirt und die Banknoten ergeben hierzu eine Differenz von
fünfzig Procent.

Das zuvor erwähnte What-Cheerhaus ist die berühmte
Zufluchtsstätte der Minengräber und Handarbeiter. Eine
Mahlzeit kostet hier 50 Cents und ein Bett eben so viel.
Mit dem Hause ist eine Anstalt verbunden, zum Waschen
und Ausbessern der Kleidungsstücke, eine volksthümliche Bi-
bliothek, welche fünftausend Bände und eine Menge von
Zeitungen und anderen Journalen enthält, eine umfassende
und kostbare Mineraliensammlung und eine schöne Sammlung ausgestopfter Vögel — alles das zur Bequemlichkeit
und Unterhaltung der Gäste. Das Lesezimmer ist gewöhnlich voll schlichter, derber Männer, mit Büchern oder Zeitungen in den Händen. Die Regel ist, daß jeder Gast bei
seiner Ankunft eine Anzahl Marken zu Mahlzeiten und
Nachtlager kauft. Für die Marken, welche der Gast bei

seiner Abreise nicht verbraucht hat, zahlt der Eigenthümer des Hauses das Geld zurück.

Ein „Trunk" an einer aristokratischen Bare kostet in San Francisco zwei „bits" oder Stück (25 Cents); an einer demokratischen ein „bit" (10 Cents). Geringere Münze als ein „dime" (10 Cents) ist nicht im Gebrauch. Ein „dime" entspricht einem „bit", zwei „dimes" läßt man wohl als zwei „bits" gelten, wer aber häufiger zwei „dimes" für einen Viertel Dollar an den Mann zu bringen sucht, gilt für einen „bummer", einen Lumpen. Schon diese Ausdrücke verrathen, daß San Francisco seinen „Slang" so gut besitzt wie London. Eigenthümlich ist es, daß jede Gegend ihre besonderen Ausdrücke und Redensarten hat. Was in Colorado z. B. gebräuchlich ist, hört man in Californien nicht.

Butter kostet, in San Francisco 75 Cents das Pfund, das Dutzend Eier 70 Cents, daß Pfund Kartoffeln bis 2½ Cents, Schinken 30 Cents das Pfund, grüne Bohnen 5 bis 10 Cents das Pfund, das Pfund Pfirsiche ebensoviel, Birnen und Weintrauben 3 bis 10 Cents das Pfund, Feigen 8 bis 15 Cents, Hühner 75 Cents das Stück, ein Paar Enten 1½ bis 2 Dollars, frischer Lachs 8 bis 12 Cents das Pfund, Speck 33 Cents das Pfund, hundert Stück Orangen 4 bis 4½ Dollars u. s. w.

Elftes Kapitel.

Das Cliffhaus. Die Chinesen. Die Indianer. Obstreichthum. Die
Kupfer- und Quecksilberminen. Die verschiedenen Arten der Goldwäscherei. Minengesetze. Verheerungen der Wäschereien. Erinnerungen an Lola Montez in den Minen. Gold- und Silberreichthum
von Californien und der gesammten Pacific-Staaten.

Zu den Lieblingsvergnügungen der Hauptstädter gehört
der Besuch des Cliffhauses, um dort zu frühstücken und
dem Spiel der Seelöwen zuzuschauen. Das Cliffhaus
liegt etwa 6 Meilen von der Stadt auf einer Klippe, welche
in die See vorspringt. Das Goldene Thor hat man droben zur Rechten und unter sich etwa ein Dutzend rings
umbrandeter Felsen, auf denen es von Seelöwen und Pe-
likanen wimmelt. Ungeschickt und unbehülflich wie Säuglinge kriechen die Seelöwen aus dem Wasser auf die Felsen, die etwa 20 bis 30 Fuß hoch sind und lassen es sich
wohl sein in der Sonne. Von Zeit zu Zeit heben sie den
Kopf, blicken um sich und stoßen ein rauhes, weithintönen-
des Bellen aus. Zuweilen gerathen sie unter sich in
Streit, schlagen und beißen einander und bellen wie Hunde,
dann wieder springen sie, ermüdet vom Kampfe, oder weil
sie der blaue Himmel langweilt, in die See. Es sind
Thiere von 50 bis 200 und 300 Pfund Gewicht. See-
möven und Pelikane, die letztern im Fluge schwerfällig wie
Enten, ruhen in großen Schaaren auf den Felsen oder kreisen, nach Fischen spähend, mit lautem Flügelschlage über
dem Wasser.

Ein Fremder wird schwerlich eine Woche in San
Francisco sein, ohne von den Städtern zu einer Partie

nach dem Klippenhôtel eingeladen zu werden. Ebenso wenig wird er einen nächtlichen Streifzug durch das Viertel der Chinesen und die Spielhöhlen unterlassen.

Die Chinesen sind eine charakteristische Staffage von San Francisco, so wie der Küstenstaaten des Stillen Weltmeers überhaupt. Sie machen etwa den siebenten Theil der Bevölkerung aus. Ihre Gesammtzahl beläuft sich auf sechszig bis achtzig Tausend. Man findet sie überall, auf dem Lande, in den Städten, den Wäldern, den Minen, im Norden in den britischen Besitzungen, an den Küsten, im Gebirge — überall, wo es Arbeit giebt und Geld zu gewinnen ist durch ausdauernden Fleiß. Ihre Einwanderung begann im Jahre 1852, wo ihrer zwanzig Tausend über den Stillen Ocean herüberkamen. Im Ganzen sind etwa hundert Tausend eingewandert; aber gegen vierzig Tausend wieder heimgekehrt. Es kam überhaupt Keiner, um für immer in Amerika seinen Wohnsitz aufzuschlagen. Sie bleiben Fremde im Lande, suchen Arbeit, um Geld zu machen, und kehren dann wieder in ihre Heimath zurück. Ihre Weiber bringen sie nur äußerst selten mit. Die chinesischen Weiber hier gehören zu jener Klasse, welche ihre Reize feilbietet.

Es giebt kaum irgend eine Thätigkeit, weibliche Arbeit sowohl als männliche, zu der sich die Chinesen nicht geschickt erwiesen. Sie waschen und bügeln für die Einwohnerschaft, wobei sie den zu plättenden Gegenstand mit dem Wasser anfeuchten, das sie im Munde halten und kunstvoll wie einen feinen Sprühregen auszuspucken wissen. Überall in den Dörfern und Städten sieht man rohe Schilder, welche anzeigen, daß See Hoh oder Ah Thing, oder Siam Sing, oder Wee Lung, oder Cum Sing wäscht und bü=

gelt; daß Sie ein Doktor ist, und Hop Chang und Chi Lung einen Kramladen hält. Sie sind gute Dienstboten Köche, Aufwärter und Kinderwärter, besser meistens als die irländischen Mädchen und ebenso billig. Ihr Lohn beträgt außer Kost und Wohnung 15—25 Dollars den Monat. Als Köche zeichnen sie sich namentlich durch ihr Genie der Nachahmung aus. Man braucht ihnen eine Sache nur einmal zu zeigen und ihre Ausbildung ist vollendet. Jede Wiederholung der Unterweisung ist überflüssig. Auf dem Lande scheinen sie als Dienstboten noch nützlicher zu sein als in der Stadt. Denn sie theilen nicht die Leidenschaft der Irländerinnen zusammenzulaufen und zu schwätzen, sondern sind zufrieden, allein in dem Hause und der Nachbarschaft zu sein.

Viele von ihnen sind Gemüsegärtner. Bei der Gleichmäßigkeit des Klimas macht ihre peinliche Kultur und beständige Bewässerung den Acker außerordentlich fruchtbar, so daß sie von ihrem Gemüse drei, vier, selbst fünf Ernten im Jahre gewinnen. Ihre kleinen Gärten zeichnen sich immer vor den roher und sorgloser bebauten Aeckern ihrer angelsächsischen Nebenbuhler aus. Die Pacific-Eisenbahn, so weit dieselbe bis jetzt fertig, ist chinesische Arbeit. Mehrere tausend Chinesen sind jetzt dabei, die Strecke durch die Felsen der Sierra Nevadas zu ebnen. Ohne sie würde dieses große Werk noch viele Jahre lang entweder unausgeführt geblieben, oder doch nur äußerst langsam vorgeschritten sein. Bei ihrem ausdauernden Fleiße sind sie im Stande fast eben so viel in einem Tage zu schaffen als die Weißen und dabei kosten sie nur halb so viel. Auch ist Arbeit von Weißen gar nicht in dem Umfange zu haben, wie sie das große Unternehmen erfordert. Gute Landarbeiter sind die Chinesen ebenfalls, wie es denn kaum einen Zweig der Arbeit giebt, in welchem sie nicht unter geeigneter Leitung Tüchtiges leisteten. Der große Erfolg der Wollmanufaktur beruht überwiegend auf der bewunderungswürdigen Anstelligkeit und Billigkeit der Chinesen. Sie lernen schnell und sind ruhig, reinlich und ehrlich. Fische, Gemüse, Reis und Schweinefleisch sind ihre Hauptnahrungsmittel und dabei essen sie so wenig, daß sie mit dem dritten Theil von demjenigen auskommen, was ein Yankeearbeiter bedarf.

Tausende von Chinesen sind Aehrenleser auf den Goldfeldern. Sie folgen in Haufen hinter den weißen Goldgräbern, durcharbeiten und waschen noch einmal den Sand, den diese verlassen haben, und begnügen sich mit einem Ertrage, den ihre Vorgänger verachten würden. Ein chinesischer Goldwäscher ist mit einem oder zwei Dollars den Tag zufrieden, während der Weiße bei dem doppelten Gewinne Hungers stirbt, oder enttäuscht weiter zieht. Der Reisende begegnet diesen chinesischen Minenarbeitern überall, entweder bei der Arbeit in den verlassenen Gruben oder mit ihrem Pack auf dem Rücken auf der Wanderung zu ihnen. Zuweilen benutzen sie auch die Postkutschen.

Da Arbeit und zwar billige Arbeit das Hauptbedürfniß der Staaten am Stillen Ocean ist und für deren Gedeihen nothwendiger selbst als Kapital, so sollte man meinen, daß die Hände der Chinesen überall willkommen geheißen, ihre Einwanderung ermuthigt und sie selbst von den Gesetzen in Schutz genommen würden. Weit gefehlt! Sie sind statt dessen die Opfer aller Arten von Vorurtheilen und Ungerechtigkeiten. Man streitet noch heutigen Tages darüber, ob es nicht besser wäre, ihnen die Einwande-

rung ganz zu verbieten. Sie verlangen weder, noch wün
schen sie das amerikanische Bürgerrecht, sie hegen nicht
den Ehrgeiz, stimmberechtigt zu werden, und das Gesetz ver
weigert ihnen trotzdem den Schutz der Person und des
Eigenthums. Ihr Zeugniß gegen den Weißen ist vor Ge
richt unzulässig. Als Goldgräber sind sie, wie bereits er
wähnt, einer monatlichen Abgabe von 4 Dollars unterwor
fen. Auf diese Weise von dem Staate belastet und geäch
tet, was Wunder, wenn sie oft zum Opfer der Gemeinheit
und Grausamkeit von Privatpersonen ausersehen werden.
Einen Chinesen zu mißbrauchen und zu betrügen, ihn zu be
rauben, zu schlagen und selbst zu tödten, das sind Dinge, die von
rohen Menschen nicht nur ungestraft ausgeübt werden, son
dern deren sie sich auch noch rühmen. Aus den Minenbezir
ken werden schauderhafte Fälle von Räubereien und muth
williger Verstümmlung an den Chinesen berichtet. Besaß
John, der Spitzname, mit dem man die Chinesen belegt,
ein Recht auf ein Stück goldverheißenden Bodens, so heißt
man ihn, sich forttrollen, es gehöre bereits einem Andern.
Hat er einen Schatz gesammelt, so muß er ihn herausgeben,
oder er wird getödtet. Solche und noch schlimmere Ver
brechen werden ungestraft gegen die Chinesen begangen.
Muthwillig greift man sie an und schießt und sticht sie nie
der, wie der Jäger ein wildes Thier im Walde angreift
und todtschießt. Wenn John die Mißhandlung überlebt
und klagbar wird, so hört ihn kein Richter, noch findet er
vor dem Gesetze Glauben. Keiner ist so niedrig oder er
bärmlich, daß er nicht den Chinesen verachten oder mißhan
deln zu können glaubt. Roß Browne giebt eine Illustration
zu der Lage des armen John, die nicht treffender sein kann.
Ein vagabondirender Indianer trifft einen Chinesen, der

ten Sand einer verlassenen Goldgrube nochmals durcharbeitet. „Dies ist mein Land!" ruft ihm der Indianer zu. „Du bezahlst mir 50 Dollars." Der arme Bürger des himmlischen Reichs stellt demüthig vor, daß der Melikan-Mann (Amerikaner) hier gewesen und nicht ein Körnchen Gold übrig gelassen habe. „Verdammt sei der Melikan-Mann!" ruft der Indianer im wilden Zorn. „Du bezahlst mir 50 Dollars, oder ich schlage dich todt."

Eine Verschmelzung der Chinesen mit den Gewohnheiten, der Denk- und Handelsweise der Amerikaner ist nicht erkennbar. Ihr einfacher, beschränkter, doch nicht schwerfälliger Geist hat zu lang in den alten Geleisen sich bewegt, um leicht eine andere Richtung einzuschlagen. Sie blicken mit Stolz, ja mit Verachtung auf die neuere und rohere Civilisation der Amerikaner, die ihnen als Barbaren erscheinen und die sie in ihrem Herzen die „fremden Teufel" nennen. Das Benehmen der Weißen, die, voll Vorurtheilen und Eifersucht, die wohlfeile Phrase der östlichen Demokratie sich angeeignet haben, wonach Amerika „eines weißen Mannes Land," in dem kein Raum für Afrikaner oder Asiaten sei, hat die Chinesen in ihrer Ansicht bestärkt und sie noch mehr auf ihr von Natur selbstzufriedenes Wesen zurückgedrängt. Sie halten daher an ihrer heimathlichen Lebensweise, Tracht, Gesellschaft und Religion um so fester. Ihre größte Sorge ist, daheim begraben zu werden, und Alle, welche diesseits des Stillen Oceans sterben, werden zur Bestattung nach der Heimath hinübergeschafft. Ihre Straßen und Viertel in den Flecken und Städten sind getreueste Nachbildungen Chinas. Christliche Missionäre können sich keines großen Erfolges bei ihnen rühmen.

Ihre Religion ist frei von allem Fanatismus und scheint

ihre Natur nur oberflächlich zu berühren. „Josch“ ist ihr
Gott oder Idol, und die „Joschhäuser“ sind unansehnlich
und ähnlich den kleinen katholischen Kirchen in Europa, mit
Altären und Bildern ausgestattet. Ihre ganze Civilisation,
alle ihre Gewohnheiten machen den Eindruck des künstlichen
Zuschnitts und als wären sie, wie ihre Nahrungsmittel,
eingemacht. — Da ist kein Anzeichen von einer Neigung zur
Erregung oder Leidenschaft, gut oder schlecht, welche die
westlichen Rassen kennzeichnet. Ihr größtes Laster ist das
Spiel. Das wird fortwährend in ihren Häusern und Lä=
den in Gegenwart der Weiber und bei einer barbarischen
Musik getrieben. Billige Lotterien sind eine gewöhnliche
Form für diese Leidenschaft. Nächst dem Spiel fröhnen sie
dem Opiumrauchen und zwar hier leidenschaftlicher als da=
heim, weil sie sich hier die Mittel dazu leichter verschaffen
können und sie von ihren Angehörigen und den Behörden
nicht überwacht werden. Das wildglänzende Auge, das
dünne, hagere Gesicht und das zerstörte Nervensystem ver=
rathen das Opfer des Opiums. Die Spannung und Auf=
regung, das stiere Auge, die Starrheit in allen Mienen,
welche sich bei dem Opiumraucher zeigen, wenn er in sei=
nem nur schwach erhellten Zimmerchen auf einer Matte
liegend seiner verhängnißvollen Lust fröhnt, gewähren einen
entsetzlichen Anblick.

Die einwandernden Chinesen gehören zu den besten
Landbauern aus der Umgegend von Kanton und Hongkong.
Es sind keineswegs jene erbärmlichen Coolies, welche die
Engländer in ihren indischen Kolonien als Landarbeiter ein=
geführt haben. Sie verbinden sich hier zu Genossenschaften,
je nach den Dörfern oder der Nachbarschaft in der Heimath.
Diese Verbindungen haben ihre Hauptquartiere in San

Francisco. Ihre Präsidenten sind Männer von Charakter und hoher Intelligenz. Ihr Amt besteht darin, Allen, die zu ihrer Körperschaft gehören, ein zeitweiliges Unterkommen anzuweisen, ihnen Arbeit zu verschaffen, sie gegen Unrecht zu schützen und ihre Leichen zu ihren Angehörigen in die Heimath zu schicken. Neben dieser Organisation giebt es unter den Chinesen Gilden und Handelsgenossenschaften. In dieser Weise sind die Wäscher und Cigarrenmacher organisirt. Die Mitglieder zahlen bedeutende Beiträge; die Genossenschaft überwacht die gemeinschaftlichen Geschäftsinteressen und veranstaltet gelegentliche Festlichkeiten.

Eine ganze Zahl der bedeutendsten Handelshäuser von San Francisco befindet sich in den Händen von Chinesen. Die Männer an ihrer Spitze sind intelligent und bedeutend. Gegenstand ihres Handels sind die Bedürfnisse ihrer Landsleute, Thee, Seide und Kuriositäten für die Amerikaner. Ihr jährlicher Import beläuft sich auf Hunderttausende, ja Millionen, und sie stehen wegen ihrer Ehrlichkeit und Zuverlässigkeit in einem weit besseren Rufe als die amerikanischen Kaufleute.

Diese Handelsherren hatten im Verein mit den Präsidenten der sechs Genossenschaften, in welche die gesammte chinesische Bevölkerung organisirt ist, eines Abends Herrn Colfax und seine Freunde zu einem Diner eingeladen. Die Präliminarien zu dem Feste waren so weitläufig und umständlich, als hätte es sich um eine Umgestaltung der Karte von Europa gehandelt. Aber nachdem diese beendet, die Frage des Vorrangs unter den Chinesen entschieden, die Wahl der Gäste unter den Amerikanern, die alle begierig waren, an der Festlichkeit Theil zu nehmen, getroffen war, ging alles so glatt wie bei einer Schulprüfung, zu welcher

der Lehrer seine ABCSchützen einen Monat lang einexer-
cirt hat.

Es waren etwa sechszig Gäste, zur Hälfte Chinesen, zur
Hälfte Weiße, anwesend. Das Diner fand in dem zweiten
Stockwerke eines chinesischen Restaurants in einer der Hauptstraßen statt. Die Wirthe waren hübsche Leute von gewin-
nendem Benehmen. Während ihre Rasse gewöhnlich von
viel kleinerem Wuchse als die Amerikaner ist, waren diese
fast, wenn nicht eben so groß und kräftig wie ihre Gäste.
Ihre Augen und Mienen leuchteten von Verstand. Sie
waren voll reger Aufmerksamkeit und in allen Höflichkeiten
heimisch. Ein Dolmetscher war für etwaige bedeutendere
Gespräche zugegen. Doch die meisten Chinesen sprachen
ein wenig Englisch, und die Unterhaltung ging gut genug
von Statten, selbst von Seiten der Amerikaner, obwohl
Handschütteln und Verbeugungen und Kratzfüße einen sehr
großen Theil davon ausmachten. Weder hier noch in
China ist es gebräuchlich, daß die Engländer und Amerikaner die chinesische Sprache erlernen. Die Chinesen lernen immer wenigstens so viel Englisch, als sie für ihre
Geschäftszwecke brauchen. Ihr gebrochenes Englisch ist oft
sehr grotesk.

Die Gesellschaft saß um kleine, runde Tische, an denen
sechs bis neun Personen Platz fanden. Auf jedem Tische
stand eine Menge geschmackvollen, chinesischen Geschirrs.
Jeder Gast hatte zwei bis drei kleine zierliche Teller und
Näpfe, eine Vase mit Blumen, einen chinesischen Löffel und
zwei runde, 6 Zoll lange Elfenbeinstäbchen vor sich. Vortreffliche Saucen, Pickles, Zuckerwerk und Nüsse waren auf
allen Tischen im Ueberfluß vorhanden. Die Mahlzeit bestand aus drei verschiedenen Gängen, von denen jedes ein

Diner für sich war. Zwischen jedem Gange fand eine Pause von einer halben Stunde statt, während welcher die Gäste in einem anderen Zimmer rauchten, plauderten, und einer barbarischen Musik zuhören mußten, welche von einer plumpen Guitarre, einer Geigentrommel und einer Violine ausgeführt wurde. Unterdessen wurde die Tafel mit frischen Geschirren und Gerichten besetzt. Jeder Gang bestand aus 12 bis 20 verschiedenen Schüsseln, die in der Regel nacheinander aufgetragen wurden. Zu schneiden, gab es dabei nichts; auch keine Knochen. Jedes Gericht war bereits zerkleinert, etwa wie Hackfleisch. Die Gäste tauchten ihre Stäbchen in die Schüsseln, und wer sie geschickt zu handhaben wußte, dem gelang es wohl, einen Mund voll auf seinen Teller zu bringen, von wo dann die Speise auf dieselbe Art zum Munde geführt wurde. Niemand schien mehr als einmal von einem Gericht zu nehmen, so daß 100 Schüsseln kaum zu viel waren, um einen gewöhnlichen Appetit zu befriedigen. Einige von den Amerikanern bedienten sich herzhaft ihrer Elfenbeinstäbchen, die Meisten kamen damit nicht zu Stande. Für diese gab es Gabeln. Auch waren die Chinesen so höflich, ihren Tischnachbarn mit den eignen Stäbchen beizustehen, um aus den Schüsseln einen Bissen auf den Teller zu bringen. Da dieses mit denselben Stäbchen geschah, welche die Chinesen selbst zum Munde führten, so trug die Höflichkeit nicht gerade zur Erhöhung des Genusses bei.

Die Hauptgerichte des ersten Ganges bestanden aus gebackenen Haifischflossen und geschabtem Hammelfleische, gedämpften Tauben mit Bambosuppe, Fisch mit Hammelfleisch, gedämpften Hühnern mit Wasserkresse, Seetang, gedämpften Enten mit Bambosuppe, Rapf-, Eier- und

11*

anderen Kuchen, Bananen, Vogelnestersuppe, Thee. Die
Speisen sahen einander alle gleich und schienen auf die eine
oder andere Weise getrocknet oder eingemacht gewesen zu
sein, waren in kleine Stücke geschnitten und verdankten
ihren Geschmack einzig den Beisätzen. Der Seetang, die
Haifischflossen hatten einen leimartigen Geschmack, der nicht
gerade zu widerlich, aber auch nicht sehr verführerisch war.
Die Süßigkeiten waren vortrefflich, hatten aber wie Alles
eine künstliche Blume. Es schien in der That, als hätte
man sämmtlichen Gerichten durch Trocknen und Kochen
ihren ursprünglichen und natürlichen Geschmack ausgetrie-
ben und durch einen künstlichen, chinesischen ersetzt. Die
Vogelnestersuppe schmeckte etwa wie eine gute Nudelsuppe.
Der Thee aber war ausgezeichnet. Er wurde ohne Milch
und Zucker genossen und bedurfte dieser Zuthaten auch nicht.

Während der ersten Pause verabschiedeten sich die
Hauptwirthe, die Präsidenten der Genossenschaften, und die
Kaufleute traten an ihre Stelle. So fordert es die
Sitte. — Den zweiten Gang eröffnete kalter Thee und ein
sehr starker, weißer, nach Rosen duftender Liqueur in kleinen Bechern. Es folgten Flechten und schwammartige Moose,
abermals Haifischflossen, gekochte Kastanien mit Hühnern,
chinesische, aus ihrem getrockneten Zustande auferstandene
Austern, gekochte Pilze, Nüsse, gedämpftes Hammelfleisch,
gebratene Enten, Reissuppe, Reis mit Enteneiern und ge-
pfefferten Gurken, Hammel- und Hühnersuppe. Zwischen
dem zweiten und dritten Gange wurden von dem vorsitzenden Chinesen und Herrn Colfax Reden gewechselt, bei denen
der Dolmetscher sein Amt versehen mußte. Der dritte und
letzte Gang bestand aus einer großen Mannichfaltigkeit frischer Früchte, und das eigenthümliche Fest, welches volle

fünf Stunden gedauert hatte, endete um 11 Uhr Nachts.
Die amerikanischen Gäste hatten zu demselben Champagner
und Claret geliefert, und die chinesischen Wirthe forderten
sie zu Anfang und Ende jeden Ganges mit einer anmu=
thigen Verbeugung auf, davon zu trinken. Sie selbst lie=
ßen den Champagner sich gleichfalls schmecken. Das Diner
war nach chinesischen Begriffen unstreitig ein äußerst glän=
zendes, viele Gerichte waren selten und kostspielig und
Alles mit Eleganz und Geschmack servirt. Aber einen
wirklichen, gastronomischen Genuß hatten die amerikani=
schen Gäste nicht, und Bowles war froh, als ihn ein
Freund von der Tafel abrufen ließ, um sich mit ihm bei
einem amerikanischen Restaurant in gewohnter Weise zu
stärken. Dieser Freund meinte scherzend, daß der zweite
Gang des chinesischen Gastmahls aus den aufgewärmten
Resten des ersten bestanden und dessen Ueberbleibsel die
Schüsseln des dritten Ganges geliefert hätten.

Den in ihrer Ueberverfeinerung mumienhaft aufge=
trockneten Chinesen stehen die Eingeborenen Amerikas, die
Indianer, im schroffsten Gegensatz gegenüber. Die India=
ner der Pacific-Staaten störten die Reisenden nicht, wie
deren Brüder jenseit der Felsengebirge. Aber sie sahen die=
selben auf allen ihren Fahrten im Innern des Landes. Die
Indianer von Utah und Nevada sind eine arme, unsaubere,
schmutzige Rasse von Bettlern und Tagelöhnern und an=
scheinend harmlos. In Californien, Oregon und Washing=
ton zeigen sie sich unterwürfig, sie haben einen Anflug von
Civilisation, treiben ein wenig Industrie, ein wenig Land=
bau, fischen aber um so fleißiger. Sie sind meistens Holz=
hauer und Wasserträger und im raschen Aussterben begrif=
fen. Am Columbiafluß fanden die Reisenden dieselben über=

all in großer Zahl versammelt, um ihren jährlichen Bedarf
an Lachs zu fischen. Aber der größte Theil lebt fernab in
den Gebirgen. Nur die Apaches in Arizona sind ein kräf=
tiges, kriegerisches Volk; die Ueberbleibsel der Stämme in
den übrigen Staaten des Stillen Weltmeers zeigen sich
friedlich gesinnt. Alle Aussagen in diesen Staaten stimmen
übrigens darin überein, daß an den meisten Indianerunruhen
die Weißen die Schuld tragen. Der große Oregonindianer=
Krieg vor einigen Jahren war ganz evident von den Weißen
aus Handelsspekulation angezettelt worden. Die Sinnlichkeit,
mit welcher der weiße Pöbel den Indianerinnen nachstellt,
die Einführung des Branntweins unter den Rothhäuten,
die Mißbräuche und Mißhandlungen, welche sich die Wei=
ßen gegen sie zu schulden kommen lassen, sind die Ursachen
der meisten Grausamkeiten, welche die Indianer begehen
und welche fast mit Nothwendigkeit zu Vernichtungskriegen
führen. Der beleidigte Indianer rächt sich ohne Unter=
schied an den Unschuldigen wie den Schuldigen, und so ent=
stehen und dauern die Kriege endlos fort. Oft ist auch
die Ursache die, daß nichtsnutzige Weiße die Indianer zu
allem möglichen Unheil, zu Räubereien, Mord und Krieg
verführen, denn Unwissenheit und Barbarei machen sie zu
gelehrigen Schülern. Der Weg der Regierung durch die=
ses Chaos von Leiden, Unrecht und Verbrechen ist wahr=
lich nicht leicht zu finden. Aber gewiß ist ihre Aufgabe,
die Sicherheit der Straßen, der Telegraphenlinie, der Aus=
wanderung und Kultur aufrecht zu erhalten, selbst auf die
Gefahr hin, dem allmählichen natürlichen Aussterben der In=
dianer vorzugreifen. Eine solche Grausamkeit würde jedoch
nicht nöthig sein, wenn das Indianer=Departement der

Bereinigten Staatenregierung kräftig und verständig zugleich verwaltet würde.

Und während der Eingeborne, unfähig, der aus Europa herübergekommenen Kultur sich anzuschließen, allmählich verkommt und ausstirbt, wühlt der Weiße aus dem Heimathboden seiner Väter märchenhafte Schätze und steigert er den natürlichen Reichthum des Bodens durch die Vermählung mit den Kindern des Südens. Kein Staat der Union kann einen solchen Ueberfluß von Früchten und Gemüsen in solcher Größe, Kraft und Mannichfaltigkeit aufweisen, als Californien. Fast alles, was die gemäßigte und heiße Zone hervorbringt, gehört Californien entweder durch Geburtsrecht oder Acclimatisation. Die südlichen Bezirke senden Feigen, Orangen, Bananen und die zartesten Trauben nach San Francisco; die nördlichen Aepfel, Birnen, Pfirsiche, Erdbeeren, Pflaumen u. s. w. Wurmstichiges oder schadhaftes Obst sieht man nie; alles ist rund, schön, groß und saftig. Die Yankees freilich, die nie ihre Heimath oder den mütterlichen Pudding vergessen, sind der Ansicht, daß Obst und Gemüse nicht ganz den von Neu England's Gärten an Delikatesse des Geschmackes gleichkommen.

Silber wird in Californien nicht gefunden. Die westlichen oder californischen Abhänge der Sierra Nevadas enthalten nur Gold. Kupfer und Quecksilber werden nur je an einer Stelle gefunden. Die Kupferminen liegen in den Vorstufen der Sierras, etwa eine Tagereise von dem berühmten Stocktonlager, und die dabei errichtete Stadt heißt Copperopolis (Kupferstadt). Sie sind sehr reichhaltig und monatlich gehen schon jetzt nicht weniger als 3000 Tonnen Kupfererz nach dem Osten und England. An Ort und Stelle wird nur ein kleiner Theil des Erzes geschmolzen,

denn der Prozeß ist auswärts viel billiger und vollständi=
ger, so daß es vortheilhafter ist, das ungereinigte Erz zu
verschiffen. Die großen Zinoberminen, in denen das Queck=
silber gewonnen wird, liegen auf der Landseite der Küsten=
gebirge, etwa 60 Meilen südlich von San Francisco. Der
Ort führt den Namen Neu Almaden. Ihre Entdeckungen,
haben einen wesentlich fördernden Einfluß auf den Bergbau
der edlen Metalle ausgeübt, da das Quecksilber allgemein
in großer Menge zur Ausscheidung des Goldes und Sil=
bers von den fremden Bestandtheilen benutzt wird. Außer=
dem ist die Produktion des Quecksilbers auf der ganzen
Erde eine sehr beschränkte. Peru, Spanien und Oesterreich
allein besitzen außer Californien Quecksilber. Neu Alma=
den erzeugt gegenwärtig 4 bis 5000 Flaschen den Monat,
die Flasche Quecksilber zu 40 Dollars gerechnet. Der
Reingewinn beläuft sich monatlich auf etwa 100,000
Dollars. Der Zinober ist eine ziegelrothe Erde, die wie
jedes andere Erz aus den Adern gegraben und in kleine
Ziegel geformt wird, die in einem Ziegelofen ausgebrannt
werden. Das Quecksilber fließt wie ein Strom oder in
Dampf aus und wird in Flaschen aufgefangen.

Die Goldgräberei theilt sich in zwei Klassen. Das
Metall wird entweder den massigen Felsen abgerungen, oder
in Sand, Kies und Erde gesucht. Der erstere Prozeß ist
überall derselbe, man folgt den Adern mit Spitzeisen und
Pulver in die Eingeweide der Erde und scheidet das Gold
aus dem zerstampften und pulverisirten Quarz aus. Nach
der allgemeinen Annahme ist das Vorkommen des Goldes
in solidem Gesteine das Ursprüngliche, und daß das edle
Metall, welches man fast überall in den Flußbetten, dem
Sande und Kies findet, in einer langen Reihe von Jahren

aus den Felsen ausgewaschen worden sei. Das Waschen mit Wasser ist daher die allgemein angewandte Methode, um zu diesem abgelagerten Golde zu gelangen. Die Wäscherei wird nun in dem verschiedenartigsten Umfang betrieben, von der einfachsten Handpfanne und Schaufel an, mit welcher der einzelne Goldsucher an den Ufern kleiner Ströme den Sand bearbeitet, bis zu den großartigsten Unternehmungen, welche ganze Flüsse ableiten und mehrere 100 Fuß tiefe Schachte in die Betten ehemaliger Ströme treiben, das Wasser durch Gräben, Rinnen und große Röhren zuweilen 20 Meilen weit herleiten, um die sandigen und kiesigen Bergabhänge ihrer Goldablagerung zu berauben. Die einzelnen Goldwäscher mit ihren Handpfannen haben Californien fast alle verlassen und sich dem goldhaltigeren Sande von Idaho und Montana zugewendet. Nur die geduldigen Chinesen betreiben noch die Handwäscherei, indem sie den Sand ihrer Vorgänger nochmals waschen und zufrieden sind, wenn sie den Tag über einen Dollar gewinnen.

Die andere Methode wird bald in größerem, bald geringerem Umfange angewendet, je nach den vorhandenen Arbeitskräften und Kapitalien. Zuweilen thun sich zwei oder drei Chinesen zusammen, die ein paar 100 Dollars besitzen, und kaufen eine abschüssige Parcelle oder nehmen von einem verlassenen Flußbett Besitz, das sie mit Schaufel, Spitzeisen und mit Hilfe eines kleinen Wasserstroms bearbeiten. Andere wieder arbeiten mit einem Kapital von Tausenden von Dollars und beschäftigen Hunderte als Theilhaber oder Tagelöhner. Manchmal ist das Unternehmen auch getheilt. Es giebt Gesellschaften, die sich nur mit der Lieferung des nöthigen Wassers beschäftigen, das sie an die Goldwäscher verkaufen. Das Gewinnen des Goldsandes durch Schachte oder Tunnel, die in hoch überschüttete, alte Flußbetten getrieben werden, nennt man „Tiefgräberei," oder „Bettfelsgräberei". Sie verfolgt den Grund ehemaliger Flüsse Meile für Meile und viele Fuß unter der gegenwärtigen Oberfläche der Erde. Die Minengräber treiben hinunter, bis sie auf den Fels stoßen, über den einst das Wasser floß und hier finden sie die reichste Ablagerung, die dann ausgewaschen wird.

Die zweite Art großartiger Goldwäscherei besteht darin, daß mit Hülfe mächtiger Wasserströme die goldhaltige Erde der Bergabhänge abgespült und dann ausgewaschen wird. Es ist dies der „hydraulische Minenbetrieb." Er erfordert sehr großes Kapital und ist manchem Risiko ausgesetzt. Das Wasser wird von den Seen oder Flüssen im Gebirge durch Kanäle und Rinnen, die zuweilen auf einem 50—100 Fuß hohen Gestell ruhen, nach dem Schauplatz der Operationen geleitet. Aus den Rinnen fließt es in große, starke, eiserne Röhren, die sich allmählich verengen und in einen Schlauch, ähnlich dem der Feuerspritzen, auslaufen. Dieser Schlauch wird nun gegen das Erdreich gerichtet und die Gewalt des herausschießenden Wassers reißt die Erde unwiderstehlich mit fort und spült sie in enge, abschüssige Betten, in denen an verschiedenen Stellen Vorkehrungen getroffen sind, um die solideren Goldtheilchen aufzufangen. Gewöhnlich ist der Hauptstrom in dem Endschlauche in zwei oder mehrere Arme gesondert, die wie Feuerspritzen, nur mit unverhältnißmäßig größerer Macht, auf das Erdreich feuern. Ein solcher Strom würde Menschen oder Thiere, die sich ihm entgegenstellen, augenblicklich tödten, und Unglücksfälle kommen oft genug vor. In der

Nähe von Dutsch-Flat, wo sich großartige hydraulische Wäschereien befinden, zapft die Wassercompagnie Seen an, die
wohl 12 bis 20 Meilen entfernt im Gebirge liegen, und
leitet ganze Flüsse in Rinnen ab. Als eine weitere Illustration dieses riesigen Unternehmens mag angeführt werden,
daß man in einem Jahre 80,000 Dollars für die Anlage
eines neuen Grabens verausgabte und doch noch in demselben Jahre 120,000 Dollars als Reingewinn an die Aktionäre vertheilen konnte. Bei Yreka im nördlichen Californien ist eine solche Leitung 30 Meilen lang und kostete
200,000 Dollars. Doch das Unternehmen ist nicht gewinn-
bringend. Bei Oroville vermuthet man goldreiche Ufer
und Betten, die noch des Wassers zu ihrer Ausbeutung
bedürfen. Aber die Wasserleitung soll 200,000 Dollars
kosten.

Squatter-Souveränetät ist die Grundlage der Minengesetze. Die Minengräber einer bestimmten Gegend thun sich
zusammen und setzen die Grenzen und den Namen ihres
Bezirks fest. Ebenso stellen sie unter sich eine Reihe von
Regeln für den Umfang, Besitz und die Bearbeitung der
entdeckten Adern auf. Der Grundgedanke dieser Regeln ist
der, daß der Entdecker einer Mine eine bestimmte Anzahl
von Fußen davon für sich in Besitz nehmen darf; der Rest
kann dann von Andern getheilt werden. Niemand aber
darf mehr als ein bestimmtes Maß von der Ader für sich
in Anspruch nehmen. Gewöhnlich legt der Entdecker gleich
im Namen seiner Freunde auf eine Anzahl von Antheilen
Beschlag. Die Giltigkeit dieser Beschlagnahmen hängt davon ab, daß auf dem Antheil innerhalb einer bestimmten
Zeit ein bestimmtes Maß von Bearbeitung der Mine vorgenommen sein muß. Ebenso sind manche Streitfälle vor-

gesehen. Obgleich aber die allgemeinen Regeln in Ueber-
einstimmung mit dem natürlichen Gerechtigkeitsgefühl sind,
so können sie doch nicht für jeden möglichen Fall Vorkehrungen treffen, und außerdem ist die Ausdrucksweise nicht
immer klar. Die Folge davon ist eine ungeheure Menge
von Prozessen, und gewiß giebt es keinen Ort in der Welt,
wo die Sporteln der Rechtsanwälte so hoch wären als in
den Grubenbezirken. Es entsteht fortwährend Streit darüber, ob genug Arbeit vorgenommen sei, um den Besitz
eines Antheils zu behaupten, und ob zwei Adern, die auf
der Oberfläche gesondert erscheinen, schließlich sich vereinigen
oder nicht? Vereinigen sie sich, so gilt das Recht des älteren Besitzers. Natürlich hat die Regierung einen Besitztitel auf das Grubenland, der allem Eigenthumsrecht der
Minengräber vorausgeht. Aber aus Gründen der Gerechtigkeit und Politik ist es zweifellos, daß die Regierung von
ihrem Rechte nie Gebrauch machen wird. Die Bestimmungen der Minengräber werden von allen Staatsgerichts-
höfen als giltig anerkannt und haben die Kraft von Gesetzen. Im Congreß ist nach heftigem Widerstande ein
Gesetz durchgegangen, daß „keine Besitzklage bei irgend einem
Gerichtshofe der Vereinigten Staaten wegen Wiedererlan-
gung irgend eines Minenbesitztitels oder wegen Entschädi-
gungen in Folge eines solchen Titels durch die Thatsache
beeinflußt werden soll, daß der oberherrliche Besitztitel des
Landes, auf welchem solche Minen sich befinden, den Vereinigten Staaten gehöre; sondern jeder Fall besonders nach
dem Besitzrecht abgeurtheilt werden soll." Es sollte hin-
zugefügt werden, daß die Rechte des Minengräbers jedem
andern Eigenthumsrechte, dem der Regierung ausgenommen,
voraus gehen. Die Besitzergreifung und das Eigenthums-

recht auf ein Stück Land als Farm und dergleichen giebt
nach den Bestimmungen der Minengräber kein Recht auf
die Mineralien, die es enthält.

Die Erträge der Tiefgräberei und des Wasserbaues
sind sehr bedeutend. Manche Gesellschaft wäscht oft an
einem Tage 1000 Dollars aus. Eine einzige Auflese nach
der Wäsche weniger Wochen hat z. B. an einer Stelle
50,000 Dollars in Goldstaub und Goldklümpchen geliefert.
Man erzählt auch von einem Falle, wo die Ausbeute in
ganz kurzer Zeit 100,000 Dollars betrug. Auf der andern
Seite giebt es aber auch Fehlschläge und Verluste.

In der Landschaft erzeugen diese Wäschereien weite
Wüsten. Orkan, Flut, Erdbeben und Vulkan können kaum
eine größere Verheerung anrichten, als die Goldwäschereien.
Keiner der Binnenströme Californiens, obgleich sie von Natur so klar wie Krystall sind, entgehen der Umwandlung in
gelbes, schmutziges Wasser. Der Sacramento ist in dieser
Beziehung schlimmer als der Missouri. Manche Ströme
sind aus ihrem natürlichen Bette gedrängt, theils absicht-
lich zu Minenzwecken, theils durch die ungeheuren Massen
Sand und Kies, welche von den oberhalb gelegenen Goldwäschereien herunter kommen. Tausende von Aeckern schönen Landes an ihren Ufern sind durch diese Sandmassen
für immer ruinirt. Es giebt kein Recht, welches der Minenbau in Californien achtete. Dem Landmann kann seine
ganze Besitzung durch die Sandflut eines hydraulischen
Minenbetriebs in eine nackte Wüste verwandelt werden;
ja mehr noch, wenn irgendwo ein schöner Blumen- oder
Obstgarten der Bearbeitung eines reichen Goldsandlagers
im Wege steht, so muß er ohne Barmherzigkeit Platz
machen. Goldgraben ist das höchste Interesse. Die nie-

bergeschwemmten, durchgrabenen, ausgewaschenen und über-
gewaschenen Abhänge der Berge gewähren einen chaotischen
Anblick. Die Minendistrikte des Landes in den Vorbergen
der Sierra Nevadas sind voll von solchen schrecklichen Flek-
ken in dem Antlitz der Natur.

Die Goldquarzminen befinden sich meistens in der
Nachbarschaft der gegenwärtigen oder früheren Goldwäschereien. Nevada-County im Norden und Mariposa im Süden
sind die berühmtesten Landstriche in dieser Beziehung. Die
Minen von Groß-Valley in Nevada-County stehen in hoher
Blüte. Es ist fast die einzige bedeutende Minenstadt, in
der die Reisenden nicht leer stehende Magazine und Häuser
fanden. In Groß-Valley ist noch das Haus zu sehen, welches Lola Montez baute und mehrere Jahre bewohnte, als
sie 1854 dorthin kam, um zum Besten der Minengräber zu
tanzen. Das Haus, in dem sie einen Gemahl ruinirte und
dann gegen einen andern vertauschte, gehört jetzt einem
reichen Bergwerkbesitzer. Das Gedächtniß der Tänzerin ist
bei der Bevölkerung noch nicht erloschen und die Stadt ist
voll von Skandalgeschichten ihres wilden Lebens. Man
rühmt auf der andern Seite ihren Verstand, ihre geistreiche
Unterhaltung und ihre bezaubernden Manieren. Eine andere Merkwürdigkeit, deren sich die Großthalstadt rühmt,
ist ein altes Pferd, welches jeden Morgen ohne Kutscher
mit dem Milchwagen die Runde macht und vor der Thüre
jedes Kunden anhält, der sich dann selbst sein tägliches
Quantum Milch nimmt. Das wirkliche Wunder dürfte
denn doch nicht das alte Pferd, sondern die Ehrlichkeit sein,
mit der die Bevölkerung die Waare des vierfüßigen Milch-
mannes behandelt.

Im Bezirk von Mariposa sieht es dagegen schlimm

aus und die Geschäfte befinden sich in einem verzweifelten
Zustande. Es giebt hier im Ganzen zehn Stampfmühlen
und diese liegen fast sämmtlich auf der ehemaligen Besitzung
des Generals Fremont; aber nur zwei oder drei sind im
Gange und auch diese liefern keinen großen Ertrag. Die
Bevölkerung der Dörfer ist in der Abnahme begriffen, während Laster aller Art zunehmen und Straßenraub fast jede
Nacht vorfällt. Die besten Leute wandern fort. Die große
Mariposa-Minengesellschaft, welche 1863 mit einem Nomi-
nalkapital von zehn Millionen, zwei Millionen Schulden
und nicht einem Cent baaren Geldes gegründet wurde, und
welche dem General Fremont seine Besitzung abkaufte, hat
Bankrott gemacht. Der Sheriff hatte sechs Monate lang
sein Quartier auf der Besitzung aufgeschlagen, und die Lo-
kalgläubiger der Gesellschaft halten nun ein oder zwei Mühlen im Gange, um so viel wie möglich ihr Geld herauszu-
ziehen. Das auf diese Weise gewonnene Erz bringt 8 bis
10 Dollars die Tonne, was ein kläglicher Profit ist. Das
Ganze ist eine traurige Ruine — ein feiner Herr, der den
Kopf hoch trägt, aber in abgeschabten Kleidern umhergeht
und seine Füße unter die Mittagstische seiner Freunde
streckt. Es steckt unzweifelhaft noch Werth und vielleicht
großer Reichthum in dem Boden; aber nicht in dem Maße,
um die bisherige Art und Weise des Betriebs zu lohnen.
Getheilt und von kleinen Privatgesellschaften mit mäßigem
Kapital betrieben, wie die Minen in dem Großthal, hat Mariposa gewiß noch eine Zukunft. Einige wenige Personen
in Californien und dem Osten sind reich durch die Mari-
posaminen geworden; allein ihr Wohlstand stammt mehr
von dem Verkauf ihrer Aktien in New-York als aus den
Erträgen der Minen. Die beste Illustration liegt vielleicht

in den Worten, die man ihrem ursprünglichen, galanten, aber nie gedeihenden Eigenthümer, dem General Fremont zuschreibt: „Ich hatte nichts," soll er gesagt haben, „als ich nach Californien kam, und jetzt besitze ich 2 Millionen Dollars."

Die Zahl der Quarzmühlen in ganz Californien schätzt man auf sechshundert, ihre Kosten auf 12 Millionen Dollars und ihren Ertrag, bei durchschnittlich 10 Dollars auf die Tonne Erz, auf 18 Millionen Dollars das Jahr. Aber diese Zahlen sind offenbar zu hoch gegriffen. Es kann kaum über einhundert Quarzmühlen in Californien geben und ihr Ertrag kommt dem der Goldwäscherei keineswegs gleich. Die gesammte Goldgräberei wird gegenwärtig in mehr systematischer und verständiger Weise betrieben. Im Jahre 1862 war die Produktion am größten; im Jahre 1864 betrug sie nur die Hälfte davon, d. h. sie war von 40 bis 50 Millionen das Jahr auf 20 bis 25 gefallen. Eben so hoch wird der Ertrag von 1865 geschätzt. Es ist dies ein Drittheil der Produktion der gesammten Gebiete und Staaten westlich von den Felsengebirgen. Die Expreßcompagnie von Wells und Fargo und die Münze von San Francisco, welche die zuverlässigsten Daten liefern, geben für 1864 ungefähr 60 Millionen Dollars an. Während Californien höchstens 25 Millionen Dollars ergiebt, producirt Nevada jährlich 15 bis 20 Millionen, hauptsächlich in Silber; Idaho und Ost-Oregon 9 Millionen und die britischen Provinzen und Arizona etwa 5 Millionen. Aber die Produktion sämmtlicher Staaten und Gebiete westlich von den Felsengebirgen kommt nach San Francisco, wo ein Drittheil, etwa 20 Millionen, in der Münze verprägt wird, und der Rest geht in Barren und Staub nach

New-York, China und hauptsächlich nach England. Von 1856 bis 1865 sind über eine Billion Dollars in Gold ausgeführt worden.

Auch Petroleum erzeugt Californien, und seine Entdeckung hat ein wildes Spekulationsfieber erregt, von dem sich auch der Osten zu seinem Nachtheile hat anstecken lassen. Noch ist aber nicht ausgemacht, ob die Quellen lohnend sind oder nicht, und es ist bis jetzt mehr Gold in die Petroleumbrunnen geworfen, als herausgezogen. Zwei Gesellschaften östlicher Kapitalisten mit großen Summen haben eine Viertel Million Acres Oelland im Süden Californiens gekauft, aber ihre Nachgrabungen haben keinen glänzenden Erfolg gehabt und die eine Gesellschaft hat schließlich ihr Land in Weinberge verwandelt.

Zwölftes Kapitel.

Ausflüge in die Küstengebirge und die Sierras. San Jose. Die Geyser und die warmen Quellen von Napa. Die Weinberge im Sonomathal. Das Yosemitethal. Die Sequoia Gigantea.

Californien hat die Gestalt eines großen Beckens, welches zwischen zwei Gebirgszügen liegt. Der eine streckt sich die Küste entlang, und den andern bilden die Sierras, welche Californien im Osten von Nevada scheiden. Durch dieses 200 Meilen lange und 40—50 Meilen breite Becken strömt von Norden her der Sacramento mit seinen Nebenflüssen und von Süden der San Joaquin. Beide vereinigen sich oberhalb von San Francisco und ergießen ihre

Wasser in die mächtige Bucht, welche sich durch das Gol=
dene Thor dem Stillen Weltmeer erschließt.

Die beste Zeit, Californien zu besuchen, ist das Früh=
jahr, von Februar bis Juni, wenn die Regenzeit vorüber
und die Dürre des Sommers noch nicht begonnen hat.
Dann bekleidet Hügel und Ebene, welche die Reisenden im
Monat August nackt und verbrannt fanden, ein kräftiges
Grün und wilde Blumen breiten ihren farbenreichen Teppich
über den ganzen unbebauten Boden. Dann vermag kein
noch so sorgfältig gepflegter Garten des Ostens mit der
Ueppigkeit, der Mannichfaltigkeit und Sättigung der Far=
ben zu wetteifern, in denen Thal und Höhen prangen.
Dann ist auch das Laub der Bäume noch frisch und rein,
die Gebüsche der Lebenseiche erscheinen durch Blumen und
Gras in prächtige Gärten verwandelt und die Tannen= und
Fichtenwälder wachen freundlich über das bunte, neue Le=
ben, welches in ihrem Schatten erblüht.

Besonders schön sind die Thäler des Küstengebirges.
Diese Bergkette saugt die Wolken des Oceans auf und
führt deren köstliches Naß den Thälern in ihrem Schooße
zu. Diese Thäler mit ihrem Schatten immergrüner Eichen
und mildem Klima bilden die Gemüse= und Fruchtgärten
von San Francisco und vereinigen die ländliche Stille mit
der Kultur der Stadt. Eins der reizendsten Thäler ist
das von San Jose, südlich von der Stadt. Manches ge=
schmackvolle Landhaus mit ausgedehnten Gärten zeugt von
dem überströmenden Reichthum San Franciscos. Meilen=
weit erstrecken sich die Weizenfelder, und blühende Dörfer
reden von dem sichern und stetigen Gewinn des Ackerbaues
im Gegensatz zu dem verkommenen Aeußern und dem Ver=
fall mancher Minenstädte im Innern des Landes. Alte,

dem Einsturz nahe Missionshäuser und Kirchen, von Lehm
und Steinen, ohne Holz oder Eisen aufgeführt, und alte
Pfirsich- und Feigenbäume in den daran stoßenden Obstgärten bezeichnen die alten Heimstätten der katholischen und
spanischen Missionäre unter den Indianern. Moderne
Konventshäuser und Kollegien beweisen, daß dasselbe schmieg-
same Element noch immer das Kreuz aufrecht erhält und
augenblicklich vielleicht den Kindern der puritanischen Einwanderer die beste Erziehung an der Küste ertheilt.

Drei starke Tagereisen nördlich von San Francisco,
über Petaluma und Healdsburg hinaus, liegen die berühmten heißen Quellen, die Geyser von Californien. Die
Reisenden hatten die letzte Nacht in einem einsamen Ranch
am Fuß der Gebirge, in denen die Geyser liegen, gerastet.
Die Fahrt am nächsten Morgen über die Gebirge sollte sie
lehren, daß die Schnelligkeit und Kühnheit, mit der sie
über die Steppen und die Sierras befördert waren, noch
übertroffen werden könnte. Die Entfernung bis zu den
Quellen betrug 12 Meilen. Sie waren sechs Personen
in einem offenen, vierspännigen Wagen, und der Wirth ihres
letzten Nachtlagers, der zugleich Eigenthümer der Straße
war, lenkte selbst die Pferde, die nur einmal gewechselt
wurden. Die Straße ging steil bergauf und bergab und
mehrere Meilen lief sie auf dem Grat eines Berges, dem
„Schweinsrücken“ hin, von dem zu beiden Seiten das Gebirge wie ein Dach mehrere 1000 Fuß abfiel. Die Straße,
welche den Windungen des Grats folgte, war so breit wie
möglich angelegt; aber sie maß an der weitesten Stelle
doch nur 10—12 Fuß und an einer nur 7. Dennoch ging
es in vollem Galopp den schmalen Grat entlang. Nachdem mehrere Berge überstiegen waren, welche einen ent-

zückenden Blick auf die von Morgennebeln umwobenen
Thäler, Schluchten und Klippen gewährten, zeigten sich tief
unten im Thale die dampfenden Geyser. Fast senkrecht lief
der Weg, der fünfunddreißig scharfe Wendungen machte, 1600
Fuß auf die 2 Meilen bis zum Hôtel hinunter. „Sehen
Sie nach der Uhr!" rief der kutschirende Wirth den Reisenden zu, indem er knallend seine Peitsche schwang, und kopf-
über stürzten sich die Pferde den steilen Weg hinab. In
9½ Minute hielten sie vor dem Hôtel und die Reisenden
schöpften Athem. Der Rückweg hinauf dauerte 1¼ Stunde.
Als die Reisenden dem Wirthe ihr Erstaunen ausdrückten,
daß er auf einem so gefährlichen, steilen Wege mit solcher
rasenden Schnelligkeit gefahren sei, meinte er, es gäbe dabei gar keine Gefahr. Ruhiges Blut und die Vorderpferde
aus dem Wege zu halten, sei alles, was nöthig sei. Es
braucht aber wohl nicht nur ruhiges Blut dazu, sondern
auch eine rasche, feste und erfahrene Hand. Die ganze
Morgenfahrt hatte nur 2¼ Stunden in Anspruch genommen. Trotz der Gefährlichkeit des Wegs ist dem Wirthe,
der ihn schon manches Jahr hin und herkutschirt, bei seinem
schnellen Fahren noch nie ein Unglück geschehen.

Die Quellen liegen in einer kleinen Seitenschlucht des
Thales. Der Boden ist von der langen Hitze gelblich grau,
porös und wie verrottet, und die Luft so heiß und geschwe-
felt, daß man kaum zu athmen vermag. Der Grund der
ganzen Schlucht und die Seitenwände scheinen hohl und
mit kochendem Wasser angefüllt zu sein. Unzählige kleine
Spalten und Löcher dienen dem Wasser zu Auswegen, und
aus ihnen kocht es über und dampft es, wie aus kleinen
Theekesseln. An einer Stelle öffnet sich die Erde einige
Fuß im Durchmesser und aus diesem „Hexenkessel" siedet

und zischt ein schwarzes, tintenartiges Wasser so heiß, daß
ein Ei sofort darin kocht. Das Wasser wird 4—6 Fuß
in die Höhe geschleudert, und der Eindruck, den dieses
Schauspiel hervorbringt, ist diabolisch genug. Der „He=
renkessel" wiederholt sich wohl ein Dutzendmal im Kleinen.
Weiter aufwärts läßt sich ein puffendes Geräusch verneh=
men, genau so wie von einem im Gang befindlichen Dampf=
boote. Es rührt von einigen Dampfsäulen her, die mit
heftiger Gewalt aus kleinen Oeffnungen herausgepreßt wer=
den, hoch in die Luft steigen und ihr kochendes Wasser weit
umhersprühen.

Die Hitze und der Geruch wirken betäubend. Die
Luft ist geschwängert mit einer Mischung von Salzen,
Schwefel, Eisen, Magnesia, Soda, Ammoniak und all' den
Chemikalien eines Apothekerladens. Der Boden unter den
Füßen brennt, als wollte er jeden Augenblick sich öffnen
und den Wanderer hinabreißen in seinen siebenten Höllen=
kessel. „Hier ist Hölle; in mir selbst ist Hölle," könnte
man mit Milton ausrufen. Man schreitet fortwährend
zwischen dünnen Dampfsäulen und über kleine bubbelnde
Becken. Die ganze Schlucht ist mit ihnen angefüllt. Zwei
andere Schluchten bieten einen ähnlichen Anblick. Rings
um die siebenden Kessel und Dampfventile haben sich zier=
liche Krystalle von Schwefel und andere Mineralien ange=
setzt, welche das kochende Wasser aufgelöst enthält. Das
meiste Wasser ist schwarz wie Tinte und zuweilen eben so
dick. Die Temperatur der einzelnen Geyser ist verschieden.
Sie wechselt zwischen 150 und 500 Grad. Dicht neben
ihnen sind kalte Quellen, deren Temperatur die umgekehrte
Abstufung bietet.

Die Indianer haben sich einiger dieser heißen Quellen

schon seit langer Zeit gegen Rheumatismus und Hautkrank=
heiten bedient und, wenn man ihren Erzählungen Glauben
schenken darf, mit wunderbarem Erfolge. Augenblicklich
besteht erst ein kleines, einfaches Badehaus, zu welchem
die Wasser aus der Schlucht geleitet werden; der Besuch
ist gering. Auch ein Hôtel ist vorhanden; sonst ist das
Thal völlig unbewohnt. Es ist ein wilder Fleck Erde mit
dichten Wäldern und einem Gebirgsstrom. Fluß und Wald
sind außerordentlich reich an Forellen, Haselhühnern und
Rehen.

Ebenfalls wegen seiner warmen Quellen und mehr
noch wegen seiner Schönheit und Fruchtbarkeit ist das nah=
gelegene Thal von Napa berühmt, wo die fashionablen
San Franciscaner ihre Sommerfrische zu halten pflegen.
Die schwefelhaltigen Quellen sind eng von Bergen einge=
schlossen und das Wasser gewährt ein köstliches, die Haut
schmeidigendes Bad. Landhäuser, Obstgärten und Parks
von immergrünen Eichen verleihen dem Wege nach dem
Dorf Napa einen angenehmen Reiz. Steigt man von hier
über die Berge fort, so erreicht man das nicht minder
schöne und fruchtbare Thal von Sonoma. Hier befinden
sich einige der größten Weinberge von Nord = Californien,
darunter der von einem ungarischen Oberst geleitete der
Buena Vista Weinkulturgesellschaft. Dieser Weinberg um=
faßt ungefähr 5000 Acres Land, ein fürstliches Wohnhaus,
große Weinpressen, Küfereien und Keller. Der ganze Be=
sitz, das Wein= und Branntweinlager im Werthe von
100,000 Dollars eingeschlossen, wird auf eine halbe Million
Dollars geschätzt. Der Geschmack der Weine hier, wie in
Californien im allgemeinen, ist jedoch nicht sehr verlockend.
Die Weinkultur befindet sich noch in der Kindheit. Der

Geschmack ist dem der Rheinweine und der Catawbatrauben von Ohio ähnlich, nur herber, rauher; auch steigt der Wein stark zu Kopf. Es ist daher erklärlich, daß der Californier seine eigenen Weine lieber nach dem Osten ausführt und an dessen Stelle französische Weine einführt. In Californien wird zweimal so viel französischer Wein getrunken, als dieselbe Bevölkerungszahl im Osten verbraucht. Champagner ist die Muttermilch der Californier. Sie beginnen den Tag mit einem Spitzglas davon und gehen mit einer Flasche im Magen zu Bett. In allen Trinkstuben wird er wie jedes andere Getränk glasweise verkauft, und wenn man „Wein" fordert, so ist Champagner darunter verstanden. Jetzt hat auch die Buena Vista Weinkulturgesellschaft angefangen, Champagner zu fabriciren und zwar mit gutem Erfolg. Uebrigens ist Californien fast überall zum Weinbau geeignet, sowohl auf den verlassenen und erschöpften Goldfeldern der Sierra Nevadas, wie in den Thälern der Küstengebirge und der Berge im Süden.

Diese Thäler sind in der That wahre Edelsteine der Agrikultur und sollten von dem Staate höher geschätzt werden, als die Goldminen. Getreide, Obst und Gemüse sind ihr Haupterzeugniß, und die Einnahme, die sie gewähren, ist ungeheuer, weil die Cultur und Pflege verhältnißmäßig leicht ist.

Die Saatzeit in Californien ist von Dezember bis April und Mai; die Ernte fällt in die Zeit von Juni bis September. Ställe für die Heerden braucht man nicht; sie können ruhig das ganze Jahr über auf den Weiden sich aufhalten. Noch bedarf man der Scheuern für die Ernte. Das Dreschen und Worfeln geschieht ganz gut auf offenem Felde und das Getreide wird in Säcke geschüttet und zu

Markte gebracht. Denn es giebt weder Regen noch Thau,
welche die Ernte verderben könnten. Man kann sie ruhig
auf dem offenen Felde in beliebiger Gestalt liegen lassen.
Säen und ernten geschieht nicht mit der brennenden Eile
wie im Osten; keine Schauer närren den Arbeiter, noch
giebt es verlorene Tage während des langen Sommers.
50 Scheffel Weizen von dem Acre sind hier gewöhnlicher,
als 25 von dem besten Weizenlande in den alten Staaten
und oft werden selbst 75—80 Scheffel gewonnen. Gerste,
die ebenfalls viel gebaut wird, giebt einen noch größeren
Ertrag. Es ist Thatsache, daß der Acre bis 120 Scheffel
bringt und Ernten, die einen Landmann im Osten in Erstaunen setzen würden, werden oft von der Gerste eingebracht,
die bei der Ernte des letzten Jahres verstreut worden ist.
Ein Landmann in der Nähe von San José, dessen Farm
aus 1200 Acres besteht, hat 1865 über 50,000 Scheffel
Weizen geerntet. Der Bezirk von Santa Clara, in welchem sich diese Farm befindet, 50 Meilen südlich von
San Francisco und zwischen zwei Bergrücken der Küstengebirge liegend, weist in Bezug auf den Ackerbau folgende
Zahlen auf: eingehegtes Land 210,000 Acres, bebautes
130,000; Weinstöcke 879,900; Aepfelbäume 120,000.

Die Ernte von 1865 betrug 35,000 Tonnen Heu,
135,000 Scheffel Weizen, 100,000 Scheffel Gerste, je
60,000 Scheffel Hafer und Kartoffeln und 4000 Scheffel
Korn.

Im ganzen hat Californien 100 Millionen Acres zum
Ackerbau und zur Weide geeigneten Boden, wovon im
Jahre 1865 über 6 Millionen Acres eingezäunt waren.

Der Ackerbau von Californien braucht nichts als einen
beständigen und umfangreichen Markt. Es schickt seine

Produkte nach Washington und den britischen Provinzen,
östlich nach Nevada und Idaho, südlich nach Mexico; es
macht selbst einen Versuch nach Westen mit China und
hofft dort vermittelst der Dampfboote einen großen Markt
für Weizen zu finden. Aber der größte Theil des Bodens
ist noch nicht umbrochen und die Produktionskraft ist nur
vorausgesetzt, nicht bewiesen, und noch unentwickelt. Und noch
immer kauft Californien die Hälfte seines Butterbedarfs
von dem Osten. Man gehe in die Ranchs im Innern,
deren Heerden nach Tausenden zählen, und es ist zwei gegen eins zu wetten, daß weder Milch noch Butter für Geld
und gute Worte zu bekommen sind.

Doch die Krone aller Schönheiten und Wunder der
Natur des fernen Westens ist das Yosemitethal. „Man
könnte ebensowohl ein Schloß, eine Kathedrale aus einem
einzigen Fries oder einer zerbrochenen Säule wieder auf-
bauen, als die überwältigende Schönheit und Großartigkeit
dieses Thales malen oder beschreiben!" rief Bowles in
einem seiner Briefe aus, überwältigt von der Erinnerung
an den Anblick, als er, mit seinen Gefährten aus den grünen Wäldern heraustretend, von hoher, steiler Felswand
zuerst die rollende, wogende See granitner Gebirge über-
schaute, in deren Schooß das Thal mit seinen Matten,
Hainen und silbernen Wasseradern ruht. „Es war, als ob
wir mitten in einer großen Gefahr, in dem feierlichen Au-
genblicke eines unvermeidlichen Todes Gott von Angesicht
zu Angesicht gegenüberstanden. Alles Sterbliche wich zurück,
alles Unsterbliche trat hervor und erfüllte uns mit Anbetung. Wir hielten, bis die reichen Elemente der Schönheit
deutlicher von der überwältigenden Majestät sich absonderten,
und dann trieben wir, begierig, ihnen näher zu kommen,

die ermatteten Pferde den steilen, rauhen Pfad in das
Thal hinab." Und hier nun wanderten sie voll Staunen,
Bewunderung und Anbetung vier Tage lang umher. Bei
Sonnenschein und bewölktem Himmel, bei dem weichen Lichte
des Mondes und dem hellen Glanz der Sterne, durch die
feinen, duftigen Augustnebel, in dem Dämmerschein des
Morgens und des Abends, dem Glanz des Wachtfeuers, bei
dem sie die Nächte im Freien zubrachten, schauten und ge=
nossen sie mit allen Sinnen dieses herrlichste Schöpfungs=
wunder der westlichen Welt. Nur der Niagara läßt sich
dem Yosemitethal an die Seite stellen, nur die Schweiz in
ihrer Gesammtheit vermag es zu übertreffen.

Der Name des Thals wird Yo=sem=i=te ausgesprochen.
Er ist indianisch und bedeutet der graue Bär. Man ver=
muthet, daß so ein berühmter Häuptling der Indianer ge=
hießen habe und von ihm die Benennung auf das Thal
übertragen worden sei. Der Fuß weißer Männer betrat
es zuerst im Jahre 1851 bei der Verfolgung von India=
nern, mit denen sich damals die Ansiedler im Kriege befan=
den. Die Rothhäute hatten stets damit geprahlt, daß sie
eine Zufluchtsstätte besäßen, in die ihre Feinde nie eindrin=
gen würden. Aber zum Antrieb der Rache des weißen
Mannes gesellte sich der Reiz der Neugierde, und so ent=
deckte er endlich das schöne Thal und vertrieb die Roth=
häute aus diesem verborgenen Schlupfwinkel, wo sie so
lange ihres Raubes unbelästigt froh geworden waren. Nur
zwei Pässe leiten in das Thal, der eine von Mariposa
der andere in entgegengesetzter Richtung von Coulterville
her. Beide sind einfache Felseinschnitte und nur für Fuß=
gänger oder Reiter zugänglich. Alles Gepäck, alle Lebens=

mittel müssen zum Hineinschaffen auf Maulthiere oder Pferde geladen werden.

Das Thal liegt etwa 3 Tagereisen südlich von San Francisco in den Sierra Nevadas. Bis Mariposa-County, welches, 70 Quadratmeilen umfassend, dem General Fremont gehörte, kann man fahren, erst den Sacramento und San Joaquin bis Stockton hinauf, 125 Meilen mit dem Dampfboot; dann zu Wagen durch das Thal des San Joaquin und die Nebenthäler in den Vorbergen der Sierras bis zu dem Dorfe Mariposa, 100 Meilen. Von hier aus führt ein Saumthierpfad 40 Meilen lang an steilen Felswänden auf und ab, durch enge Pässe und majestätische Kieferwaldungen 6—8000 Fuß über dem Meeresspiegel aufwärts, wo dann, unter den mit langen, gelblichgrünen Moosbärten verzierten Tannen hervortretend, plötzlich das Yosemitethal vor den entzückten Blicken liegt. Eine doppelte Mauer senkrechter Granitfelsen, von der Höhe einer halben bis ganzen Meile, schließt es ein. Im Durchschnitte ist es kaum eine halbe Meile breit und etwa 15 Meilen lang. Man könnte es fast eine Felsspalte, eine Kluft nennen; doch trotz seiner Schmäle bietet es die ganze Fruchtbarkeit und Schönheit eines großen, reichen Thales. Seine Abhänge sind mit üppigem Rasen bedeckt und wechseln mit Hainen von Eichen und Föhren, welche letztere in ihrem majestätischen Wuchse nicht selten eine Höhe von 250 Fuß erreichen. Hier bieten Dickichte von Weiden, Birken, Lorbeer- und Cornelbäumen und blühende Gesträuche ihren Schatten. Dort wandeln Primeln und Schlüsselblumen, goldene Raute und Veilchen jedes freie Plätzchen zum heitersten Garten. Der Duft aller dieser Blumen, das Aroma der Münze, der Harzgeruch der Tannen und Fichten

erfüllen die Luft, und zwischen den Matten, Blumen und
Gebüschen schlängelt sich der Mercedefluß so rein, so durchsich=
tig klar, daß es schwer zu sagen ist, wo die Luft aufhört
und das Wasser beginnt. Bald fließt er rasch über glatte
Kiesel und weichen Sand, bald erweitert er sich zu tiefen
Becken, die zum Baden verlocken, und worin es sich Forel=
len wohl sein lassen.

Nun denke man sich zu beiden Seiten der Wiesen,
Blumengärten und Wälder jäh und schroff, vielgestaltet
und mannichfach gekrönt, gewaltige Mauern von Granit
aufragend. Die vorherrschende Farbe des Steins ist ein
warmes, weiches Gelb, das stellenweise erblaßt und wieder
dunkler erscheint, als ob Regen, Schnee und Wind ihre
Macht an der Farbe versucht hätten. Zuweilen finden sich
auch Licht und Dunkel in scharfen Gegensätzen dicht neben=
einander. Doch mehr als die Farben fesseln die Gestalten
der Felsen das Auge. Die Hauptgestalt bildet eine massive
zweiseitige Mauer von gelbgrauer Farbe, die in die Wiesen
vorspringend, volle dreiviertel Meile ohne Abstufungen senk=
recht gen Himmel steigt. Ihr indianischer wie spanischer
Name bedeutet der Große Jehova, und es ist wahrschein=
lich, daß er für die Eingeborenen ein Gegenstand der An=
betung war; ist es doch selbst für den civilisirten Menschen
unmöglich, vor ihm nicht klein und demüthig sich zu fühlen.

Aehnlichen, nur nicht so majestätischen Formen begeg=
net man noch einige Male; während andere Felsen in ihrer
Bildung mehr poetisch und phantastisch erscheinen. Hier
und dort erheben sich große, massige Dome. Der höchste
Felsen des Thales gleicht vollkommen einer in der Mitte
durchgeschnittenen Kathedrale. Ein kleiner See am Fuße
spiegelt ihre majestätischen Formen wieder. Regelrechte Py=

ramiden lehnen sich bald an die Thalmauer, bald stehen sie
in Gruppen bei einander und steigen hinter und überein=
ander empor, wie die „Drei Brüder.“ Die „Kathedral=
felsen“ und die „Kathedralthürme“ vereinigen mit ihrer
Mächtigkeit die Schönheit und die phantastischen Gestalten
gothischer Bauart. Formen und Farben begünstigen die
Vorstellung, daß man sich unter den Ruinen eines alten
gothischen Domes befindet, mit dem verglichen die Kathe=
bralen von Köln und Mailand wie nürnberger Spielzeug
erscheinen.

Die gewöhnlichste Form der Felsen ist diejenige leicht
geneigter weit hinstreichender, nackter Wälle, die sich hin
und wieder so hoch erheben, daß sie das Thal täglich um
einige Stunden des Sonnenscheins berauben. Auf der
Oberfläche dieser Wälle sind mitunter mächtige Bögen ein=
geschnitten, zuweilen sind sie in Schollen zersplittert, und
in den Spalten wurzeln Föhren, die bei der mächtigen
Höhe des Walles wie Sträucher erscheinen. Wieder an an=
deren Stellen liegen die Felsen übereinander gleich den
dicken Hautfalten eines Rhinozeros, oder es sind Säulen
auf der Fläche der Mauer ausgemeißelt, die manchmal wie
ein Hutrand über das Thal vorspringt und droben sich zu
einem Kegel zuspitzt. Viele dieser Erscheinungen in Gestal=
ten und Farben, Licht und Schatten beruhen auf der Ueber=
einanderschichtung ungeheurer Steinmassen. Frost und Eis
bringen in die feinen Spalten und sprengen Stücke von
der Größe eines Apfels bis zu der eines Hauses ab, die
zermalmend und zerbröckelnd in das Thal hinunter stürzen.

Ueber die Seitenwände des Hauptthales brausen
Wasserströme, die sich aus schmälern und höher gelegenen
Thälern ergießen. Die schneegekrönten Höhen der Nevadas

schließen den Hintergrund ab. Die zahlreichen Wasserfälle
bilden unstreitig den schönsten Schmuck des Josemitethals,
besonders zur Zeit der Schneeschmelze in den Monaten
Mai, Juni und Juli. Dann sind diese Ströme alle voll
Wasser, während sie in den spätern Monaten zu Bächen
einschrumpfen. Im Haupttheile des Thales fesselt zunächst
der Brautschleierfall (Pohono von den Indianern genannt)
den Blick. Die Wassermenge dieses Falles ist nicht bedeutend. Daher geschieht es, daß sie sich bei dem Sturze von
der etwa 1000 Fuß hohen Klippe in blitzendes Gesprühe
auflöst, das im Luftzuge wie ein Gazeschleier wallt und weht.
Weiter im Thale hinauf stürzt sich der Josemitefall in
einer Breite von etwa 20 Fuß bei 2 Fuß Tiefe brausend
über den Felsrand. Unter allen bis jetzt bekannten Wasser-
fallen der Welt ist dieser der höchste. Doch wird er, nachdem er etwa 1500 Fuß senkrecht herabgestürzt ist, durch
vorspringende Felsenmassen unterbrochen, zwischen denen er
in einer Reihe von Kaskaden über 600 Fuß herabsprudelt,
worauf er sich zu einem letzten Sprung von etwa 400 Fuß
zusammenfaßt. Da alle diese Stürze in derselben senkrechten Ebene liegen, so ist man im Stande, sie alle auf einmal zu überblicken, und die Wirkung ist malerischer, als
wenn sich das Wasser in einer einzigen Säule von der
obersten Klippe in das Thal hinübergösse. Die Wassermenge des obersten Falles ist zu groß, um sich wie der
Brautschleier in Staub aufzulösen; aber da sie sich je nach
dem Winde, der mit großer Kraft auf sie wirkt, zitternd
hin und her bewegt, so ist der Anblick außerordentlich großartig, namentlich in der magischen Beleuchtung des Voll-
mondes. Die Höhe des ganzen Falles beträgt in runder

Zahl 2550 Fuß. Er ist also 15 mal so hoch als die Fälle des Niagara.

Oberhalb des Yosemitefalls zweigt sich das Thal in zwei oder drei enge Schluchten ab, die nach kurzer Strecke durch die Felsenmauern der Hochebene geschlossen werden. An dem Ende der einen Schlucht stürzt sich der Hauptarm des Mercedeflusses auf der kurzen Entfernung von einer halben Meile über zwei Felsendämme, einmal 350 Fuß, das andere Mal 700 Fuß tief hinab. Der untere und kleinere Fall heißt der Vernalfall. Er schüttet sein Wasser in einem einzigen Gusse aus, der am Fuße einen köstlichen Regenbogen bildet. Der obere Fall, von den Indianern Yowiye genannt, wird als der Nevadafall bezeichnet. Er breitet sich im Sturze von der obersten Klippe strahlenförmig, sprühend und zerstäubend aus und prallt etwa auf dem halben Wege auf einen Felsen, der ihn etwas seitwärts wendet und das Wasser in geraden und krummen Linien schäumend zu Thal schießen läßt. Der Nevada ist der Fall aller Fälle. Seine wunderbare, fesselnde Schönheit ist ohne Gleichen, selbst in der Schweiz, die manchen ähnlichen Wasserfall aufzuweisen hat. Jeder Tropfen des reichen Stroms erscheint weiß wie Milch. Von Anfang bis Ende gleicht der Fall einem einzigen großen Spitzengewebe. Wie der Gischt über die Felsen herabschäumt, jeder Tropfen erkennbar, kann man ihn in der That mit nichts anderem vergleichen, als mit den feinsten Spitzenkrägen mit ihren unzähligen Knötchen, nur daß die Arbeit der Natur in ihrer Zartheit und Schönheit und Vollendung von der menschlichen Arbeit nimmer erreicht wird. In reizenden, sprudelnden Kaskaden eilt das Wasser des Nevadafalles anfangs weiter;

dann schießt es über glatten Granit in durchsichtiger Klarheit dem Vernalfalle zu.

Der Weg hinauf zum Nevadafall ist beschwerlich und nicht ohne Gefahr. Er führt durch Engpässe, über Felsstürze, an dem Rande von Abgründen hin und über senkrechte Mauern, die nur mit Hilfe von Leitern zu ersteigen sind. Doch die Mühe und Anstrengung wird reichlich belohnt durch die Schönheit der Fälle und die Scenerie der Felsen.

Alle Schluchten haben ihre Wasserfälle und Kaskaden, deren Rauschen, Brausen und Donnern das stille Thal erfüllen. Die spiegelnde Glätte der steilen Thalwände und ihre wagrechte Schraffirung deuten darauf hin, daß das Yosemitethal und seine Nebenschluchten einst von Gletschern ausgefüllt waren. Indessen scheint es nach den Untersuchungen des Professors J. D. Whitney nicht, als ob die Masse des Eises das Thal bis zum obersten Rande der Klippen ausgefüllt habe; doch muß es wenigstens 1000 Fuß dick gewesen sein. Vier lang gestreckte Aufwürfe im Thale sind ohne Zweifel alte Moränen. Einer von diesen Aufwürfen bildet ein niedriges, schmales Band von Felsenbruchstücken und rundlichen Erhöhungen, welches sich von der Basis des halben Doms in einer Curve das Thal hinunterzieht und dann wieder aufwärts sich wendet zu den Trümmern unter der Washingtonsäule. Es scheint dies die Endmoräne des einstigen Tenaya-Creekgletschers zu sein.

Eine deutlich erkennbare Mittelmoräne erstreckt sich von dem Fuß des westlichen Endes des halben Domes mit einer leichten Krümmung in das Thal. Eine andere Moräne ward zwischen den Gletschern gebildet, die von der Schlucht des Mercede und den südlichen Abzweigungen her-

unter kamen. Sie liegt gegenwärtig als ein großer Trüm=
merhaufen das Thal hinunter da.

Eine Endmoräne erstreckt sich quer über das Yosemite=
thal. Von den Klippen unterhalb des Brautschleierfalls
beginnend, krümmt sie sich auf der südlichen Seite den Fluß
hinunter und zieht sich dann nördlich wieder hinauf, bis sie
die Böschung etwa eine Viertelmeile unterhalb dem El Ca=
pitan genannten Felsen erreicht, auf diese Weise eine voll=
ständige Barriere quer über das Thal bildend. Sie ist
nicht sehr umfangreich, sondern erhebt sich nur etwa 20
Fuß über dem Boden; doch scheint sie eine wesentliche Aen=
derung in der Abdachung am Fuß der Klippen des Thales
zu bezeichnen. Denn oberhalb derselben ist die in dieser
Richtung aufgehäufte Trümmermasse außerordentlich gering,
ja sie fehlt an manchen Stellen ganz und gar, und die un=
tere Kante der Klippen berührt die Thalsohle, ohne daß kaum
ein Felsfragment in dem Winkel lagerte. Unterhalb der Mo=
räne sind dagegen die Trümmerhaufen sehr bedeutend; sie
vereinigen sich an dem Flusse und reichen zu beiden Seiten
hoch an den Klippen hinan.

Es ist nicht unwahrscheinlich, daß diese Moräne wie ein
Damm das Wasser im Thale zurückgehalten hat, nachdem
der Gletscher sich nach dessen oberem Ende zurückgezogen
hatte, und daß das Thal, während es auf diese Weise einen
See bildete, mit den von den Gletschern oberhalb zerriebe=
nen Felsenmassen angefüllt wurde und in Folge dessen seine
fast ebene Oberfläche erhielt.

Aus dem frischen Auftreten großer Trümmermassen an
den Seiten des Thales ist es ersichtlich, daß dieses Gestein
sich gegenwärtig mit verhältnißmäßiger Schnelligkeit auf=
schichtet. Wenn man erwägt, wie klein die ganze Grund=

masse der Felsen im Verhältniß zur Höhe und Ausdehnung der Klippen ist, so drängt sich der Schluß auf, daß die Zeit, während welcher das Yosemitethal von einem Glet= scher angefüllt war, noch nicht sehr lange vorüber sein kann. Es scheinen gewichtige Gründe für die Annahme vorzulie= gen, daß eine große Aenderung in dem Klima Californiens innerhalb der historischen Periode stattgefunden habe. Wir wissen, daß eine solche Aenderung vor sich gegangen ist, da evidente Beweise dafür vorliegen, daß der Fall der Nässe in den Sierra Nevadas einst beträchtlich größer war, als gegenwärtig. Aber zu der Ursache dieser Umgestaltung fehlt bis jetzt der Schlüssel.

Der Congreß hat das Thal dem Staat von Califor= nien geschenkt unter der Bedingung, daß es der Erholung und dem Vergnügen des Publikum ausschließlich gewidmet bleibe. Es zählt etwa zwei bis drei Bewohner. Der eine davon ist der Besitzer des Hôtels, welches etwa auf ein Dutzend Personen eingerichtet war. Die Gesellschaft, mit der Bowles das Thal besuchte, bestand aber aus siebzehn Personen und darunter befanden sich fünf Damen. Indes= sen fehlte es nicht an Obdach, denn wem Haus und Zelt keine Herberge mehr bieten konnten, den deckte der Himmel zu und wärmte der Heuschober. Manche gaben dem Lager unter dem Sternenzelt aus freien Stücken den Vorzug, und in der trocknen, reinen Luft im Thale ist es nicht nur nicht schädlich, auf der Erde im Freien zu schlafen, sondern es ist sogar gesund. Wegen der Lebensmittel aber brauchte man vollends keine Sorge zu haben. Die üppigen Berg= weiden lieferten Hammel, die so zart und vortrefflich waren, wie sie selbst England nicht zu geben vermag; die Wälder Hirsche, das Wasser Forellen.

Auf dem Rückwege statteten die Reisenden den Big trees, den Großen Bäumen, an der Grenze von Mariposa, und Fresno, einen Besuch ab. Diese Bäume gehören derselben Gattung an und sind zahlreicher und mächtiger als die zuerst entdeckten und oft beschriebenen in dem fern ab liegenden Bezirk von Calaveras. Aehnliche Baumriesen sind während der letzten Jahre noch mehrere aufgefunden worden, so daß die Zahl der jetzt bekannten Gruppen auf den westlichen Abhängen der Sierra Nevadas etwa auf zwanzig sich beläuft.

Die Großen Bäume von Mariposa stehen in zerstreuten Gruppen in den Fichten= und Cedernwäldern auf einem mehrere Meilen weiten Raume. Oestlich von den Felsengebirgen würden schon die Fichten und Cedern, in deren Gesellschaft sie sich befinden, das höchste Erstaunen wegen ihrer Größe und Schönheit erregen. Denn sie haben 6, 8, selbst 10 Fuß im Durchmesser, und ihre Höhe beträgt 250 bis 300 Fuß. Aber diese Mammuths sinken zu Pygmäen herab neben der Sequoia Gigantea, dem wissenschaftlichen Namen für die Großen Bäume. Ihr Durchmesser beträgt 30 bis 40 Fuß und ihre Höhe selten weniger als 250 Fuß. Sechs von ihnen haben über 30 Fuß im Durchmesser und 90 bis 100 im Umfange. Fünfzig haben über 16 und 200 über 12 Fuß im Durchmesser. Der Graue Riese, welcher zu den mächtigsten gehört, steigt 90 Fuß auf, ohne daß die Dicke seines Stammes sich merkbar verminderte, und dann sendet er einen Ast aus, der 6 Fuß im Durchmesser hat.

Doch diese Bäume sind wegen ihrer Schönheit noch viel bemerkenswerther, als wegen ihrer Dicke und Höhe. Die Farben ihrer Rinde ist ein helles, zartes Zim-

13*

metbraun. Die Rinde selbst ist gereift und gleicht korin=
thischen Säulen. Der Wipfel, der wie eine Kappe auf
einem hohen, nackten Schiffsmaste sitzt, bildet einen voll=
kommenen Laubkegel. Die immergrünen Blätter haben
einen leicht gedämpften Glanz, wodurch die Bäume schon
aus der Ferne im Walde erkennbar sind. Das Holz hat
eine dunkle, gesättigt rothe Farbe, welche die Großen Bäume
zu jener Gattung stellt, die in Fülle in den Küstengebirgen
des Stillen Oceans vorkommt und gewöhnlich als Roth=
holz bezeichnet wird. Das Holz der Sequoia Gigantea ist
jedoch von einem feineren Kern als das ihrer kleineren
Verwandten, und Holz und Rinde, welche letztere zuweilen
über 20 Zoll dick ist, sind so leicht und zart, daß die Winde
und der Schnee des Winters ihre Wipfel und oberen
Zweige häufig beschädigen. Zwei der größten Riesen waren
vom Sturme umgeworfen worden und durch den Stamm
eines der ältesten, welcher ausgebrannt war, konnte man
hindurchreiten. Manche sind durch Feuer beschädigt, die
man rings um sie angezündet hat. In einem mächtigen
Baum hatte das Feuer ein halbes Dutzend Zellen hinein=
gebrannt, die groß genug waren, um Versteckens zu spielen,
oder Liebespärchen zu verbergen.

Man hat über das Alter der Bäume vielfache Berech=
nungen angestellt. Doch reichen die ältesten unter ihnen
schwerlich über die christliche Zeit hinaus. Sie begannen
wahrscheinlich eben zu sprießen, als der Stern, der die
Geburt Christi verkündete, über Bethlehem leuchtete. Ein
höheres Alter mögen die Großen Bäume von Calaveras bean=
spruchen, unter denen zwar mancher höher ist, aber keiner
von größerm Umfange und Durchmesser als die des Grauen Rie=
sen sich befindet. Man hat an einem dortigen Baumstumpf,

der nicht weniger als 23 Fuß und 1⅓ Zoll im Durchmesser zählt, nach den Jahresringen ein Alter von 4830 Jahren berechnet.

Die Großen Bäume im Distrikt von Calaveras sind im August 1865 sorgfältig gemessen worden. Das Ergebniß war folgendes:

Namen der Bäume.	Höhe in Fußen.	Umfang 6 Fuß über der Wurzel.
The Starr King (Sternkönig) . .	366	50
General Scott	327	45
General Jackson	320	42
Two Sentinels (die zwei Schildwachen)	315	—
Salem Witch (die Salem Hexe) .	310	—
Trinity (Dreieinigkeit)	308	48
Mother of the Forest (Mutter des Waldes)	305	63
William C. Bryant	305	49
Henry W. Beecher	291	45
Granite State (Granitsäule) . .	286	50
General Washington	284	52
Abraham Lincoln	281	44
Bay State (Buchenstaat) . . .	280	48
Old Kentucky	277	45
Empire State (Kaiserpracht) . .	275	50
Andrew Johnson	273	32
Daniel Webster	270	49
Mother and Son (Mutter und Sohn)	269	64
Edward Everette	265	46
Pride of the Forest (Stolz des Waldes)	260	50
Vermont . . . , . . .	259	41
John Torrey	259	35
Arbor Vitae Queen (Lebensbaum-Königin)	258	31
Beauty of the Forest (die Waldschöne)	258	—
Henry Clay	241	44

Unter den Fichten in der Nähe des Hôtels von Calaveras
maßen:

Namen der Bäume.	Höhe in Fußen.	Umfang 6 Fuß über der Wurzel.
Pinus Englemanni, oder die gelbe Fichte	232	27
Eine andere Fichte	220	19
P. Lambertiana oder Zuckerfichte .	165	—

Dreizehntes Kapitel.

Die brennende Tagesfrage der Pacific-Eisenbahn.

Der Osten hat vier Jahre hindurch die Arbeit und
selbst das Blut von Millionen seiner Söhne geopfert und
3000 Millionen Dollars verausgabt, um einen Theil der
Republik vor Barbarei und Anarchie zu bewahren, und sein
Triumph wiegt die Kosten über und über auf. Möge er
jetzt einige wenige Tausend Menschen und einige Hundert
Millionen Dollars hergeben, um eine neue Republik zu
schaffen und mit der Nation des Atlantischen Oceans die
gleiche, wenn nicht größere Nation des Stillen Weltmeers
zu verbinden. Möge er einer neuen Secession, einem
neuen Bürgerkriege zuvorkommen durch einen Triumph der
Friedenskünste, der erhabener sein würde, als die Siege
auf dem Schlachtfelde. Hier ist das Geld, um die große
Nationalschuld zu tilgen, hier ein unbegrenzter Reichthum,
der Welthandel, die Vervollständigung der Republik! Aber
der Osten muß sich alles das mit der Locomotive holen.

Ein halber Continent wartet auf deren belebenden Einfluß. Ein Ackerbau von unbegrenzter Ertragsfähigkeit schwankt ungewiß und unsicher, weil es ihm an regelmäßigen Märkten fehlt, die ihm die Pacific-Eisenbahn allein geben kann. Die unermeßlichen Schätze der Bergwerke liegen theils noch verschlossen da, theils werden sie nur nachlässig gehoben oder im Spiel vergeudet, so lange die Eisenbahn nicht Arbeitskräfte, billiges Kapital, Holz, Wasser, Wissenschaft — kurz alles das den Küsten des Stillen Weltmeeres zuführt, was den Minenbau den Launen des Zufalls zu entreißen und ihm wie jedem andern Gewerbe eine sichere Grundlage zu gewähren vermag. Der Welthandel mit Indien und China wartet sehnsüchtig auf die eisernen Schienen. Ein unbegrenztes Feld für Manufakturen und Fabriken liegt aus Mangel an Anregung und vortheilhaftem Absatz noch zum größten Theile brach. Alle feinern und edlern Elemente des gesellschaftlichen Lebens und der Civilisation verschmachten und leiden, weil es ihnen an der schnellen Verbindung mit der im Osten strömenden Quelle des nationalen Lebens der Vereinigten Staaten gebricht.

Ueberall zwischen den Ebenen und dem Stillen Ocean, im Binnenlande wie an der Küste, auf dem Columbia und dem Colorado, überall war die erste Frage, welche Männer wie Frauen, reich und arm, hoch und niedrig an die Reisenden stellten: „Wann, denken Sie, wird die Pacific-Eisenbahn fertig sein?" oder „Warum beschäftigt die Regierung, nun der Krieg vorüber ist, nicht die Soldaten bei dem Bau der Bahn?" Und immer war der Refrain: „Baut die Pacific-Eisenbahn so schnell wie möglich; wir warten auf sie, Alles wartet auf sie!" Sanftäugige Frauen, Männer mit arbeitgehärteten Händen, Pioniere und Missio-

näre, die Märtyrer des neuen Landes wie die vom Erfolg
Begünstigten — alle fühlen und sprechen in derselben Em-
pfindung. Es ist die Sehnsucht, das Gebet, die Hoffnung
der ganzen Bevölkerung. Es ist das Verlangen nach der
„Heimath", das sich darin ausspricht, die Sehnsucht nach
der Heimath und was diese ihnen bringen kann: billige
und schnelle Fahrt hin und her, Wiedervereinigung mit Eltern, Brüdern, Schwestern und Freunden, das Wiedersehen
der alten Thäler, Gebirge und Wälder, socialer Einfluß,
sittliche und ästhetische Erhebung, weltliche Anregung und
Wohlstand. Sie Alle verstehen unter „Heimath" den
Osten. Man kann sich einer gewissen Rührung nicht er-
wehren, wenn man sie sagen hört: Dieser oder Jener „geht
nächstes Frühjahr heim." „Ich hoffe künftiges Jahr nach
Hause zu gehen. „Als ich das letzte Mal daheim war."
„Ich bin nie wieder zu Hause gewesen, seit ich herkam."
„Ich fürchte, daß ich nie wieder heimkehren werde." Ihre
Heimath ist nicht hier am Stillen Weltmeer, sondern dort
im Osten, und der Gedanke an sie ist immer wie ein Lecker-
bissen auf der Zunge ihrer Seele.

Die Eisenbahn zu bauen und die Erinnerungen und
Verbindungen der alten Einwanderer wieder aufzufrischen,
und die Kinder des Stillen Oceans mit der Heimath, dem
Leben und der Liebe ihrer Eltern im Osten durch Arbeit
und Verkehr zu verbinden, das ist der billigste, sicherste
und süßeste Weg, die amerikanische Nationalität und die
Einheit der Republik zu bewahren. Eine traurige und
schwere Versuchung muß über die Union kommen, wenn hier
eine Generation aufwächst, die „nichts von Joseph weiß."
Die Centrifugalkraft zwischen den weit getrennten östlichen
und westlichen Theilen der Union wird stets in reger Wirk-

samkeit bleiben. Die Pacific-Eisenbahn ist unter den Cen-
tripetalkräften die erste, und jedes Jahr der Verzögerung
verzehnfacht ihre Lasten. Jedes Jahr, welches der Bau
hinausgeschoben würde, schwächt hier den Einfluß, den er
erzeugen soll.

Die Fahrt der Reisenden war längs der natürlichsten
Linie der beabsichtigten Eisenbahn gegangen. Sie begann
an deren östlichem Ausgangspunkt, den Ufern des Missouri,
verfolgte die Hauptstraße der Bevölkerung, des Handels
und Verkehrs, welche die Bahnlinie nicht außer Acht lassen darf, und endigte zu Placerville, wo in Californien
die bereits bestehende Eisenbahn aufhörte. Die Reisenden waren daher vollständig im Stande ein Urtheil über
die Linie und die Hindernisse ihrer Ausführung abzugeben.
Manche Schwierigkeit des großen Werks schrumpfte bei
näherer Besichtigung zusammen. Mangel an Holz, Wasser
und Kohlen, die Steile und Höhe der beiden Gebirgsreihen,
die Felsengebirge und die Sierras, welche zu überschienen
sind; der Schnee, der hier im Winter auf der Bahn sich
aufhäufen dürfte: das sind die vorausgesetzten und offenbaren Schwierigkeiten, die sich dem Bau der Pacific-Eisenbahn entgegenstellen. Doch es giebt in den Gebirgen gutes Holz die Fülle, und das weiche Baumwollholz der
Steppen kann durch chemischen Prozeß gehärtet werden,
so daß es gute Schwellen liefert. Es giebt allerdings große
Strecken, vielleicht 200 Meilen lang, wo das Holz auf
Achsen herbeigeschafft werden muß; aber diese Arbeit kann
die Eisenbahn selbst in ihrem Vorrücken verrichten, indem
auf ihr das Holz stets so weit, wie sie fertig ist, gefördert
wird. In Bezug auf das Wasser unterliegt es keinem
Zweifel, daß es in den wüsten Strecken, die keineswegs so

sehr von Wasser entblößt sind, wie man vermuthet, durch
artesische Brunnen gefunden werden wird.

Die Feuerungsfrage ist bis jetzt vielleicht schwieriger
zu lösen. Die Sierras werden für das westliche Ende der
Bahn Holz im Ueberfluß zu billigen Preisen liefern. In
den Felsengebirgen giebt es Kohlen, und auf der ganzen
Linie versicherte man überall, daß Steinkohlen entweder
bereits gefunden wären oder zweifellos gefunden werden
könnten, so in Kansas, in den Ebenen und den Bergen der
Wüsten. Aber selbst wenn man annimmt, daß das Feuerungs=
material östlich und westlich von den Sierras und den Fel=
sengebirgen einige 100 Meilen weit herbeigeschafft werden
müßte, so ist das kein großes Hinderniß, und jedenfalls
nicht bedeutend genug, um die Ausführung des Unterneh=
mens zu verzögern oder gar davon abzuschrecken. Auch
wird es wahrscheinlich nicht lange dauern und man versteht
die Kunst, das Petroleum zur Erzeugung von Dampfkraft
nutzbar zu machen. Petroleum kann man leicht weite Strecken
transportiren, und es wird überall vom Missouri bis an
den Stillen Ocean gefunden. Man baue nur die Eisen=
bahn, und das zwischenliegende Land wird auch die Mittel
finden, sie im Gang zu erhalten.

Nun zu den Schwierigkeiten, welche die Höhe und
Steile der Gebirge, und der Winterschnee dem Bau ent=
gegenstellen!

Das erste Drittheil der Linie von dem Missouri bis
zu den Felsengebirgen ist ein wahres Kinderspiel. Drei=
hundert Mann würden die Strecke eben so schnell nivelliren,
als die Schienen gelegt werden können. Es ist eine ebene,
natürliche Landstraße, die nur wenig Brücken erfordert
und wo es an Wasser nicht fehlt. Es ist eine Schande,

daß dieser Theil nicht schon fertig ist und befahren wird. Von hier bis zum Salzsee über die Felsengebirge giebt es keine größeren Schwierigkeiten zu überwinden, als sich der Westbahn von Springfield nach Albani, der Eriesee- und Pennsylvanien-Centralbahn entgegengestellt haben und von ihnen glänzend besiegt worden sind. Hier nun streiten verschiedene Linien um den Vorrang: eine nördliche Linie, dem nördlichen Arme des Plattefluß entlang, durch den Südpaß; eine andere längs dem südlichen Arm des Plattefluſſes und über Bridger's Paß, oder eine noch direktere von Denver durch die Goldminen von Colorado, den Clear Creek entlang und über den Berthoud-Paß; oder endlich eine ähnliche Linie den Boulder Creek hinauf und über den Boulder-Paß. Diese beiden letzten Linien führen durch den „Mittelpark" des Gebirges zu den warmen Quellen des Salzseebeckens. Die Bahnen über den Berthoud- und den Boulder-Paß würden wahrscheinlich eine größere Steigerung und mehr Felsdurchbrüche erfordern, auch im Winter mit tieferem Schnee zu kämpfen haben. Dagegen würden sie durch eine reichere Gegend führen, die öden Steppen des Nordens vermeiden und die Entfernung wenigstens um 100 Meilen abkürzen. Im Jahre 1865 ist eine neue Ueberlandpoſtſtraße mit Hülfe der Unionstruppen von Utah über den Berthoud-Paß angelegt worden. Aber durch den Bridger- oder Süd-Paß kann die Eisenbahn die östlichen Abhänge der Felsengebirge mit der größten Leichtigkeit übersteigen. Die Poſtpferde, mit denen die Reiſenden fuhren, trabten die kaum merklich ansteigende Straße über Bridger's-Paß ohne jede Anstrengung hinan. In das Salzsee-thal hinunter würde härtere Arbeit erforderlich sein; doch giebt es hier verschiedene beträchtliche Flüsse, deren Ufern entlang die Bahn geführt werden könnte.

Vom Salzsee nach den Sierra Nevadas bieten sich zwei Linien: eine südliche, mitten durch Nevada, Austin und Virginia-City, die Centralpunkte der Silberregionen berührend, welcher die gegenwärtige Post und der Telegraphendraht folgen, und eine nördliche längs dem Humboldtfluß. Die erstere Straße würde mehr direkt durch die bevölkertsten Striche führen, aber sie hätte ein Dutzend Bergreihen zu überschreiten und fände wenig Holz und Wasser. Die Humboldtstraße würde dagegen billiger herzustellen sein und in Bezug auf Holz, Wasser und Fruchtbarkeit des Bodens durch eine von Natur geeignetere Gegend leiten. Man hält sie allgemein für die natürliche Straße über das Festland. Die Auswanderung ist ihr stets gefolgt. Werden die Schienen auf dieser Linie gelegt, so müssen durch die Nebenthäler des Humboldt Zweigbahnen nach Austin und Virginia gebaut werden.

Die größten Anstrengungen würden die hochragenden, ihre massigen Felsen weithin dehnenden und mit Schnee bedeckten Sierra Nevadas kosten. Doch werden hier die Schwierigkeiten vermindert durch den Reichthum an Wasser und Bauholz und durch die Nähe einer energischen Bevölkerung. Auch sind die Hindernisse bereits zum Theil durch die Energie und Ausdauer der Californischen Pacific-Eisenbahn-Organisation überwunden. Arbeitete der Osten so eifrig daran, den Salzsee zu erreichen, wie der Westen, so stände die Bahn bald fertig da. Es ist für den östlichen Stolz nicht angenehm, zu sehen, wie viel mehr Californien mit seiner beschränkten Kapital- und Arbeitskraft und seiner gedrückten Industrie zur Lösung des großen

Problems beiträgt, als der Osten mit seinem Ueberfluß an Reichthum und Menschen und dessen atlantisches Eisenbahn=netz einen Ausgang nach der Küste des Stillen Oceans sucht und braucht.

Der Congreß hat eine fürstliche Freigebigkeit gegen das Unternehmen bewiesen und alles gethan, was man von ihm verlangt hat und erwarten konnte. Es sind Staats=schatzscheine im Betrage von 16,000 Dollars die Meile in den Ebenen und 48,000 Dollars die Meile in den Gebir=gen ausgegeben worden. Außerdem ist das Land zu bei=den Seiten der Linie in einer Breite von 20 Meilen den Gesellschaften, welche den Bau unternehmen, geschenkt wor=den. Die Union=Pacific=Eisenbahn=Gesellschaft ist im Osten und die Central=Pacific=Eisenbahn=Gesellschaft ist im Westen diesen Beschlüssen gegenüber als legal und berechtigt aner=kannt und beide sind ermächtigt worden, die Bahn auf bei=den Seiten von ihren Ausgangspunkten fortzuführen, bis sie zusammentreffen. Die Gesellschaften sind ferner ermäch=tigt worden, eigene Darlehnscheine bis zu demselben Be=trage, wie die von der Regierung gewährleisteten, auszuge=ben und durch eine erste Hypothek sicher zu stellen, während die Schatzscheine der Regierung zur zweiten Stelle einge=tragen werden sollen.

Den Bevölkerungen von Colorado, Utah und Montana — wenigstens einhundert und fünfzigtausend Seelen — ihren Bedarf zuzuführen, ist ein Geschäft, welches schon allein zu einem schnellen Bau der Bahn von Osten her auffordert. Dieses Geschäft wurde 1864 auf 40 Millionen und 1865 auf 200 Millionen veranschlagt, und verwendete in dem ersteren Jahre neuntausend Wagen, fünfzigtausend Ochsen, sechzehntausend Pferde und Maulesel und zehntau=

send Personen als Fuhrleute, Arbeiter und Wächter. Die Summe, welche für die Fracht bezahlt wurde, war nach zuverlässiger Versicherung hoch genug, um die Bahn auf der ganzen Strecke, die Kosten der Meile zu 48,000 Dollars gerechnet, herzustellen. Während der Monate Mai und Juni 1865 betrugen nach den Angaben des Fort Laramie und des Verbindungspunktes der Ueberlandstraßen am Platte= fluß die Auswanderungs= und Frachtzüge, welche westlich über die Ebenen gingen, volle zehntausend Gespanne und fünfzig= bis sechzigtausend Häupter Vieh. Der Proviant= transport für die Truppen der Vereinigten Staaten in den Ebenen und Gebirgen betrug im Sommer 1865 allein über 11 Millionen Pfund.

Alle diese statistischen Notizen mögen nicht ganz genau sein, aber sie haben eine wesentliche thatsächliche Grund= lage, und in Verbindung mit der großartigen Freigebigkeit der Regierung und so ungeheuren Interessen, die bei einer weiteren Ausdehnung der Eisenbahnlinie nach dem Westen einen gesteigerten Ertrag zur Folge haben müssen, schei= nen sie einen raschen Bau der Bahn vom Missouri ab vollkommen zu rechtfertigen und zu verlangen. Dabei erfordern die ersten 5—600 Meilen der Linie kaum mehr, als eben nur die Schwellen und Schienen in den weichen Boden zu legen. Und dennoch hat die Gesellschaft, obgleich drei oder vier Jahre vergangen sind, seitdem sie die Be= dingungen der Regierung angenommen und sich für die Ausführung verantwortlich erklärt hat, noch nicht eine einzige Meile der Hauptbahn von dem Missouri westwärts fertig gemacht. Der 40 Meilen lange Zweig von der Stadt Kansas nach Lawrence ist eröffnet und bis Topeka, 60 Meilen weit, die Bahn nivellirt, aber von Atchison und

Omaha weiter ist noch nicht eine einzige Schiene gelegt und nur kurze Strecken sind nivellirt.

Man hat behauptet, daß die Eisenbahnaktien nicht hätten abgesetzt werden können, weil der Markt von der Regierung mit besser gewährleisteten Papieren überschwemmt worden wäre. Darauf ist zu antworten, daß Leute, die nicht wenigstens 1—2 Millionen eigenes Kapital für den Anfang zur Verfügung haben, die Großmuth der Regierung nicht hätten annehmen und sich nicht in ein Unternehmen einlassen sollen, dessen Vortheile in der Zukunft so sicher sind wie die der Pacific-Eisenbahn. Hat der Krieg während dieser Jahre alle Arbeitskraft und alles Kapital in Beschlag genommen? Es sind in dieser Zeit andere Bahnen gebaut worden, und die Arbeit war in den Ebenen billiger als in Californien. Außerdem ist der Krieg zu Ende, und noch immer ist kein Fortschritt und keine größere Thätigkeit wie vorher zu bemerken.

Wer auch die Männer sein mögen, aus denen die Pacific-Eisenbahn-Gesellschaft im Osten besteht, — vermuthlich sind ihre Namen bekannter unter den Börsenspekulanten als im Westen oder in der Eisenbahnwelt — jedenfalls zeugte alles, was die Reisenden von ihnen längs der projektirten Eisenbahnlinie sahen und hörten, weder von dem Ernst noch der Kraft, welche ihre Stellung, ihre Verantwortlichkeit und die ihnen gebotenen Vortheile bedingt hätten. Hinter dem Missouri westlich offenbarte sich in der That von ihnen kein Lebenszeichen, als in der Salzsee-Stadt, wo eine kleine Anzahl von Ingenieuren damit beschäftigt war, die beste Linie durch die Felsengebirge aufzusuchen. Sie schienen aber weder in geeigneter Weise geleitet zu werden, noch ein klares Ziel vor Augen zu haben,

und sie gestanden wirklich, daß die Gesellschaft keinen Haupt-
ingenieur besäße, der dieses Namens werth oder seiner Stellung gewachsen wäre.

In Californien war jedoch ein regeres Leben bemerk-
lich. Energie und Kapital waren vielleicht nicht am besten
geleitet, auch war man noch immer nicht ganz einig über
die einzuschlagende Linie. Aber es war Ernst und Leben
in der Arbeit und die Bahn begann schnell die Sierras
gen Osten hinanzusteigen. Was zu dem Bau treibt, ist einzig der Handel mit Nevada, welches eine Bevölkerung von
dreißigtausend Seelen zählt, also viel weniger als jene
Landstriche, welche die Schienenlegung über die Prärien
nach den Felsengebirgen heischt. Aber das Geschäftsinter-
esse hat zwei vortreffliche Chausseen über die Sierras reichlich bezahlt gemacht, und so war man dabei, einen doppelten Eisenstrang nach ihrem Vorgange durch das Gebirge zu
leiten. Da es von San Francisco bis nach Sacramento
ungehinderte Schifffahrt giebt, so haben Chaussee und Eisenbahn den letzteren Ort zum Ausgangspunkt, zweigen sich
rechts und links in das Gebirge ab, dessen Gipfel sie 30
bis 40 Meilen von einander entfernt übersteigen, und laufen auf der andern Seite bei Virginia in Nevada wieder
zusammen. Die Entfernung zwischen Sacramento und Virginia ist für beide Straßen ungefähr die gleiche, nämlich
160 Meilen. Die Nebenbuhlerschaft beider Wege kommt
dem Personen- und Güterverkehr vortrefflich zu Statten
und fördert wiederum den Bahnenbau auf beiden Linien.

Die ursprüngliche und deshalb sehr populäre Fahrstraße, auf welcher auch die Reisenden nach Californien
kamen, war die bereits früher geschilderte über Placerville
und den Tahoesee. Die Schienen sind jetzt auf dieser

Linie von Sacramento ab etwa 40 Meilen weit, fast bis
Placerville, in den Vorhügeln des Gebirges, gelegt. Wäh=
rend der Blüthezeit von Nevada, 1862 und 1863, war der
Verkehr auf dieser Linie ungeheuer. In dem letztgenannten
Jahre wurden etwa 12 Millionen Dollars für Fracht allein
bezahlt — das Pfund kostete von 5—10 Cents — und die er=
hobenen Chausseegelder betrugen 600,000 Dollars. Das
Gespann hat etwa 30 Dollars Wegegeld zu entrichten. Im
Jahre 1864, wo das Geschäft viel unbedeutender als frü=
her war, passirten nicht weniger als siebentausend Gespanne
diese Straße über Placerville. Ihre Fracht bestand in
allen Arten von Lebensmitteln, Waaren und Maschinen,
die sie nach Nevada brachten, von wo die meisten leer zu=
rückkamen.

Man hat nach diesem hohen Stand der Frachtpreise berech=
net, daß die berühmten Silberminen von Gould und Curry
bei Virginia in einem einzigen Jahre 2 Millionen Dollars
an Kosten erspart haben würden, wenn es eine Eisenbahn
über die Gebirge nach Nevada gegeben hätte. Der Ertrag
der Mine belief sich im Jahre 1864 auf 4½ Million
Dollars, aber die Kosten betrugen 3½ Million, so daß den
Aktionären statt der 3 Millionen, die sie wahrscheinlich
profitirt haben würden, wenn es eine schnelle und billige
Verbindung mit dem Markt von San Francisco gegeben
hätte, nur 1 Million Gewinn übrigblieb.

Die Posten und Frachtwagen auf diesen Gebirgs=
Chausseen sind vortrefflich eingerichtet. Die Frachtwagen sind
größer und stärker als diejenigen, die man im Osten zu
sehen bekommt. Gewöhnlich ist ein kleinerer Wagen an
den Hauptwagen angehängt, zehn bis zwölf große und starke
Maulthiere oder Pferde bilden meistens das Gespann, und

die Fracht wiegt 5—10 Tonnen. Bei den besten Fuhren trägt jedes Maulthier eine große Schelle, nach deren Musik sie zu marschiren abgerichtet sind, und so ziehen und bewegen sie sich gleichmäßig fort. Oft ist der Weg von solchen Fuhren ¼ Meile, auch wohl ½ Meile lang angefüllt, und das Ausweichen vor ihnen bildet die einzige Unterbrechung des gleichmäßigen Trabes oder gestreckten Galopps der sechsspännigen Postkutschen, die gewöhnlich ganz von Passagieren besetzt sind und deren täglich drei bis vier auf den gut grabirten Gebirgsstraßen wie im Fluge hin und her sausen. Die Postpferde sind spiegelblank und wohlgenährt, munter wie die Lerchen, und arbeiten, als ob sie von Lust und Liebe zu ihrem Geschäft beseelt wären. Alle 10 Meilen werden sie gewechselt. Wie bereits erwähnt wurde, wird die Placervillestraße täglich durch einen Karren in derselben Weise begossen, wie die Straßen einer Stadt in den trocknen Sommertagen. Das scheint und ist in der That ein Luxus, aber davon abgesehen, daß sonst der Staub fürchterlich wäre, hat sich herausgestellt, daß die Bewässerung das billigste Mittel ist, den Weg in gutem Zustande zu erhalten. Wenn er nämlich trocken ist, schneiden die schwerbeladenen Fuhren furchtbare Geleise hinein.

Doch die Pferde rennen mit der Lokomotive davon. Die Nebenbuhlerin der Placervillestraße hat den Titel und die Regierungsunterstützung der Pacific-Eisenbahn gewonnen und hat nun ihre Schienen jener vorausgeschoben, so daß ihr fortan die Vortheile des Personen- und Handelsverkehrs zufallen müssen. Sie liegt nördlich von jener Straße und wird bald die Dutsch- Flat- und Donnersee- bahn, bald Central Pacific-Eisenbahn genannt. Ihre Linie wurde nach einer gründlichen Prüfung anderer Richtungen

und Pässe durch das Gebirge von dem kürzlich verstorbenen T. D. Judah bestimmt, der in Californien einen be-
neidenswerthen Ruf sowohl wegen seines ehrenhaften Charakters wie auch wegen seiner Geschicklichkeit als Ingenieur
hinterlassen hat. Nachdem die Linie, hauptsächlich in Folge
des Vertrauens auf seine Person, die Billigung und Unterstützung des Congresses wie die von San Francisco und
Sacramento erhalten hatte, hat sie bereits ihrer chaussirten
Nebenbuhlerin, die nur durch Privatkapitalien und die
Weggelder unterhalten wird, den entschiedenen Vorrang abgelaufen. Judah war auch an dem Bau der Connecticut-
River-Eisenbahn in Massachusetts betheiligt. Sein Ruf
ist das Hauptbollwerk der Freunde seiner Bahn in dem
heftigen Streite, der zwischen diesen und den Vertheidigern
der Placervillelinie gewüthet hat, und obgleich dieser Zank
nun vorüber und die Bahn triumphirt hat, so fehlt es doch
im Staate nicht an intelligenten Männern, welche auch jetzt
noch behaupten, daß die Placervillelinie die geeignetere für
die Bahn gewesen wäre. Auch Bowles und Colfax sind nach
eigener, genauer Prüfung beider Linien zu demselben Schlusse
gekommen. Doch jetzt ist es zu spät, auf diese Frage nochmals zurückzukommen. Die Judah- oder Dutch Flatbahn
hat den Namen und die Mittel davongetragen und wird
nun mit achtunggebietender Kraft und Schnelligkeit über
die Gebirge weitergeführt. Ist sie fertig, so mag und wird
wahrscheinlich die andere Linie nach Nevada hinübergeführt
werden, wo bereits für deren Unterstützung durch die Regierung agitirt wird.

Die Reisenden machten einen interessanten Ausflug auf
der Central-Pacificbahn von Sacramento bis zum Donnersee auf den östlichen Abhängen des Gebirges, mit einem

14*

Extrazuge und zu Wagen, und beritten die eben in der Arbeit begriffene Strecke. Züge gehen bereits bis zu der neuen Stadt Colfax, so dem Sprecher des Repräsentantenhauses zu Ehren genannt, welche 65 Meilen von Sacramento entfernt ist. An der nächsten 12 Meilen langen Strecke bis Dutsch Flat und den weiteren 13 Meilen bis zum Krystallsee wurde fleißig gearbeitet. Es waren etwa viertausend Arbeiter, meistens Chinesen, dabei beschäftigt. Von diesem letzten Punkte sind es dann nur noch 15 Meilen bis zum Gipfel der Sierras. Diese 15 Meilen aufwärts und die folgenden 3—4 auf der andern Seite hinunter bis zum Donnersee bieten aber auch die größten Schwierigkeiten, und ihre Ueberwindung wird zwei bis drei Jahre in Anspruch nehmen. Es werden wahrscheinlich einige Tunnel nothwendig sein, und mehrere Meilen dem Gipfel entlang, der sich 7000 Fuß über dem Meeresspiegel erhebt, muß die Bahn offenbar durch soliden Fels gebrochen und mit einem Dache gegen den Schnee geschützt werden. Indessen geben sich die Compagnie und ihre Unternehmer der lebhaften Hoffnung hin, alle Schwierigkeiten, welche der Gipfel bietet, in zwei Jahren zu überwinden.

Die Fahrstraße fällt von dem Gipfel zum Donnersee etwa 400 Fuß auf die Meile, und die Eisenbahn wird daher manche Windung an den Abhängen zu beschreiben haben, um den See zu erreichen, von wo aus sie den Truckeefluß entlang in die Thäler und Ebenen geleitet werden kann. Man meint, daß sie Windungen von 10 und mehr Meilen werde machen müssen, um 2 oder 3 Meilen vorwärts zu kommen. Der Weg erklimmt das Gebirge auf der Seite von San Francisco unter einem sehr regelmäßigen Grade, der nirgends 105 Fuß auf die Meile übersteigt, was weniger ist, als die höchsten Grade der Baltimore= und Ohio=Bahn, auf deren Maß die in Rede stehende Bahn durch die Congreßakte beschränkt ist. Auf der andern Seite hinunter wird kein Grad 150 Fuß überschreiten, und vom Donnersee ab wird die Meile nur 40 Fuß fallen. Indessen beabsichtigt die Gesellschaft nicht, auf die Vollen= dung der Strecke über den Gipfel zu warten, um die Linie jenseits in Angriff zu nehmen. Zum Frühjahr 1866 sollen auch die Arbeiten beim Donnersee beginnen und so schnell wie möglich das Gebirge hinunter in und durch Nevada geführt werden, um der von Westen kom= menden Straße so weit östlich wie möglich zu begegnen.

Bis jetzt hat die Gesellschaft noch keinen Gebrauch von den Vereinigten Staatenaktien oder den gewährleisteten Ländereien zu Seiten der Bahn gemacht. 2½ Million dieser Anleihescheine sind jetzt fällig. Die Gesellschaft ist ermächtigt, Papiere, die durch eine erste Hypothek gesichert sind, in demselben Betrage auszugeben. Doch auch davon hat sie bis jetzt keine Anwendung gemacht. Außerdem stehen ihr 1½ Million in Aktien zu Gebote, die der Staat Cali= fornien auf zwanzig Jahre mit sieben Procent verzinst. Um das begonnene Werk fortzusetzen, sind gegenwärtig 6½ Million mit guter Sicherheit zur Hand, abgerechnet die Einnahme von der Bahn selbst, und die Ermächtigung, die Ausgabe ihrer eigenen Bonds zu anticipiren und zwar nach dem Satz von 48,000 Dollars für die Meile im Gebirge und 16,000 Dollars für die Meile in der Ebene auf 100 im Bau begriffene Meilen. Bis jetzt ist gearbeitet worden mit 1 Million eingezahlter Aktien und den Sub= scriptionen der Landschaft Sacramento im Betrage von 300,000 Dollars, der Landschaft Placer im Betrage von

250,000 Dollars und 400,000 Dollars von San Francisco, wozu die Einnahmen der bereits dem Verkehr über-
gebenen Bahnstrecke kommen. Von dieser Summe ist etwa
noch eine halbe Million übrig, und da die Bahn bereits den
ganzen Verkehr über die Berge in die Hand bekommen
hat, so muß der Ertrag ihrer fertigen Sektionen fortwährend zunehmen. Außer alledem sind noch zwischen
18 und 19 Millionen von den 20 Millionen Aktien-
kapital der Bahn zu zeichnen. Die Gesellschaft fühlt sich
daher in dem Geldpunkte sehr stark und obgleich ein großer
Theil ihrer Sicherheiten gerade jetzt nur gegen Disconto
auf den Markt gebracht werden kann, so ist sie doch voll
Zuversicht, daß der Mangel an Mitteln keine Störungen
verursachen werde, und verwendet auf den Bau alle Arbeitskräfte, deren sie nur habhaft werden kann. Alle Chinesen,
die sich anbieten oder zur Einwanderung aus der Heimath
bewogen werden können, werden von ihr beschäftigt, und
man erwartet, daß ihrer in kurzer Zeit 5000 an der
Bahn arbeiten werden.

Die Forderung ist keineswegs unvernünftig, daß in
zwei und einem halben Jahre die Schienen zwischen dem
Stillen Ocean und dem Missouri auf der halben, im folgenden Jahre auf zwei Drittheilen, und im nächsten Jahre
auf der ganzen Linie gelegt und dieselbe dem Verkehr über-
geben werde, so daß die ganze Linie in fünf Jahren, also im
Jahre 1868 fertig sein soll. Kurze Strecken in den Gebirgen mögen drei, auch fünf Jahre Arbeit kosten; aber der
Hauptbahnkörper kann in drei Jahren nivellirt und beschient
sein. Der 1865 veröffentlichte Bericht der Californischen
Eisenbahngesellschaft verheißt, daß deren Linie bis zur Salz-
stadt innerhalb drei Jahren vollendet sein soll. Ebenso

ausführbar ist es für die Bahn, von Oſtern her die Fel=
ſengebirge in zwölf bis achtzehn Monaten zu erreichen und
ſie in zwei ferneren Jahren zu über ſpannen.

— —

Vierzehntes Kapitel.

Abſchied von San Francisco. Politiſches. Seeverkehr an der Küſte
des Stillen Weltmeeres. Acapulco. Erſter Blick auf das tropiſche
Leben. Guatemala. Fliegende Fiſche. Nicaragua. Panama. Ein
Todesfall. Die Eiſenbahn über den Iſthmus. Tropiſche Vegetation.
Aspinwall. Heimfahrt über den Atlantiſchen Ocean. Schluß.

Am zweiten September brachen die Reiſenden nach
einem glänzenden Abſchiedsmahl und Ball, wozu die Ein=
trittskarten mit 25 Dollars in Gold bezahlt wurden, nach
der Heimath auf. In Bezug auf derartige Vergnügungen
herrſcht im Weſten ein freierer Geiſt als in dem kirchlich
ſtrengeren Oſten, und Tanzen gilt ſelbſt unter den Ortho=
doxen von San Francisco für keine Sünde. Während des
Abends wurde fortwährend als Erfriſchung heiße Rinder=
bouillon herumgereicht, die einen leiſen Geſchmack von Claret
hatte und gewiß geſunder iſt als Thee und Kaffee, deren
zerrüttende Wirkung die Nerven am nächſten Tage ſpüren.

Die Politiker der Pacific=Staaten befinden ſich jetzt
in herzlicher Uebereinſtimmung mit denen des Oſtens. Sie
waren nahe daran, mit den Rebellen der Südſtaaten gemein=
ſchaftliche Sache zu machen, und die Verführung war groß,
ſich als ſelbſtſtändiges Reich zu erklären. Die Abwendung
dieſer Gefahren muß faſt wunderbar genannt werden. Es
fehlte nicht an Umſtänden und Veranlaſſungen, welche dieſe
Staaten in jene Richtung drängten. Hätten ſie damals

eines kräftigen und sicheren Gedeihens sich zu erfreuen ge=
habt, so würden sie der Versuchung, sich unabhängig zu
machen, schwerlich widerstanden haben. Aber hier wie im
Osten erhob sich das Volk elektrisch für die Regierung und
die Union; die Gegner mußten verstummen, und die Staa=
ten waren vor Anarchie, die Republik vor Zerreißung
bewahrt.

Californien, Nevada und Oregon gehören gegenwär=
tig so entschieden der republikanischen und Einheitspartei
an, wie durchschnittlich die Staaten des Ostens. Auch der
Typus ihrer politischen Männer hat sich wesentlich ver=
bessert gegen die frühere Demokratie und Sklavenpartei. Der
Mangel persönlicher und politischer Ehrenhaftigkeit und in
Folge dessen der geringe Einfluß ihrer Vertreter im Con=
greß ist eingestandenermaßen der Hauptgrund gewesen, wes=
halb diese Staaten und ihre Interessen von Seiten der
Regierung nicht die gehörige Beachtung gefunden haben
und manches zu leiden hatten. Sie schienen nie ein Ver=
ständniß für das zu haben, was ihren Wählern noth that,
noch den Einfluß, deren Forderungen durchzusetzen. Die
neuen Deputirten gelten im allgemeinen nicht für bedeu=
tende Capazitäten; Männer dieses Gepräges haben zu oft
aus Gewinn= und Vergnügungslust ihren Charakter bloß=
gestellt, oder sie waren von den großen, geschäftlichen Unterneh=
mungen des Landes zu sehr in Anspruch genommen, um
sich den öffentlichen Angelegenheiten zu widmen; aber die
gegenwärtigen Vertreter in Washington und die Gouver=
neure der Staaten sind fast alle Männer von unbescholte=
nem, achtungswerthem Charakter und ausgestattet mit sehr
gesundem Menschenverstande und großen praktischen Erfah=
rungen. Sie flößen Glauben und Vertrauen ein.

Jedoch fehlt es offenbar in diesen Staaten an Politi-
kern von Einfluß, schneller Auffassungskraft und fester Hand.
Californien und Nevada haben im Sommer 1865 republi-
kanisch gewählt. In Oregon droht der republikanischen
Partei ein Rückschlag durch die überwiegend demokratische
und mit dem Süden sympathisirende Einwanderung, die,
sieben- bis zehntausend Personen stark, in demselben Sommer von Missouri, Jowa und Illinois kam. Für den Aufschwung des Staats wird dagegen diese Einwanderung von
Vortheil sein.

Die Loyalität und die Vaterlandsliebe der Pacific-
Staaten ist gewiß nicht minder kräftig als jener, die dem
Mittelpunkte des nationalen Lebens näher liegen. Bei
Manchen sind diese Gefühle mehr eine Leidenschaft, eine
Mode, als daß sie auf Grundsätzen beruhten, und äußern
sie sich oft unduldsam und roh gegen diejenigen, welche in
dem Verdacht der Opposition stehen. In Californien und
Nevada hat unmittelbar nach dem Kriege eine geringere
Freiheit im Reden und Handeln geherrscht, als in Neu-England. Dieser Umstand erklärt sich indessen aus dem ange-
spannteren Leben und der größeren Leidenschaftlichkeit der
Bevölkerung und aus der Thatsache, daß die Anhänger
des Generals M'Clellan in Californien fast durchgängig
secessionistisch gesinnt waren. Die Grenze war hier enger und schärfer gezogen als im Osten, wo mancher loyale
und patriotische Mann mit den Demokraten stimmte. Wenn
jedoch überhaupt Unduldsamkeit und Ungerechtigkeit zu entschuldigen sind, so hier in Bezug auf die Union, welche
ihnen nur mit genauer Noth aus der Gewalt der Feinde
errettet schien.

Niemand kann sagen, daß er das Californische Leben

vollkommen kenne, welcher nicht, sei es auf dem Hin- oder
Rückwege, über Panama gegangen ist. Aus diesem Grunde
wählten denn auch die Reisenden bei ihrer Heimkehr den
Seeweg und die Fahrt über den Isthmus. Es ist dies
die Hauptstraße für alle Geschäfts- und Vernügungsreisen
zwischen den Küsten des Stillen und Atlantischen Oceans.
Man kann rechnen, daß monatlich zwei- bis dreitausend
Personen auf dieser Straße ab und zu reisen. Der Ueber-
landverkehr verhält sich zu diesem wie eins zu hundert.
Wie nun auf keiner Dampfbootlinie der Welt ein so reger
Verkehr herrscht, als auf der zwischen Panama und San
Francisco, so ist auch die Beförderung auf ihr vortrefflich,
und keine bietet dem Reisenden eine so große Abwechselung
an Scenerien, Klima und Menschen. Die Dampfbootfahrt
von Californien nach Panama verhält sich zu der von Neu-
England nach Europa wie ein Kaleidoskop zu einer gewöhnlichen Brille. Besteht die Reisegesellschaft auf der Fahrt
nach Europa, die etwa 10—12 Tage dauert, aus höchstens
zwei- bis dreihundert Personen, von denen der Eine aus-
sieht wie der Andere, und die sich alle in denselben Ideen-
kreisen bewegen, so hat man hier wohl tausend — eher
mehr als weniger — Gefährten der verschiedensten Art aus
allen Klassen der Bevölkerung. Die Panamadampfer sind
größer und bequemer als die irgend einer andern Linie.
Das, mit welchem die Reisenden San Francisco verließen,
hatte gegen dreihundert Passagiere erster Klasse; die zweite
zählte zweihundert und die dritte etwa fünfhundert. Die
letzte Klasse ist ausschließlich auf das Vordertheil des Schif-
fes angewiesen, während der Hauptunterschied der beiden
anderen Klassen nur darin besteht, daß die erste, deren Kajüten
sich auf dem Deck befinden, um vier Uhr, die zweite, deren

Hängematten unter Deck sind, schon um Eins zu Mittag
speist. Der Speisesaal für beide Klassen ist derselbe, und
die Beköstigung so gut und fast luxuriös wie in einem Hôtel
ersten Ranges. Rinder, Hammel, Schweine und Federvieh
befinden sich lebend an Bord und der Metzger muß täglich
schlachten, um den Hunger dieser tausend Menschen zu
stillen.

Die einzige Quelle des Unbehagens ist die große Zahl
der Reisenden. Je vier bis fünf waren auf eine Kajüte
angewiesen, die Mahlzeiten konnten nur abtheilungsweise
eingenommen werden, und wer auf dem Deck im Schatten
sitzen wollte, mußte sich einen Stuhl miethen. Sich abzu-
schließen, war unmöglich. Handelsfrauen und feine Damen
theilten ein und dieselbe Kajüte; Spieler und Prediger
mußten Kameradschaft halten, Goldgräber in rothem Fla-
nell saßen neben dem in französisches Tuch gekleideten
Dandy aus New-York, und von Säuglingen schwärmte es
förmlich. Das Schiff war eine große Kinderstube, und die
unharmonischen Laute kindlichen Unbehagens ertönten unter
Sonne, Mond und Sternen, Tag und Nacht. Es waren
wenigstens hundert Kinder auf dem Schiffe, und sie flößten
den leidenden Reisenden eine mildere Meinung von dem
alten König Herodes ein. Wenn der Historiker Froude
aus Heinrich VIII., dem Frauenwechsler und Frauentödter,
einen Heiligen und Anachoreten macht, warum sollte nicht
ein ehrgeiziger Rivale aus dieser Californischen Fahrt eine
neue Auffassung von dem kindermordenden Herodes gewinnen und ihn als einen Wohlthäter der Menschheit dar-
stellen?

Von San Francisco bis Panama vom 38. zum 7.
Breitegrad, aus dem gemäßigten in das tropische Klima,

sind es 3000 Meilen. Die vierzehntägige Fahrt ging meistens längs der Küste, denn die See ist hier selten unruhig. So blieb denn das Land fast fortwährend in Sicht, und die Reisenden genossen den Anblick der Felsen, Gebirge und des Grüns. Gewöhnlich lag die Küste auf Büchsenschußweite vor ihnen und sie konnten die verschiedenen Baumarten am Ufer, Landhäuser und Menschen erkennen. Tage lang war das Wasser so glatt wie ein Spiegel und nur ein paar mal brachte Neptun einige Mägen zur Empörung. Das Schiffen auf den Gewässern des Stillen Oceans ist in der That eine Spazierfahrt, und die Dampfboote dürfen daher breiter sein als auf dem Atlantischen Meere. Sie fassen bis 4000 Tonnen und sind 400 Fuß lang. Sie haben breite und bequeme Schutzwehren längs dem Deck, die sich auf einem minder friedlichen Wasser von selbst verbieten.

Die Hügel längs der Küste Californiens gewährten einen öden, unfruchtbaren Anblick; doch weiter nach Mexiko zu bekleideten sie sich mit frischem Grün und das Wetter begann heiß zu werden. Die Flanellhemden wurden abgeworfen, und die glücklichen Besitzer von weißem Leinen erschienen in fleckenlosem Gewande auf Deck, wohin nun Alles aus den engen Kajüten eilte, um einen frischen Luftzug zu erhaschen. Säuglinge lagen überall herum im Naturzustande, so daß man namentlich Abends einen wahren Eiertanz ausführen mußte, um die kleinen Würmer nicht zu zertreten. Die Ermattung der Tropennatur begann sich einzustellen; auf allen Stirnen stand der Schweiß in großen Tropfen und floß in Bächen aus allen Poren. Ein Gefühl der Dumpfheit bemächtigte sich der Sinne, alles Arbeiten mußte eingestellt werden, Lesen wurde eine An-

strengung, und selbst das Kartenspiel verlor seinen Reiz.
Träumen, Schlafen, Klatschen wurde die einzige Beschäfti-
gung der Schiffsgesellschaft.

Am Ende der ersten Woche wurde bei Acapulco, dem Haupt-
hafenplatz Mexikos am Stillen Ocean Halt gemacht. Acapulco,
von den Spaniern erbaut und während der Blüte ihres amerikanischen Handels berühmt, liegt herrlich unter den Hügeln
eines Eilandes, welches einen ausgezeichneten, sicheren Hafen
bildet. Die Civilisation ist kläglich. Die mexikanische Bevölkerung zählt einige tausend Seelen, worunter nur zwei
oder drei weiße Familien. Es ist eine Mulattenrasse, offenbar durch Kreuzung zwischen Indianern und Negern
entstanden und mit einigen Tropfen spanischen Blutes gemischt. Schlaffheit und Untüchtigkeit kennzeichnen ihr Leben
und ihren Charakter. Die Hauptindustrie des Ortes scheint
in der Versorgung der Dampfschiffe, welche hier Station
machen, mit Mundvorräthen, Früchten und Muschelarbeiten
zu bestehen. Die Häuser sind niedrig und haben dicke, weiß
getünchte Mauern. Die Straßen sind nicht breiter als in
andern Städten die Bürgersteige. Die Piazza, oder der
Kirchenplatz ist geräumig aber schmucklos, und hier ist zugleich der Markt, wo in kleinen Buden oder auf dem Pflaster allerhand einfache Waaren, Lebensmittel, Früchte und
gewöhnliche Muschelarbeiten von derben Weibern, alten
Hexen und frühreifen Mädchen feilgeboten werden. Das
Schachern und Handeln mit den Einheimischen und Fremden geht den ganzen Tag und Abend über fort. Der Anblick, welchen der Markt bei spärlicher Fackelbeleuchtung
bot, war keineswegs bezaubernd. Hier und da gab es in
den Buden wohl ein hübsches Mädchen mit runden Armen
und glänzenden Augen, die dann auch gute Geschäfte mit

den Fremden machte. Ein Kniff ist's, dem Käufer irgend
einen unbedeutenden Gegenstand mit schmeichelhafter Ge-
behrde und Rede als Geschenk aufzubringen, um von seiner
Galanterie einen freigiebigen Dank in Münze herauszulok-
ken. Dies ist der Typus des tropischen Handels überall
in der Welt und war es vermuthlich zu allen Zeiten. Die
Hitze des Abends war erdrückend und das Volk, welches
nicht mit den Yankees handelte, lag nur nothdürftig bekleidet, träg, gleichgiltig, träumerisch auf dem Boden der Piazza
herum, oder wiegte sich in Hängematten.

Unterdessen ward auch draußen im Hafen ein lebhafter
Handel getrieben. Der Dampfer war von einer Menge
kleiner Boote umringt, welche beim Schein harziger Fackeln
Früchte, Cigarren, Eier und Muscheln feil boten. Da die
Mexikaner nicht an Bord kommen durften, so wurde das
Geschäft von beiden Seiten mit einem großen Aufwand
von Stimmen in englischer und spanischer Sprache geführt.
Es war ein interessantes Bild. Orangen, Bananen und
Citronen waren die wesentlichsten Früchte, welche zum Kauf
geboten wurden, und ebenso frisch und schmackhaft wie billig. Für die von San Francisco kommenden Passagiere
bietet Acapulco den ersten Blick auf tropisches Leben und
tropische Vegetation. Hier sieht er die ersten Haine von
Palmen, Bananen und Kokusnüssen, hier treten ihm im
Freien die üppigen, breitblätterigen und farbenprächtigen
Pflanzenarten entgegen, welche er nur aus den Treibhäusern kennt, und hier genießt er frisch gepflückt die herrlichsten Früchte, die sonst eine lange Reise zu ihm machen müssen und häufig verdorben und geschmacklos an-
langen.

Obgleich Acapulco die größte Stadt und der bedeu-

tendste Hafen Mexikos am Stillen Ocean ist, so führt doch
kein einziger Weg von hier in das Innere. Nur zu Fuß
oder zu Pferde kann man zur Stadt hinaus und ein anderes Verbindungsmittel mit der Hauptstadt giebt es nicht.
Schiebkarren sind die einzigen Fuhrwerke, welche Acapulco
aufzuweisen hat. Es war übrigens eben eine Festzeit und
die Reisenden trafen einen fetten, alten Priester, der wegen
der kirchlichen Feier, bei der er eine Hauptrolle zu spielen
hatte, nach der Stadt gekommen war. Er hatte zu seiner
und seiner lieben Nebenmenschen Erbauung ein paar hundert seltener Kampfhähne mitgebracht.

Unterhalb Acapulco verloren die Reisenden bald die
Küste von Mexiko aus dem Gesicht, doch noch lange fesselte
der Riesenvulkan Popocatepetl, der höchste Berg Nordamerikas (17,783 Fuß hoch) ihre Gedanken. Der Dampfer
durchschnitt den Golf von Tehuantepec. Es zeigte sich Guatemala mit seinen herrlichen nun stillen vulkanischen Gebirgen, deren vollkommene Kegelgestalten sich 13 bis 14,000
Fuß hoch erheben.

Bei San Salvador glitzerte das Meer von kleinen
fliegenden Fischen, die einzeln oder in Schaaren von Welle
zu Welle schnellten und in der Sonne gleich glänzenden
Steinchen blitzten, welche geschickte Knaben in wagrechtem
Wurf über die Wasserfläche tanzen lassen. Hier lernten
die Reisenden auch die tropischen Blitze kennen, welche den
ganzen Himmel in Brand zu setzen schienen. Nicaragua
ist der Landungsplatz für diejenigen, welche jenseits die
Dampfbootfahrt über den Atlantischen Ocean fortsetzen
wollen. Es folgten Costa Rica und Neu-Granada an dem
Ufer des mehr und mehr sich zuspitzenden Festlandes, und
eines frühen Morgens am Ende der zweiten Woche seit der

Abfahrt von San Francisco bog der Dampfer in den weiten, warmen Meerbusen von Panama ein, wo nur ein schmaler Gebirgsrücken zwei Meere von einander scheidet und zwei Continente mit einander verbindet. Die üppig grünenden Inseln der Bucht boten einen reizenden Anblick dar. An dem Gestade der einen liegt eine emporblühende Stadt; auf einer andern der in feierlichen Ernst gehüllte Begräbnißplatz für die Fremden und Reisenden. Auf einer dritten befinden sich die Depots der Dampfschiffe, während die übrigen in dem unbestrittenen Besitz der üppigen Natur geblieben sind. Zwischen diesen Inseln hindurch steuerte der Dampfer und ließ Angesichts der alten, sonderbaren Stadt Panama die Anker fallen. Der Hafen bildet den Mittelpunkt des weit nach Norden und Süden sich erstreckenden Handels, der sich hier vereinigt, um die Plätze Amerikas und Europas über die Landenge hin zu erreichen. Eine Sandbank aber macht das Landen beschwerlich und umständlich, und Passagiere und Frachtgüter müssen durch Lichterschiffe an das Ufer geführt werden.

Einen Passagier der dritten Klasse hatte auf der Reise der Tod ereilt. Er starb zwei Tage vor der Ankunft in Panama und seine Leiche ward auf dem Inselkirchhofe in der Bucht bestattet. Der arme Bursche war so ungeduldig gewesen, heim zu kommen, um dort zu sterben. Die Hoffnung hatte ihn noch aufrecht erhalten, wie sie einer Dame, die leidend in der Kajüte lag, die Kraft verlieh, dem Tode Widerstand zu leisten. Aber die Krankheit war in ihm schon zu mächtig für dieses Stärkungsmittel geworden, und nun liegt er begraben, fern von den Seinigen, und Fremde erwiesen ihm die letzten Ehren. Ein mitleidiger Schiffswärter dichtete ihm folgende Inschrift auf die Grabtafel:

Es strich der Tod wohl über des Oceans Glast,
Und einen Wanderer sah er, sich sehnend nach Rast.
Er kam von West, dem Lande der goldenen Schätze,
Daß einmal noch die Heimath den Sterbenden letze.
Doch fühllos brach der Tod die gelockerten Bande,
Und aus dem Kerker schwang sich die Seele hinauf
Zu jener Heimath, wo von dem dämmernden Strande,
Kein Fahrzeug je zurück noch gewendet den Lauf.

Geld und gute Worte machten es den Reisenden mög=
lich, einige Stunden vor der Masse der Passagiere, des
Gepäcks und der Fracht, deren Ueberladung auf die Lichter=
schiffe viel Zeit erforderte, an Land zu kommen. Panama
hat ein etwas besseres Aussehen als Acapulco. Es verbin=
det mehr neue Elemente mit seinen alten Eigenschaften.
Es hat breitere Straßen und zweistöckige Häuser, und Kar=
ren, plumpe Omnibusse und dann und wann auch wohl
eine hübsche Equipage, von Juden und Yankees gehaltene
Läden, Engländern oder Amerikanern gehörige Magazine
deuteten auf Wiederbelebung und Aufschwung des Handels.
Doch hatte alles einen spanischen Anstrich, die Speisen,
Kirchen, Läden, die ganze Stadt. Verfall wie Luxus ver=
riethen das tropische Spanien. Die Einwohner sind über=
wiegend gemischten Bluts und tragen den Mulattencharak=
ter. Die Frauen prunkten in engen und dünnen weißen
Kleidern mit mächtigen Spitzenbesätzen und Falbalas. Die
Kinder trieben sich entweder in kurzen Hemden umher, oder
in voller Unschuld wie die Natur sie geschaffen. An den
Kirchen war das einzig Ehrwürdige ihr Alter. Ihr Bau
hat sicher nicht viel Geld gekostet und ihre Dächer waren
von Moos überwuchert. Sie deuteten auf einen gemeinen,
flitternden Fanatismus, auf eine träge an Hahnengefechten
sich ergötzende Priesterschaft und eine gleichgiltige Gemeinde.

In dem Innern der Kirchen flatterten Flebermäuse umher, und Priester und Buben schossen mit Flinten nach ihnen, wobei sie dem Flitterputz und Schmuck der Kirche mehr Schaden zufügten, als den Vögeln. Berühmt ist Panama wegen seiner feinen Battiste, die in der That zart und köstlich und auch billig sind, da die Stadt ein Freihafen ist. Auch andere Leinenwaaren von großer Güte liefert Panama.

Um Mittag ging der Bahnzug mit den Passagieren über den Isthmus ab; Gepäcke und Güter mußten bis zum folgenden Zuge warten. Die Bahn, welche unter der tropischen Sonne Ocean mit Ocean verbindet und im wahren Sinne des Worts auf Leichen gebaut ist, denn die Miasmen des Bodens wirkten furchtbar verheerend unter den fremden Arbeitern, ist 50 Meilen lang und die Fahrt dauert etwa drei Stunden. Da die Bahn die Durchgangspforte für den ganzen Handels- und Reiseverkehr der gesammten Küste des Stillen Oceans von Continent zu Continent ist, so wirft sie ihren Besitzern einen ungeheuren Gewinn ab. Das Personenfahrgeld beträgt nicht weniger als 25 Dollars. Die Frachtpreise sind natürlich dieser Höhe entsprechend. Die Schwellen der Bahn bestehen aus Lebensholz und die Pfosten der Telegraphendrähte aus Cement, denn nur diese beiden vermögen der Fäulniß und den Insekten Widerstand zu leisten. Der Dienst auf der Bahn läßt nichts zu wünschen übrig.

Alles was die Reisenden auf dieser Fahrt sahen, erschien ihren nordischen Augen neu und überraschend. Die Sonne war nicht feurig, und man hat im Norden an einem Augusttage mehr von der Hitze zu leiden, aber die Wärme war drückend und intensiv; sie lag gleichsam in dicken, schweren

Falten in der Luft, und ohne zu brennen wirkte sie doch
überwältigend. Für die Natur war die Zeit der Ruhe.
Die Farben schienen ermattet; aber welche Fülle, welcher
Reichthum, welche Ueppigkeit, welch' ein wildes Wuchern.
Die Mannichfaltigkeit und Fülle der Bäume, Gesträuche,
Blumen und des Grases war grenzenlos. Selbst Ver=
schwendung und Raub vermochten in diesen Ueberfluß keine
Lücke zu machen. Wo die Axt oder das Feuer heute eine
Leere schafft, ist sie morgen ausgefüllt. Nur die tägliche
Anwendung des Beils und der Sichel vermag die Pfade
offen zu erhalten. Ueberall ragen Palmen, einzeln oder in
Gruppen, mit großen, plumpen, ölreichen Früchten. Die
Farnkräuter erscheinen wie Bäume und bilden dichte Forsten.
Die Bananen in dem Versteck ihrer grünen, breiten Blätter
sind so groß wie zwei Scheffel fassende Kohlenkörbe. Brod=
früchte und Kokusnüsse reifen und faulen in unerreichbarer
Höhe. Eichen und Bäume jeder Gattung, groß und klein,
dick und dünn, bilden eine so dicht verwobene Masse, daß
man die einzelnen Stämme nicht zu unterscheiden vermag.
Weinranken schlingen sich auf und nieder, alles mit einan=
der verbindend, und lassen überall im Walde ihre grünen
Festons herabhängen. Große, flammend rothe Blumen und
wieder mikroskopisch zarte erheben ihre Kelche zu beiden
Seiten und zwischen den Eisenschienen. Dann und wann
leuchtet das glänzende Gefieder eines Vogels durch das
dichte Laub und verschwindet hinter Blättern, die so lang
und breit sind, daß man begreift, warum Adam und Eva
keinen Schneider brauchten. Ein einziges Blatt genügt,
die ganze Nacktheit zu bekleiden.

Die Stationen längs dem Wege mit Gehöften und
Gärten und amerikanischen Bewohnern sind ziemlich häu=

15*

fig. Große Negerdörfer schließen sich daran, oder liegen
auch allein an der Bahn. Die Dächer und Wände ihrer
Häuser sind oft aus den mächtigen Blättern, welche der
nahe Wald liefert, zusammengesetzt. Die leicht wachsenden
Früchte und Gemüse der Tropen liefern ihnen die Lebensmittel, und die Eisenbahn giebt ihnen wahrscheinlich Arbeit.
Der weiße Mann, welcher die ersten Schienen legte, wurde
von dem Klima hingerafft, aber sein Blut lebt unter den
Negern, deren Elemente und Gewohnheiten vorherrschend
sind. Das Klima und ihre Bedürfnißloßigkeit erzeugen ein
träges, sinnliches Leben, und ein solches ist das ihrige.
Kleidungsstücke sieht man nicht viele unter ihnen, und aus-
gewachsene Buben und Mädchen zeigten sich völlig nackt.
Auch die Männer werfen jedes Kleidungsstück ab, wenn sie
arbeiten.

Eine der gefährlichsten Stellen der Landenge sind die
Ufer des buchtenreichen Chagresflusses, welchen der Reisende
vor Anlage der Eisenbahn in flachen Booten von Negern
auf und abwärts gerudert wurde. Die langsame, mühselige
Fahrt kostete Manchem das Leben. Es liegt Mancher an
den sumpfigen Ufern begraben und Mancher holte sich in
dem giftigen Klima ein schleichendes, langsam tödtendes Fieber. Doch bei der Schnelligkeit, mit der man jetzt diese
Stelle passirt, ist zu allen Jahreszeiten wenig Gefahr für
die Gesundheit zu fürchten. Durchnässung, Unvorsichtigkeit
im Essen und Kränklichkeit von Natur dürften allerdings
das Fieber anlocken. Doch gesunde Naturen haben bei
einiger Vorsicht nichts zu befahren. Manche Reisende
nehmen, um ganz sicher zu gehen, zwei oder drei Tage
bevor sie den Isthmus erreichen, eine kleine Dosis Chinin
und wiederholen dies, sobald die Landenge hinter ihnen liegt.

Die Reisenden erreichten Aspinwall bei heftigem Un=
wetter, dem ersten, seit sie vor vier Monaten in der Nähe
des Fort Kearney von Regen und Hagel unbarmherzig mit=
genommen worden waren. Die neue Stadt hat nur eine
Straße, in der sich Hôtels und Kaufläden drängen. Die
Einwohner sind Neger aus Jamaika, denen das verderbliche
Klima nichts anzuhaben vermag und die prächtig gedeihen
in Folge der Eisenbahn, die hier an den atlantischen Ver=
kehr anknüpft. Ihrer Einführung ist es zu danken, daß
die Eisenbahn schließlich fertig wurde; denn alle anderen
herbeigezogenen Arbeiter, Weiße wie Schwarze unterlagen
den Miasmen, die Schaufel und Spitzeisen aus dem Schooße
der unentweihten Natur zur Rache aufstörten.

Aspinwall oder Colon, hat keine Vergangenheit wie
Panama, noch eine andere Gegenwart oder Zukunft als die=
jenige, die Eisenbahn und Dampfboot der Stadt bereiten.
Da diese außer einer Fülle billiger, tropischer Früchte und
importirter geistiger Getränke nichts Interessantes bot, so
waren die Reisenden froh, als ihr Gepäck eintraf und die
Kanone des Dampfboots sie an Bord rief. Uebrigens gab
es auf dem Isthmus eben Revolution und Bürgerkrieg, doch
konnten die Reisenden über Ursache und Zweck nichts er=
fahren. Die einzige Unbequemlichkeit der Fahrt blieb die
Ueberfüllung des Dampfboots, die sich um so fühlbarer
machte, als die atlantischen Dampfer kleiner sind als die
des Stillen Oceans. Schönes Wetter begünstigte sie und
obgleich es die Zeit der Aequinoctialstürme war, so ließ sich
doch kein Hauch derselben spüren. Das Caraibische Meer
vergaß seine gewöhnliche Unruhe und schonte die Magen
und den Appetit der Reisenden. Der Weg ging ohne Aufent=
halt zwischen den Westindischen Inseln hindurch, dicht an

dem östlichen Gestade von Cuba vorüber, hinaus auf den
weiten Atlantischen Ocean, der so still wie eine See war
und über dem der Himmel in sommerlicher Bläue sich aus=
spannte. Selbst das gefürchtete Cap Hatteras zeigte ein
freundliches Gesicht, und so, von Wind und Wellen begün=
stigt, lief der Dampfer eines schönen Septembermorgens
wohlbehalten in den Hafen von New-York ein. Er hatte
die 2000 Meilen von Aspinwall in sechs und einem hal=
ben Tage zurückgelegt, der kürzesten Zeit, in der je diese
Reise gemacht worden ist.

Obgleich die Fahrt an der Küste des Stillen Oceans
einen Tag länger als gewöhnlich in Anspruch genommen
hatte, so war doch die ganze Reise von San Francisco bis
New-York, in ein und zwanzig Tagen bewerkstelligt worden.
Die gesammte Entfernung beträgt 5000 Meilen. Bei
günstigem Wetter und voller Dampfkraft kann die Fahrt in
achtzehn bis neunzehn Tagen gemacht werden. Gewöhnlich
aber erfordert sie zwei bis vier und zwanzig Tage. Das
tropische Wetter begleitete die Reisenden bis zwei Tage vor
New-York und nach der allgemeinen Erfahrung ist dasselbe
an beiden Küsten während zwei Drittheilen der Fahrt zu
allen Jahreszeiten bemerkbar. Auf Seite des Atlantischen
Oceans sieht man von Aspinwall bis Cuba kein Land und
von hier ab erst wieder, wenn sich in der Nähe von New-
York das Gestade von Jersey aus dem Wasser erhebt.

Die ganze Dampfbootlinie auf beiden Seiten des
Continents befindet sich in den Händen der „Pacific=Post=
dampfschiff=Gesellschaft“ zu New-York, welche auch die Linie
von San Francisco nach China befährt.

Monatlich geht dreimal ein Dampfboot von New-York
nach Californien. Der Fahrpreis beträgt 350 Dollars für

die erste, 250 für die zweite und 125 für die dritte Klasse. In diesen Preis ist die Beköstigung und die Eisenbahnfahrt über die Landenge von Panama eingeschlossen.

So war denn beendet die Reise quer über das Festland von Ocean zu Ocean, vom 305.—255. Längegrad, über die mächtigen Gebirgszüge des Continents, und vom 50. bis zum 7. Grad der Breite, ohne auch nur den geringsten Unfall. Sie hatte über 12,000 Meilen umfaßt, von denen die Hälfte zur See, ein Drittheil etwa zu Wagen und der Rest auf Eisenbahnen und Flüssen zurückgelegt wurden, und nur wenig über vier Monate gedauert. Mögen denn diese Blätter Einiges beitragen zur Kenntniß der Neuen Welt, ihrer Natur und ihrer Bewohner, ihrer bereits gehobenen und noch zu hebenden Schätze in den Wäldern und Minen, dem Ackerbau und Handel, der großartigen Gegenwart und der noch Größeres verheißenden Zukunft der Vereinigten Staaten. Auf der Grundlage der Freiheit hat sich Nordamerika zu solcher Größe und Mächtigkeit erhoben und auf der Freiheit beruht seine Zukunft.

E n d e.

Druck von G. Pätz in Naumburg a. S.